民國文化與文學研究文叢

初　編

李　怡　主編

第 **4** 冊

意義的生成
——現代中國文學作品細讀集（上）

李　今　著

國家圖書館出版品預行編目資料

意義的生成——現代中國文學作品細讀集（上）／李今 著—
初版 — 新北市：花木蘭文化出版社，2012〔民 101〕
目 2+158 面：19×26 公分
（民國文化與文學研究文叢 初編；第 4 冊）
ISBN：978-986-254-881-3（精裝）
1. 中國當代文學　2. 文學評論
541.26208　　　　　　　　　　　　　　　　101012596

特邀編委（以姓氏筆畫為序）：

ISBN-978-986-254-881-3

丁　帆　　　王德威　　　宋如珊
岩佐昌暲　　奚　密　　　張中良
張堂錡　　　張福貴　　　須文蔚
馮　鐵　　　劉秀美

民國文化與文學研究文叢
初　編　第四冊　　　　　　ISBN：978-986-254-881-3

意義的生成——現代中國文學作品細讀集（上）

作　　　者	李 今	
主　　　編	李 怡	
企　　　劃	北京師範大學民國歷史文化與文學研究中心（籌）	
	四川大學民國文學暨海外漢學研究中心（籌）	
	現代中國文化與文學研究中心	
總 編 輯	杜潔祥	
印　　　刷	普羅文化出版廣告事業	
出　　　版	花木蘭文化出版社	
發 行 人	高小娟	
聯絡地址	新北市永和區中正路五九五號七樓	
	電話：02-2923-1455／傳真：02-2923-1452	
網　　　址	http://www.huamulan.tw 信箱 sut81518@gmail.com	
初　　　版	2012 年 9 月	
定　　　價	初編 18 冊（精裝）新台幣 30,000 元	

《民國文化與文學研究文叢》總序

李　怡

　　這是一套試圖從新的角度——民國歷史文化的視角重新梳理分析中國現代文學的叢書，計劃在數年內連續推出百餘種相關主題的論述，逐漸形成關於現代中國文學的新的學術思路。爲什麼會提出這樣的設想？與最近一些年大陸中國悄然出現的「民國熱」有什麼關係？最終，我們又有怎樣的學術預期呢？

　　近年來大陸中國的「民國熱」折射出了諸多耐人尋味的社會心理：對於一種長期被遮蔽的歷史的好奇？市民情懷復蘇時代的小資心態？對當前社會文化秩序的厭倦與不滿？或許，就是這幾種心理的不同程度的組合？作爲生活在「民國熱」時代的我們，自然很難將自己與這些社會心理切割開來，不過，在學術自身的邏輯裡追溯，我們卻不得不指出，作爲文學史敘述的「民國」概念，無疑有著更爲深遠的歷史，擁有更爲豐富的內涵。

一

　　迄今爲止，在眾多中國現代文學史的敘述概念中，得到廣泛使用的有三種：「新文學」、「近代／現代／當代文學」、「二十世紀中國文學」。值得注意的是，這三種概念都不完全是對中國文學自身的時空存在的描繪，概括的並非近現代以來中國具體的國家與社會環境，也就是說，我們文學眞實、具體的生存基礎並沒有得到準確的描述。因此，它們的學術意義從來就伴隨著連續不絕的爭議，這些紛紜的意見有時甚至可能干擾到學科本身的穩定發展。

　　「新文學」是第一個得到廣泛認可的文學史概念。從 1929 年春朱自清在清華大學講授「中國新文學」、編訂《中國新文學研究綱要》到 1932 年周作人在輔仁大學講演新文學源流、出版《中國新文學的源流》，從 1933 年王哲

甫出版《中國新文學運動史》到 1935 年全面總結第一個十年成就的《中國新文學大系》的隆重推出，從 1950 年 5 月中央教育部頒佈的教學大綱定名爲「中國新文學史」到 1951 年 9 月王瑤出版《中國新文學史稿》（上冊），都採用了「新文學」這一命名。此外，香港的司馬長風和臺灣的周錦先後撰寫、出版了同名的《中國新文學史》。乃至在新時期以後，雖然新的學科命名——近代文學、現代文學、當代文學——已經確定，但是以「新文學」爲名創辦學會、寫作論著的現象卻依然不斷地出現。

以「新」概括文學的歷史，在很大程度上來源於這一時段文學運動中的自我命名。晚清以降中國文學與中國文化的動向，往往伴隨著一系列「新」思潮、「新」概念與「新」名稱的運動，如梁啓超提出「新民說」、「新史學」、「新學」，文學則逐步出現了「新學詩」、「新體詩」、「新派詩」、「新民體」、「新文體」、「新小說」、「新劇」等。可以說，鴉片戰爭以後的中國進入了一個「求新逐異」的時代，「新」的魅力、「新」的氛圍和「新」的思維都前所未有地得到擴張，及至五四時期，「新文學運動」與「新文化運動」轟然登場，「新文學」作爲文學現象進入讀者和批評界的視野，並成爲文學史敘述的基本概念，顯然已是大勢所趨。《青年雜誌》創刊號有文章明確提出：「夫有是非而無新舊，本天下之至言也。然天下之是非，方演進而無定律，則不得不假新舊之名以標其幟。夫既有是非新舊則不能無爭，是非不明，新舊未決，其爭亦未已。」﹝註 1﹞今天，學界質疑「新文學」的「新」將其他文學現象排除在外了，以至現代的文學史殘缺不全。其實，任何一種文學史的敘述都是收容與排除並舉的，或者說，有特別的收容，就必然有特別的排除，這才是文學研究的基本「立場」。沒有對現代白話的文學傳統的特別關注和挖掘，又如何能體現中國文學近百年來的發展與變化呢？「新」的侷限不在於排除了「舊」，而在於它能否最準確地反映這一類文學的根本特點。

對於「新文學」敘述而言，眞正嚴重的問題是，這一看似當然的命名其實無法改變概念本身的感性本質：所謂「新」，總是相對於「舊」而言，而在不斷演變的歷史長河中，新與舊的比照卻從來沒有一個確定不移的標準。從古文經學、荊公新學到清末西學，「新學」在中國學術史上的內涵不斷變化，「新文學」亦然。晚清以降的文學，時間不長卻「新」路不定，至「五四」已今非昔比，「新」能夠在多大的範圍內、在多長的時間中確定「文學」的性質，實在是一個不容

﹝註 1﹞ 汪叔潛：《新舊問題》，《青年雜誌》1915 年第 1 卷第 1 號。

忽視的學術難題。我們可以從外來文化與文學的角度認定五四白話文學的
「新」，像許多新文學史描述的那樣；也可以在中國文學歷史中尋覓「新」的元
素，以「舊」爲「新」，像周作人的《中國新文學的源流》那樣。但這樣一來，
反而昭示了「新」的不確定性，爲他人的質疑和詬病留下了把柄。誠如錢基博
所言：「十數年來，始之以非聖反古以爲新，繼之歐化國語以爲新，今則又學古
以爲新矣。人情喜新，亦復好古，十年非久，如是循環；知與不知，俱爲此『時
代洪流』疾卷以去，空餘戲狎懺悔之詞也。」〔註2〕

　　更何況，中國文學的「新」歷史肯定會在很長時間中推進下去，未來還
將發生怎樣的變動？其革故鼎新的浪潮未必不會超越晚清－五四一代。屆
時，我們當何以爲「新」，「新文學」又該怎麼延續？這樣的學術詰問恐怕不
能算是空穴來風吧。

　　「新」的感性本質期待我們以更嚴格、更確定的「時代意義」來加以定
義。「現代」概念的出現以及後來更爲明確的近代／現代／當代的劃分似乎就
是一種定義「意義」的方向。

　　「現代」與「近代」都不是漢語固有的語彙，傳統中國文獻如佛經曾經
用「現在」來表示當前的時間（《俱舍論》有云：「若已生而未已滅名現在」）。
以「近代」、「現代」翻譯英文的 modern 源自日本，「近代」、「現代」係日文
對 modern 的經典譯文。「現代」在一開始使用較少，但至遲在 20 世紀初的中
國文字中也開始零星使用，如梁啓超 1902 年的《新民說》。〔註3〕只是在當時，
modern 既譯作「現代」與「近代」，也譯作「摩登」、「時髦」、「近世」等。直
到 30 年代以後，「現代」一詞才得以普遍使用，此前即便作爲時間性的指稱，
使用起來也充滿了隨意性。「近代」進入文學史敘述以 1929 年陳子展的《中
國近代文學之變遷》爲早，「現代」進入文學史敘述則以 1933 年錢基博的《現
代中國文學史》爲先，但他們依然是在一般的時間概念上加以模糊認定。尤
其是錢基博，他的「現代」命名就是爲了掩蓋更具有社會歷史內涵的「民國」：
「吾書之所爲題『現代』，詳於民國以來而略推跡往古者，此物此誌也。然不

─────────────

〔註2〕錢基博：《現代中國文學史》，長沙：嶽麓書社，1986 年，第 506 頁。

〔註3〕《新民說》有云：「凡此皆現代各國之主動力也，而一皆自條頓人發之成之，
　　　是條頓人不啻全世界動力之主人翁也。」參見《梁啓超全集》第 2 冊，北京：
　　　北京出版社，1999 年，第 658、659 頁。關於日文中「近代」、「現代」一詞的
　　　來源及使用情況可以參見柳父章：《翻譯語成立事情》，日本岩波書店 1982 年
　　　4 月出版。

題『民國』而曰『現代』，何也？曰：維我民國，肇造日淺，而一時所推文學家者，皆早嶄露頭角於讓清之末年，甚者遺老自居，不願奉民國之正朔；寧可以民國概之？」〔註4〕也就是說，像「民國」這樣直接指向國家與社會內涵的文學史「意義」，恰恰是作者要刻意迴避的。

在「現代」、「近代」的概念中追尋特定的歷史文化意義始於思想界。1915年，《青年雜誌》創刊號一氣刊登了陳獨秀兩篇介紹西方近現代思想文化的文章：《法蘭西人與近世文明》和《現代文明史》，「近代（近世）」與「現代」同時成爲對西方思想文化的概括。《青年雜誌》〔註5〕後來又陸續推出了高一涵的《近世國家觀念與古相異之概略》（第1卷第2號）和《近世三大政治思想之變遷》（第4卷第1號）、劉叔雅的《近世思想中之科學精神》（第1卷第3號）、陳獨秀的《孔子之道與現代社會》（第2卷第4號）和《近代西洋教育》（第3卷第5號）、李大釗的《唯物史觀在現代歷史學上的價值》（第8卷第4號）。《新潮》則刊發了何思源的《近世哲學的新方法》（第2卷第1號）、羅家倫的《近代西洋思想自由的進化》（第2卷第2號）、譚鳴謙的《現代民治主義的精神》（第2卷第3號）等。1949年以後，大陸中國文學研究界找到了清晰辨析近代／現代／當代的辦法，更是確定了這幾個概念背後的歷史文化內涵，其根據就是由史達林親自審查、聯共（布）中央審定、聯共（布）中央特設委員會編的《聯共（布）黨史簡明教程》和由蘇聯史學家集體編著的多卷本的《世界通史》。《聯共（布）黨史簡明教程》於1938年在蘇聯出版，它先後用67種文字出版301次，是蘇聯圖書出版史上印數最多的出版物之一。就在蘇聯正式出版此書的二三個月後，該書的第七章和結束語就被譯成中文在《解放》上發表，隨後不久，在中國就出現了4種不同的中文譯本：由博古任總校閱、中國出版社1939年2月出版的「重慶譯本」，由吳清友翻譯、上海啓明社1939年5月出版的「上海譯本」，由蘇聯外文出版局主持翻譯和出版、任弼時等人擔任實際翻譯工作的「莫斯科譯本」，以及解放社於1939年5月出版的「延安譯本」。「上海譯本」多流行於上海和新四軍活動區域，陝甘寧邊區和華北各抗日根據地擁有「莫斯科譯本」與「延安譯本」，大後方各省同時流行「重慶譯本」與「莫斯科譯本」（見歐陽軍喜《論抗戰時期〈聯

〔註4〕錢基博：《現代中國文學史》，第9頁。

〔註5〕1916年9月第2卷第1號起，《青年雜誌》改名爲《新青年》，文中爲了表述連貫，不作明確指出。

共（布）黨史簡明教程〉在中國的傳播及其對中國共產黨宣傳工作的影響》，載《黨史研究與教學》2008 年第 2 期）。早在延安時代，《簡明教程》就被列入「幹部必讀」書，建國之後，《簡明教程》中的三章加上「結束語」曾被指定為廣大幹部學習的基本教材，在中國自己編寫的「國際共運史」教材面世之前，它也是高校馬列土義基礎課程的通用教材，直接參與構築了新中國教育的基本歷史觀念。作為「學科」的中國現當代文學就是在這樣一種歷史觀念的形成中生成的。中譯本《世界通史》第一卷最早由生活・讀書・新知三聯書店於 1959 年初版，至 1978 年出版到第八卷，第九、第十卷由吉林人民出版社分別於 1975、1978 年出版，第十一卷繼續由三聯書店於 1984 年出版，第十二、十三卷由東方出版社 1987、1990 年出版，可以說也伴隨了 1990 年代之前中國的歷史認識過程。

　　就這樣，馬列主義的五種社會形態進化論成為劃分近代與現代的理論基礎，由近代到現代的演進，在蘇聯被描述為 1640 年英國資產階級革命－十月社會主義革命的重大發展，在中國，則開始於淪為「半殖民地半封建」的 1840 年鴉片戰爭，完成於標誌著社會主義思想傳播的「五四」。大陸中國的史學家更是在「現代」之中另闢「當代」，以彰顯社會主義與共產主義社會的到來，由此確定了中國文學近代／現代／當代的明確格局──這樣的劃分，不僅在時間分段上不再模糊，而且更具有明確的思想內涵與歷史文化質地：資產階級文學（舊民主主義革命文學）、新民主主義革命文學與社會主義文學就是近代－現代－當代文學的歷史轉換。

　　當然，來自蘇聯意識形態的歷史劃分與西方學術界的基本概念界定存在明顯的分歧。在西方學術界，一般是以地理大發現與資本主義經濟及社會文化的興起作為「現代」的開端，Modern Times 一般泛指 15～16 世紀地理大發現以來的歷史，這一歷史過程一直延續到今天，並沒有近代／現代之別，即使是所謂的「當代」（Late Modern Time 或 Contemporary Time），也依然從屬於 Modern Times 的長時段。〔註6〕「現代」的含義也不僅與「革命」相關，而且指涉一個相當久遠而深厚的歷史文化的變遷過程，並包含著歷史、哲學、

〔註6〕代表作有阿克頓主編的 14 卷本的《康橋近代史》（*The Cambridge Modern History*, *Cambridge university press* .1902-1912），後來康橋大學出版社又出版了克拉克主編的 14 卷本的《新編康橋近代史》（*The New Cambridge Modern History. Cambridge university press* .1957-1959），這套著作的中文譯本於 1987 年起，由中國社會科學出版社陸續出版，名為《新編康橋世界近代史》。

宗教等多方面的資訊。德國美學家姚斯在《美學標準及對古代與現代之爭的歷史反思》中考證,「現代」一詞在 10 世紀末期首次被使用,意指古羅馬帝國向基督教世界過渡時期,與古代相區別;而今天一般將之理解爲自文藝復興開始尤其是 17、18 世紀以後的社會、思想和文化的全面改變,它以工業化爲基礎,以全球化爲形式,深刻地影響了世界各民族的生存與觀念。

到了新時期,在大陸中國的國門重新向西方世界開放以後,「走向世界」的強烈渴望讓我們不再滿足於革命歷史的「現代」,但問題是,其他的「現代」知識對我們而言又相當陌生,難怪汪暉曾就何謂「現代」向唐弢先生鄭重求教,而作爲學科泰斗的導師也只是回答說,這是一個「很複雜」的問題。〔註7〕1990 年代,中國學術界開始惡補「現代」課,從西方思想界直接輸入了系統而豐富的「現代性知識」,這個「與世界接軌」的具有思想深度的知識結構由此散發出了前所未有的魅力。正是在「現代性知識」體系中,對現代、現代性、現代化、現代主義的辨析達到了如此的深入和細緻,對文學的觀照似乎也獲得了令人激動不已的效果和不可估量的廣闊前程,中國現代文學史至此有望成爲名副其實的「現代性」或「現代學」意義上的文學史敘述。

應當承認,1990 年代對「現代」知識的重新認定,的確爲我們的文學史研究找到了一個更具有整合能力的闡釋平臺。例如,藉助福柯式的知識考古,我們固有的種種「現代」概念和思想得到了清理,現代、現代性、現代化這些或零散或隨意或飄忽的認識,都第一次被納入一個完整清晰的系統,並且尋找到了在人類精神發展流程裡的準確位置。最近 10 年,「現代性」既是中國理論界所有譯文的中心語彙,也幾乎就是所有現當代文學史研究的話語支撐點。

但是,從另一角度來看,我們的「現代」史學之路卻難以掩飾其中的尷尬。無論是蘇聯的革命史「現代」概念還是今日西方學界的「現代」新知,它們的闡釋功效均更多地得力於異域的理論視野與理論邏輯,列寧與史達林如此,吉登斯、哈貝馬斯與福柯亦然。問題是,中國作家的主體經驗究竟在哪裡?中國作家背後的中國社會與歷史的獨特意義又何在?在革命史「現代」觀中,蘇聯的文學經驗、所謂的「現實主義」道路成爲金科玉律,只有最大程度地符合了這些「他者」的經驗才可能獲得文學史的肯定,這被後來稱爲

〔註 7〕 汪暉:《我們如何成爲「現代的」?》,《中國現代文學研究叢刊》1996 年第 1 期。

「左」的思想的教訓其實就是失去了中國主體經驗的惡果。同樣，在最近 10 餘年的文學史研究中，鮮活的現代中國的文學體驗也一再被納入到全球資本主義時代的共同命題中，兩種現代性、民族國家理論、公共空間理論、第三世界文化理論、後殖民批判理論……大清帝國的黃昏與異域的共和國的早晨相遇了，兩個不同國度的感受能否替換？文學的需要是否就能殊途同歸？他者的理論是否真讓我們一勞永逸？中國文學的現代之路會不會自成一格？有趣的甚至還有如下的事實：在 90 年代初期，恰恰也是其中的一些理論（現代性質疑理論）導致我們對現代文學存在價值的懷疑和否定，而到了 90 年代中後期，當外來的理論本身也發生分歧與衝突的時候（如哈貝馬斯對現代性的肯定），我們竟又神奇地獲得了鼓勵，重新「追隨」西方理論挖掘中國文學的「現代性價值」──中國文學的意義竟然就是這樣的脆弱和動搖，只能依靠西方的「現代」理論加以確定？

　　除了這些異域的「現代」理論，我們的文學史家就沒有屬於自己的東西嗎？如我們的心靈，我們的感受，能夠容納我們生命需要的漢語能力。

　　現代，在何種意義上還能繼續成為我們的文學史概念？沒有了這一通行的「世界」術語，我們還能夠表達自己嗎？

　　問題的嚴重性似乎不在於我們能否在歷史的描述中繼續使用「現代」（包括與之關聯的「近代」、「當代」等概念），而是類似的辭彙的確已被層層疊疊的「他者」的資訊所塗抹甚至污染，在固有的中國現代文學史敘述框架內，我們怎樣才能做到全身而退，通達我們思想的自由領地？

　　中國有「文學史」始於清末的林傳甲、黃摩西，隨著文學史寫作的持續展開，尤其是到了 1949 年以後，「現代」被單獨列出，不再從屬於「中國文學史」，這彷彿包含了一種暗示：「現代」是異樣的、外來的，不必納入「中國文學」固有的敘述程式。

　　「二十世紀中國文學」是中國文學研究界學術自覺，努力排除蘇聯「革命」史觀影響，尋求文學自身規律的產物。正如論者當年意識到的那樣：「以前的文學史分期是從社會政治史直接類比過來的。拿『近代文學史』來說，從一八四○年鴉片戰爭到一八九八年戊戌變法，半個多世紀裡頭，幾乎沒有什麼文學，或者說文學沒有什麼根本的變化。……政治和文學的發展很不平衡。還是要從東西方文化的撞擊，從文學的現代化，從中國人『出而參與世界的文藝之業』，從文學本身的發展規律，從這樣的一些角度來看文學史，才

比較準確。」「『二十世紀中國文學』這一概念首先意味著文學史從社會政治史的簡單比附中獨立出來，意味著把文學自身發生發展的階段完整性作為研究的主要對象。」〔註8〕這樣的歷史架構顯然具有重大的學術價值，「二十世紀中國文學」直到今天依然是影響最大的文學史理念，然而，它也存在著難以克服的一些問題。姑且不論「二十世紀」這一業已結束的時間概念能否繼續涵蓋一個新世紀的歷史情形，而「新世紀」是否又具有與「舊世紀」迥然不同的特徵，即便是這種歷史概括所依賴的基本觀念——文學的世界性、整體性與「現代化」，其實也和文學的「現代」史觀一樣，在今天恰恰就是爭論的焦點。

「二十世紀」作為一個時間概念也曾被國外史家徵用，但是正如當年中國學者已經意識到的那樣，外人常常是在「純物理時間」的意義上加以使用，相反，「二十世紀中國文學」更願意準確地呈現文學自身的性質。〔註9〕這樣一來，「二十世紀」的概念也同我們曾經有過的「現代」一樣，實際上已由時間性指稱轉換為意義性指稱。那麼，構成它們內在意義的是什麼呢？是文學的世界性、整體性與「現代化」——這些取諸世界歷史總體進程的「元素」，它們在何種程度上推動了我們文學的發展，又在多大的程度上掩蓋了我們固有的人生與藝術理想，都是大可討論的。例如，面對同樣一個「世界」的背景，是遭遇了「世界性」還是我們自己開闢了「世界性」，這裡就有完全不同的文學感受；再如，將「二十世紀」看作一個「整體」，我們可能注意到「五四」與「新時期」在「現代化」方向上的一致：「我是從搞新時期文學入手的，慢慢地發現好多文學現象跟『五四』時期非常相像，幾乎是某種『重複』。比如，『問題小說』的討論，連術語都完全一致。我考慮比較多的是美感意識的問題。『傷痕』文學裡頭有一種很濃郁的感傷情緒，非常像『五四』時期的浪漫主義思潮，我把它叫作歷史青春期的美感情緒。」「魯迅對現代小說形式的問題很早就提出一些精彩的見解。我就感覺到當代文學提出的很多問題並不是什麼新鮮問題。」〔註10〕但是，這樣的「整體性」的相似只是問題的一方面，認真區分起來，「五四」與「新時期」其實更有著一系列重要的分歧。文

〔註8〕 黃子平、陳平原、錢理群：《二十世紀中國文學三人談》，北京：人民文學出版社，1988年，第36頁、25頁。
〔註9〕 黃子平、陳平原、錢理群：《二十世紀中國文學三人談》，第39頁。
〔註10〕 黃子平、陳平原、錢理群：《二十世紀中國文學三人談》，第29～30、31頁。

學的意義恰恰就是建立在細節的甄別上，上述細節的差異不是可有可無的，它們標識的正是文學本身的「形態」的差別，既然「形態」已大不相同，那麼粘合的「整體」的也就失去了堅實的基礎。

更有甚者，雖然已被賦予一系列「現代性」的意義指向，「二十世紀」卻又無法終結人們對它的「時間」指稱。新的問題由此產生：人們完全可能藉助這樣的「時間」框架，重新賦予不同的意義，由此在總體上形成了「二十世紀」指義的複雜和含混。在 80 年代，「二十世紀中國文學」的提出者是以晚清的「新派」文學作爲「現代性」的起點，努力尋找五四文學精神的晚清前提與基礎，但是近年來，我們卻不無尷尬地發現美國漢學界已另起爐竈，竭力發掘被五四文學所「壓抑」的其他文學源流。結果並不是簡單擴大了文學的源頭，讓多元的聲音百家爭鳴，而是我們從此不得不面對一個彼此很難整合的現代文學格局，在晚清的世俗情欲與「五四」的文化啓蒙之間，矛盾的力量究竟是怎樣被「整合」的？如果說，「五四」的文化啓蒙壓抑了晚清的世俗情欲，而後者在中國其實已有很長的歷史流變過程，那麼，這樣壓抑／被壓抑雙方的歷史整合就變得頗爲怪異，而「五四」、二十世紀作爲文學「新質」的特殊意義也就不復存在，我們曾引以自豪的新文學的寶貴傳統可能就此動搖和模糊不清。難道，一個以文學闡釋的「整體性」爲己任的學術追求至此完成了自我的解構？

我們必須認眞面對「二十世紀中國文學」這一概念，包括其並未消失的價值和已經浮現的侷限。

二

我們對近現代以來中國文學史的幾大基本概念加以檢討，其目的並不是要在現有的文學描述中將之「除名」，而是想藉此反思我們目前文學研究與文學史敘述的內在問題。「新文學」力圖抓住中國文學在本世紀的「新質」，但定位卻存在很大的模糊空間；「現代文學」努力建立關於歷史意義的完整觀念，但問題是，這些「現代」觀念在很大程度上來自異域文化，究竟怎樣確定我們自己在本世紀的生存意義，依然有太多的空白之處；「二十世紀」致力於「文學」輪廓的勾勒，但純粹的時間概念的糾纏又使得它所框定的文學屬性龐雜而混沌，意義的清晰度甚至不如「新文學」與「現代文學」。這就是說，在我們未來的文學史敘述中，有必要對「新文學」、「近代／現代／當代」、「二

十世紀中國文學」等概念加以限制性的使用，盡可能突出它們揭示中國文學現象獨特性的那一面，盡力壓縮它們各自表意中的模糊空間。與此同時，更重要的是重新尋找和探測有關文學歷史的新的敘述方式，包括新的概念的選擇、新的意義範圍的確定，以及新的研究範式的嘗試等。

「新文學」作為對近百年來白話文學約定俗成的稱謂，繼續使用無妨，且無須承擔為其他文學樣式（如舊體文學）騰挪空間的道德責任，但未來的文學發展又將如何刷「新」，新的文學現象將怎樣由「新」而出，我們必須保留必要的思想準備與概念準備；「現代」則需要重新加以清理和認定，與其將西方資本主義文化的種種邏輯作為衡量「現代性」的基礎，還不如在一個更寬泛的角度認定「現代」：中華帝國結束自我中心的幻覺，被迫與其他世界對話的特殊過程，直接影響了中國人與中國作家的人生觀與自我意識，催生了一種區別於中國古代文學的「現代」樣式。這種「現代」受惠與受制於異域的「現代」命題尤其是西方資本主義的命題，但又與異域的心態頗多區別，我們完全不必將西方的「現代」或「現代性」本質化，並作為估價中國文學的尺度。異域的「現代」景觀僅僅是我們重新認識中國現象的比照之物，也就是說，對於「現代」的闡述，重點不應是異域（西方）的理念，而是這一過程之中中國「物質環境」與「精神生態」的諸多豐富形態與複雜結構。作為一個寬泛性的「過程」概念的指稱，我們使用側重於特殊時間含義的「現代文學」，而將文學精神內涵的分析交給更複雜、更多樣的歷史文化分析，以其他方式確立「意義」似乎更為可行；「二十世紀」是中國文學新的「現代」樣式孕育、誕生和發展壯大的關鍵時期，因為精神現象發生的微妙與複雜，這種時間性的斷代對文學本身的特殊樣式而言也不無模糊性，而且其間文學傳統的流變也務必單純和統一，因此，它最適合於充當技術性的時間指稱而非某種文學「本質」的概括。

這樣一來，我們似乎有可能獲得這樣的機會：將已粘著於這些概念之上的「意義的斑駁」儘量剔除，與其藉助它們繼續認定中國文學的「性質」，不如在盡力排除「他者」概念干擾的基礎上另闢蹊徑，通過對近現代以來中國文學發生與發展歷史情景的細緻梳理來加以全新的定義。

一個民族和國家的文學歷史的敘述，所依賴的巨大背景肯定是這一國家歷史的種種具體的歷史情景，包括國家政治的情狀、社會體制的細則、生存方式的細節、精神活動的詳情等等，總之，這種種的細節，它來自於歷史事實的「還

原」而不是抽象的理論概括。國家是我們生存的政治構架，在中國式的生存中，政治構架往往起著至關緊要的作用，影響及每個人最重要的生存環境和人生環節，也是文學存在的最堅實的背景；在國家政治的大框架中又形成了社會歷史發展的種種具體的情態：這是每個個體的具體生存環境，是文學關懷和觀照的基本場景，也是作爲精神現象的文學創造的基礎和動力。

從文學生存的社會歷史文化角度加以研究，並注意到其中「國家政治」與「社會背景」的重要作用，絕非始於今日。在「以階級鬥爭爲綱」的年代，就格外強調社會歷史批評的價值，新時期以後，則有「文化角度」研究的興起，90 年代至今，更是「文化批評」或「文化研究」的盛行。不過，強調「國家歷史情態」與這些研究都有很大的不同，它是屬於我們今天應當特別加強的學術方式。

傳統的社會歷史批評以國家政治爲唯一的闡釋中心，從根本上抹殺了文學自身的獨立性。在新時期，從「文化角度」研究文學就是要打破政治角度的壟斷性，正如「二十世紀中國文學」倡導者所提出的「走出文學」的設想：「『走出文學』就是注重文學的外部特徵，強調文學研究與哲學、社會學、政治學、民族學、心理學、歷史學、民俗學、文化人類學、倫理學等學科的聯繫，統而言之，從文化角度，而不只是從政治角度來考察文學。」〔註11〕這樣的研究，開啓了從不同的學科知識視角觀察文學發展的可能。「文化角度」在這裡主要意味著「通過文化看文學」。也就是說，運用組成社會文化的不同學科來分析、觀察文學的美學個性。與基於這些「文化角度」的「審美」判斷不同，90 年代至今的「文化研究」甚至打破了人們關於藝術與審美的「自主性」神話，將文學納入社會文化關係的總體版圖，重點解釋其中的文化「意味」，包括社會結構中種種階級、權力、性別與民族的關係。「文化研究」更重視文學具體而微的實際經驗，更強調對日常生活與世俗文化的分析和解剖，更關注文學在歷史文化經驗中的具體細節。這顯然更利於揭示文學的歷史文化意義，但是，「文化研究」的基本理論和模式卻有著明顯的西方背景。一般認爲，「文化研究」產生於 50 年代的英國，其先驅人物是威廉姆斯（R.Williams）與霍加特（R.Hoggart）。霍加特在 1964 年創辦的英國伯明罕當代文化研究中心是第一個正式成立的「文化研究」機構，從 80 年代開始，「文化研究」在加拿大、澳大利亞及美國等地迅速發展，至今，它幾乎已成爲一個具有全球影響的知識領域。90 年代，「文化

〔註11〕黃子平、陳平原、錢理群：《二十世紀中國文學三人談》，第 61 頁。

研究」傳入中國後對文學批評的影響日巨，但是，中國「文化研究」的一系列主題和思路（如後殖民主義批判、文化／權力關係批判、種族與性別問題、大眾文化問題、身份政治學等等）幾乎都來自西方，而且往往是直接襲用外來的術語和邏輯，對自身文化處境獨特性的準確分析卻相當不足。〔註12〕

突出具體的歷史情景的文學研究充分肯定國家政治的特殊意義，但又絕對尊重文學自身的獨立價值；與 80 年代「文化角度」研究相似，它也將充分調動哲學、社會學、政治學、民族學、心理學、歷史學、民俗學、文化人類學、倫理學等學科知識，但卻更強調具體國家歷史過程中的「文學」對人生遭遇「還原」；與「文化研究」相似，這裡的研究也將重點挖掘歷史文化的諸多細節，但需要致力於來自「中國體驗」的思想主題與思維路徑。

傳統的中國文學詮釋雖然沒有「社會歷史批評」這樣的概念，但卻在感受、體驗具體作家創作環境方面頗多心得，形成了所謂「知人論世」的詮釋傳統，正如章學誠在《文史通義・文德》中說：「不知古人之世，不可妄論古人之辭也。知其世矣，不知古人之身處，亦不可以遽論其文也。」這都是我們今天跳出概念窠臼、返回歷史感受的重要資源。不過，中國現代文學的歷史敘述需要完成的任務可能更為複雜，在今天，我們不僅需要為了「知人」而「知世」，而且作為「世」的社會歷史也不僅僅是「背景」，它本身就構成了文學發展的「結構」性力量，正是在這個意義上，我們更傾向於使用「情景」而不是「背景」；挖掘歷史的我們也不僅要以「世」釋「人」，而且要直接呈現特定條件下文學精神發展的各種內在「機理」，這些「機理」形成了中國文學的「民國機制」，文學的民國機制最終導致我們的現代文學既不是清代文學的簡單延續，也不是新中國文學的前代榜樣。

新的文學史敘述範式將努力完整地揭示近現代以來中國文學生存發展的基本環境，這種揭示要盡可能「原生態」地呈現這個國家、社會、文化和政治的各種因素，以及這些因素如何相互結合、相互作用，並形成影響我們精神生產與語言運行的「格局」，剖析它是如何決定和影響了我們的基本需求、情趣和願望。這樣的揭示，應盡力避免對既有的外來觀念形態的直接襲用——雖然我們也承認這些觀念的確對我們的生存有所衝擊和浸染，但最根本的觀念依然來自於我們所置身的社會文化格局，來自於我們在這種格局中體驗人生和感受世界的態度與方式。眾說紛紜、意義斑駁的「現代性」無法揭開

〔註12〕參見陶東風：《社會轉型與當代知識份子》，上海：上海三聯書店，1999 年。

這些生存的「底色」。我們的新研究應返回到最樸素的關於近現代以來中國國家與社會的種種結構性元素的分析清理當中，在更多的實證性的展示中「還原」中國人與中國作家的喜怒哀樂。過去的一切解剖和闡釋並非一無是處，但它們必須重新回到最樸素的生存狀態的分析中——如中外文化的衝突、現代資本主義文化的入侵、現代民族國家的建立、現代性的批判、全球化時代的文化趨勢等。我們需要知道，這些抽象的文化觀念不是理所當然就覆蓋在中國人的思想之上的，只有在與中國人實際生存和發展緊密結合的時候，它們的意義才得以彰顯。換句話說，最終是中國人自己的最基本的生存發展需要決定了其他異域觀念的進入程度和進入方向。如果脫離中國自己的國家與社會狀況的深入分析，單純地滿足於異域觀念的演繹，那麼，即便能觸及部分現象甚至某些局部的核心，也肯定會失去研究對象的完整性，最終讓我們的研究和關於歷史的敘述不斷在抽象概念的替代和遊戲中滑行。近百年來中國文學研究的最深刻教訓即在於此。今天，是應該努力改變的時候了。

作為生存細節的歷史情景，屬於我們的物質環境與精神追求在各個方面的自然呈現。不像「ｘｘ文化與中國現代文學」式的特定角度進行由外而內的探測（這已經成為一種經典式的論述形式），歷史情景本身就形成了文學作為人生現象的構成元素。如在「政治意識形態與中國文學」的研究模式中，我們論述的是這些政治觀念對中國文學的扭曲和壓抑，中國作家如何通過掙脫其影響獲得自由思想的表達，而在作為人生現象的文學敘述中，一切國家政治都在打造著作家樸素的思想意識，他們依賴於這些政治文化提供的生存場域，又在無意識中把國家政治內化為自己的思想構成，同時，特定條件下的反叛與抗爭也生成了思想發展的特定方向——這樣的考察，首先不是觀念的應用和演繹，而是歷史細節、生活細節的挖掘和呈現，我們無須藉「文化理論」講道理，而是對這些現象加以觀察和記錄。

國家歷史情態的意義也是豐富的，除了國家的政治形態之外，還包括社會法律形態、經濟方式、教育體制、宗教形態以及日常生活習俗以及文學的生產、傳播過程等，它們分別組成了與特定國家政治相適應的「社會結構」與「人生結構」。我們的研究，就是在「還原性」的歷史敘述中展開這些「結構」的細部，並分析它們是如何相互結合又具體影響著文學發展的。

作為一種新的文學史敘述方式，我們應特別注意那種「還原性」的命名及其背後的深遠意義，比如「民國文學史」的概念。

1999 年，陳福康藉助史學界的概念，建議中國文學的「現代」之名不妨「退休」，代之以民國文學之謂。近年來，張福貴、湯溢澤、趙步陽、楊丹丹等人都先後提出這一新的命名問題，〔註 13〕我之所以將這樣的命名方式稱之為「還原」式，是因為它所指示的國家社會的概念不是外來思想的借用——包括時間的借用與意義的借用——而是中國自己的特定生存階段的真實的稱謂，藉助這樣具體的歷史情景，我們的文學史敘述有可能展開過去所忽略的歷史細節，從而推動文學史研究的深入。

三

肯定「民國文學」式的還原性論述，並不僅僅著眼於文學史的概念之爭，更重要的是開啟一種新的敘述可能。國家歷史情態的諸多細節有可能在這樣的敘述中獲得前所未有的重視，從而為百年中國文學轉換演變的複雜過程、歷史意義和文化功能提出新的解釋。

學術界曾經有一種設想：藉助「民國文學」這樣的「時間性」命名可以容納各種各樣的文學樣式，從而為現代中國文學的宏富圖景開拓空間。這裡需要進一步思考的問題包括兩個方面：其一，「民國文學」是否就是一種單純的時間性概念？其二，文學史敘述的目標是否就是不斷擴大自己的敘述對象？顯然，以國家歷史情態為基準的歷史命名本身就包含了十分具體的社會歷史內容，它已經大大超越了單純的「時間」稱謂。單純的時間稱謂，莫過於西元紀年，我們完全可以命名「中國文學（1911～1949）」，這種命名與「民國文學」顯然有著重大的差異。同樣，是否真的存在這麼一種歷史敘述模式：沒有思想傾向，沒有主觀性，可以包羅萬象？正如韋勒克、沃倫所說：「不能同意認為文學時代只是一個為描述任何一段時間過程而使用的語言符號的那種極端唯名論觀點。極端的唯名論假定，時代的概念是把一個任意的附加物加在了一堆材料上，而

〔註13〕 參看張福貴《從意義概念返回到時間概念——關於中國現代文學的命名問題》（香港《文學世紀》2003 年第 4 期）；湯溢澤、郭彥妮《論開展「民國文學史」研究的必要性與可行性》（《當代教育理論與實踐》2010 年第 2 卷第 3 期）；湯溢澤、廖廣莉《論開展「民國文學史」研究的迫切性》（《衡陽師範學院學報》2010 年第 2 期）；趙步陽、曹千里等「現代文學」，還是「民國文學」？》（《金陵科技學院學報》2008 年第 1 期）；張維亞、趙步陽等《民國文學遺產旅遊開發研究》（《商業經濟》2008 年第 9 期）；楊丹丹《「現代文學史」命名的追問與反思》（《長春師範學院學報》2008 年第 5 期）。

這材料實際上只是一個連續的無一定方向的流而已；這樣，擺在我們面前的就一方面是具體事件的一片渾沌，另一方面是純粹的主觀的標籤。」「文學上某一時期的歷史就在於探索從一個規範體系到另一個規範體系的變化。」〔註14〕

　　在此意義上，作為文學史概念的辨析只是問題的表面，更重要的是我們新的文學史敘述需要依託國家歷史情態，重新探討和發現近現代以來中國文學的「一個規範體系到另一個規範體系的變化」。面對日益高漲的「民國文學史」命名的呼籲，我更願意強調中國文學在民國時期的機制性力量。忽略國家歷史情態，我們對現代中國文學發展內在機理的描述往往停留在外來文化與傳統文化二元關係的層面上，而對中國現代歷史本身的構造性力量恰恰缺少足夠的挖掘；引入「民國文學機制」的視角，則有利於深入開掘這些影響——包括推動和限制——文學發展的歷史要素。

　　在歷史的每一個階段，文學之所以能夠出現新的精神創造與語言創造，歸根結底在於這一時期的國家歷史情態中孕育了某種「機制」，這種「機制」是特定社會文化「結構」的產物，正是它的存在推動了精神的發展和蛻變，最終撐破前一個文化傳統的「殼」脫穎而出。考察中國文學近百年來的新變，就是要抓住這些文化中形成「機制」的東西，而「機制」既不是外來思想的簡單輸入，更不是「世界歷史」的共識，它是社會文化自身在演變過程中諸多因素相互作用的最終結果。

　　強化文學史的國家與社會論述，自覺挖掘「文學機制」，可能對我們的研究產生三個方面的直接推動作用。

　　首先，從中國文學研究的中外衝撞模式中跨越出來，形成在中國社會文化自身情形中研討文學問題的新思路。百年來，中外文化衝突融合的事實造就了我們對文學的一種主要的理解方式，即努力將一切文學現象都置放在外來文化輸入與傳統文化轉換的邏輯中。這固然有其合理性，但是，在實際的文學闡釋與研究當中，我們又很容易忽略「衝突融合」現象本身的諸多細節，將中外文化關係的研究簡化為異域因素的「輸入」與「移植」辨析，最終便在很大程度上漠視了文學創作這一精神現象的複雜性，忽略了精神產品生成所依託的複雜而實際的國家與社會狀況，民國文學機制的開掘正可以為我們展開關於國家與社會狀況的豐富內容。我們曾倡導過「體驗」之於中國現代

〔註14〕韋勒克、沃倫：《文學理論》，劉象愚等譯，北京：三聯書店 1984 年，第 302、307 頁。

文學研究的意義，而作家的生命體驗就根植於實際的國家與社會情景，文學的體驗在「民國文學機制」中獲得了最好的解釋。

其次，對「文學機制」的論述有助於釐清文學研究的一系列基本概念，如「現代」、「現代化」、「民族」、「進化」、「革命」、「啓蒙」、「大眾」、「現實主義」、「浪漫主義」、「現代主義」等概念，都將獲得更符合中國歷史現實的說明。在過去，我們主要把它們當作西方的術語，力圖在更接近西方意義的層面上來加以運用，近年來，爲了弘揚傳統文化，又開始對此質疑，甚至提出了回歸古典文論、重建中國文論話語的新思路。問題在於，中國古典文論能否有效地表達現代文學的新體驗呢？前述種種批評話語固然有其外來的背景，但是，一旦這些批評話語進入中國，便逐步成了中國作家自我認同、自我表達的有機組成部分，在看似外來的語彙之中，其實深深地滲透了中國作家自己的體驗和思想。也就是說，它們其實已經融入了中國自己的話語體系，成爲中國作家自我生命表達的一種方式。當然，這樣的認同方式和表達方式又都是在中國現代社會文化的場域中發生的，都可以在特定國家歷史情態中獲得準確定位。經過這樣的考辨和定位，中國現代學術批評的系列語彙將重新煥發生機：既能與外部世界對話，又充分體現著「中國特色」，眞正成爲現代中國話語建設的合理成分。

再次，對作爲民國文學機制具體組成部分的各種結構性因素的剖析，可以爲近百年來中國文學的研究提供新的課題。這些因素包括經濟方式、法律形態、教育體制、宗教形態、日常生活習俗以及文學的生產、傳播過程等等。作爲文學的經濟方式，我們應注意到民國時期的民營格局之於中國近現代的出版傳播業的深刻影響，一方面，出版傳播業的民營性質雖然決定了文學的「市場利益驅動」，但另一方面，讀者市場的驅動本身又具有多元化的可能性，較之於一元化思想控制的國家壟斷，這顯然更能爲文學的自由發展提供較大的空間；作爲文學的法律保障，民國時期曾經存在著一個規模龐大的法律職業集團，這樣一個法律思想界別的存在加強著民國社會的「法治」意識，我們目睹了知識份子以法律爲武器，對抗專制獨裁、捍衛言論自由的大量案例，知識者的法律意識和人權觀念在很大程度上保證了爭取創作空間的主動性，這是我們理解民國文學主體精神的基礎；民國教育機構三方並舉（國立、私立與教會）的形式延遲了教育體制的大統一進程，有助於知識份子的思想自由，即便是國立的教育機構如北京大學，也能出現如蔡元培這樣具有較大自主權力並且主張「兼容並

包」、「學術自由」的教育管理者；也是在五四時期，知識份子形成了一個巨大的生存群落，他們各自有著並不相同的思想傾向，有過程度不同的文化論爭，但又在總體上形成了推動文化發展的有效力量。歐遊歸來、宣揚「西方文明破產」的梁啓超常常被人們視作「思想保守」，但他卻對新文化運動抱有很大的熱情和關注，甚至認爲它從總體上符合了自己心目中的「進化」理想；甲寅派一直被簡單地目爲新文化運動的「反對派」，其實當年《甲寅》月刊的努力恰恰奠定了《新青年》出現的重要基礎，後來章士釗任職北洋政府，《甲寅》以周刊形式在京復刊，與新文化倡導者激烈論爭，但論戰並沒有妨礙對手雙方的基本交誼和彼此容忍；學衡派也竭力從西方文化中尋找自己的理論支援，而且並不拒絕「新文化」這一概念本身；與《新青年》「新文化派」展開東西方文化大論戰的還有「東方文化派」的一方如杜亞泉等人，同樣具有現代文化的知識背景，同樣是現代科學文化知識的傳播者——正是這樣的「認同」，爲這些生存群體可以形成以「五四」命名的文化圈創造了條件。而一個存在某種文化同約性的大型文化圈的出現，則是現代中國文化發展十分寶貴的「思想平臺」——它在根本上保證了新的中國文化從思想基礎到制度建設的相對穩定和順暢，所有這些相對有利的因素都在「五四」前後的知識份子生存中聚集起來，成爲傳達自由思想、形成多元化輿論陣地的重要根基。我們可以這樣認爲五四新文化運動第一次呈現了「民國文學機制」的雛形，而這樣的「機制」反過來又藉助五四新文化運動的思想激蕩得以進一步完善成型，開始爲中國文學的自由創造奠定最重要的基礎。

　　「民國文學機制」在中國現代文化後來的歷史中持續性地釋放了強大的正面效應。我們可以看到，無論生存的物質條件有時變得怎樣的惡劣和糟糕，中國文學都一再保持著相當穩定的創造力，甚至，在某種程度上，由國家與社會各種因素組合而成的「機制」還構成了對國民黨專制獨裁的有效制約。中國在20 年代後期興起了左翼文化，而且恰恰是在國民黨血腥的「清黨」之後，左翼文化得到了空前的發展，並且以自己的努力、以影響廣大社會的頑強生命力抵抗了專制獨裁勢力的壓制。抗戰時期，中國文學出現了不同政治意識形態的分區，所謂的「國統區」與「解放區」。有意思的是，中國文學在總體上包容了如此對立的文學思想樣式，而且一定程度上還可以形成這兩者的交流與對話，其支撐點依然是我們所說的「民國文學機制」。民國文學的基礎是晚清－五四中國知識份子的文化啓蒙理想，在文化結構整體的有機關係中，這樣的理想同時也

流布到了左翼文化圈與中國共產黨人的文化論述當中，雖然他們另有自己的政治主張與政治信仰。過去文學史敘述，往往突出了意識形態的不可調和性，也否認社會文化因素的有機的微妙關係，如「啓蒙」與「救亡」的對立面似乎理所當然地壓倒了它們的通約性。只有依託中國文學的具體歷史情景，在「民國文學機制」的歷史細節中重新梳理，我們才能發現，在抗戰時期的文壇上，至少在抗戰前期的文學表達中，「啓蒙」並沒有因爲「救亡」而消沉，反而藉「救亡」而興起，這就是抗戰以後出現的「新啓蒙運動」。

引入「民國文學機制」的觀察，我們還可以進一步發現，中國文學在「民國時期」呈現了獨特的格局：國家執政當局從來沒有眞正獲得文化的領導權，無論袁世凱、北洋政府還是蔣介石獨裁，其思想控制的企圖總是遭遇了社會各階層的有力阻擊，親政府當局的文化與文學思潮往往受到自由主義與左翼文化的多重反抗，尤其是左翼文化的頑強生存在很大程度上形成了民國文學爭取自由思想的強大推動力量，民國文學的主流不是國民黨文學而是左翼文學與自由主義文學。有趣的是，在民國專制政權的某些政策執行者那裡，他們試圖控制文學、壓縮創作自由空間的努力不僅始終遭到其他社會階層的有力反抗，而且就連這些政策執行者自己也是矛盾重重、膽膽突突的。例如，在國民黨掌控意識形態的宣傳部長張道藩所闡述的「文藝政策」裡，我們既能讀到保障社會「穩定」、加強思想控制的論述，也能讀到那些對於當前文藝發展的小心翼翼的探討、措辭謹慎的分析，甚至時有自我辯護的被動與無奈。而當這一「政策」的宣示遭到某些文藝界人士（如梁實秋）的質疑之後，張道藩竟然又再度「退卻」：「乾脆講，我們提出的文藝政策並沒有要政府施行文藝統治的意思，而是赤誠地向我國文藝界建議一點怎樣可以達到創造適合國情的作品的管見。使志同道合的文藝界同仁有一個共同努力的方向。」「文藝政策的原則由文藝界共同決定後之有計劃的進行。」〔註 15〕由「文藝界共同決定」當然就不便於執政黨的思想控制了，應該說，張道藩的退縮就是「民國文學機制」對獨裁專制的成功壓縮。

強調「民國文學機制」之於文學研究的意義，是不是更多侷限於強調文學史的外部因素，從而導致對於文學內部因素（語言、形式和審美等）的忽略呢？在我看來，之所以需要用「機制」替代一般的制度研究，就在於「機制」是一種綜合性的文學表現形態，它既包括了國家社會制度等「外部因素」，

〔註15〕張道藩：《關於「文藝政策」的答辯》，《文化先鋒》1942 年第 1 卷第 8 期。

又指涉了特定制度之下人的內部精神狀態，包括語言狀態。例如，正是因為辛亥革命在國家制度層面為中國民眾「承諾」了現代民主共和的理想，「民主共和國觀念從此深入人心」，〔註16〕以後的中國作家才具有了反抗專制獨裁、自由創造的勇氣和決心，白話文最終成為現代文學的基本語言形式，也源自於中國作家由「制度革命」延伸而來的「文學革命」的信心。所以，「民國文學機制」的研究同樣包括對民國時期知識份子所具有的某種推動文學創造的個性、氣質與精神追求的考察，這就是我們今天所謂的「民國範兒」。我認為，「民國範兒」既是個人精神之「模式」，也指某種語言文字的「神韻」，這裡可以進一步開掘的文學「內部研究」相當豐富。

不理解「民國範兒」的特殊性，我們就無法正確理解許多歷史現象。如今天的「現代性批判」常常將矛頭直指「五四」，言及五四一代如何「斷裂」了傳統文化，如何「偏激」地推行「全盤西化」，其實，民國時期尚未經過來自國家政權的大規模的思想鬥爭，絕大多數的論爭都是在官方「缺席」狀態下的知識界內部的分歧，「偏激」最多不過是一種言辭表達的語氣，思想的討論並不可能真正形成整個文化的「斷裂」，就是在新文化倡導者的一方，其儒雅敦厚的傳統文人性格昭然若揭。在這裡，傳統士人「身任天下」的理想抱負與新文明的「啟蒙」理想不是斷裂而是實現了流暢的連接，從「啟蒙」到「革命」，一代文學青年和知識份子真誠地實踐著自己的社會理想，其理想主義的光輝與信仰的單純與執著顯然具有很大的輻射效應，即便在那些因斑斑劣跡載入史冊的官僚、軍閥那裡，也依然可以看到以「理想」自我標榜的情形，如地方軍閥推行的「鄉村建設運動」和「興學重教」，包括前述張道藩這樣的文化專制的執行人，也還洋溢著士大夫的矜持與修養。總之，歷史過渡時期的現代知識者其實較為穩定地融會了傳統士人的學養、操守與新時代的理想及行動能力，正是這樣的生存方式與精神特徵既造就了新的文明時代的進取心、創造力，又自然維持了某種道德的底線與水準。

一旦我們深入到歷史情景的「機制」層面，就不難發現，僅僅用抽象的「現代化」統攝近現代以來的中國文學史，的確掩蓋了歷史發展的諸多細節。從某種意義上看，「民國文學機制」的出現和後來的解體恰恰才在很大程度上分開了20世紀上下半葉的文學面貌，從根本上看，歷史的改變就在於曾有過的影響文化創造的「機制」的解體和消失；不僅是社會的「結構」性因素的

消失和「體制」的更迭，同時也是知識份子精神氣質的重大蛻變。

自然，我們也看到，還原歷史情景的文學史敘述同樣也將面對一系列複雜的情形，這要求我們的研究需包含多種方向的設計，如包括民國社會機制之於文學發展的負面意義：官紳政權的特殊結構讓「人治」始終居於社會控制的中心，「黨國」的意識形態陰影籠罩文壇，扭曲和壓制著中國文學的自然發展，作家權益遠沒有獲得真正的保障，「曲筆」、「壕塹戰」、「鑽網」的文化造就了中國文學的奇異景觀，革命／反革命持續性對抗強化了現代中國的二元對立思維，在一定程度上妨礙了現代文化思想的多維展開。除此之外，我們也應當承認，國家與社會框架下的文學史敘述需要對國家與社會歷史諸多細節進行深入解剖和挖掘，其中有大量的原始材料亟待發現，難度可想而知。同時，文學作為國家歷史的意義和作為個體創作的意義相互聯繫又有所區別，個體的精神氣質可以在特定的國家歷史形態中得到解釋，但所有來自環境的解釋並不能完全洞見個體創造的奧妙，因此，文學的解讀總是在超越個體又回到個體之間循環。當我們藉助超越個體的國家歷史情態敘述文學之時，也應對這一視角的有限性保持足夠的警惕。

以上的陳述之所以如此冗長，是因為我們關於文學歷史的扭曲性敘述本來就如此冗長！今天，呈現在讀者諸君面前的這一套文叢試圖重新返回民國歷史的特殊空間，重新探討從具體國家歷史情景出發討論文學的可能，當然，離開民國實在太久了，我們剛剛開始的討論可能還不盡圓熟，對一些問題的思考有時還會同過去的思想模式糾纏在一起，但是我想，任何新的研究範式的確立均非一朝一夕之功，每一種思想的嘗試都必然經過一定時間的蹣跚，重要的是我們已經開始了！從「民國文化與文學研究文叢」第一輯出發，我們還會有連續不斷的第二輯、第三輯……時間將逐漸展開我們新的思想，揭示現代中國文學研究在未來的宏富景觀。

這一套規模宏大的學術文叢能夠順利出版，也得益於花木蘭文化出版社，得益於杜潔祥先生的文化情懷與學術遠見，我相信，對歷史滿懷深情的注視和審察是我們和杜潔祥先生的共同追求，讓我們的思想與「花木蘭文化」一起成長，讓我們的文字成為中華文明的百年見證。

二〇一二年三月五日，農曆驚蟄

意義的生成
——現代中國文學作品細讀集（上）

李　今　著

作者簡介

李今，祖籍，山東萊州。畢業於遼寧大學、北京師範大學、北京大學中文系，分別獲文學學士、碩士、博士學位。曾就職於中國現代文學館，任研究員，博士生導師，《中國現代文學研究叢刊》副主編。2006 年調入中國人民大學文學院中國現當代文學室，教授，博士生導師。著有《個人主義與五四新文學》、《海派小說與現代都市文化》、《海派小說論》、《三四十年代蘇俄漢譯文學論》，《二十世紀中國翻譯文學史》第 3 卷；譯有利里安‧ 弗斯特著《浪漫主義》、R‧L‧ 布魯特著《論幻想與想像》；與嚴家炎合編《穆時英全集》、與吳俊等主編《中國現代文學期刊目錄新編》等。

提　　要

　　本書為中國現當代文學，包括港臺文學著名作家作品評論集。作者從閱讀的第一感覺印象出發，在對文本結構形態、敘事形式、修辭、意象和象徵的把握和細讀中，聯繫作家的生平思想、審美追求和社會、歷史、文化語境，分析不同作家的主體意識形態及其意義的生成，以深入探究和理解社會人生諸相和人性奧秘。

文本·歷史與主題
——《狂人日記》再細讀

　　遙想當年魯迅創作《狂人日記》之時，大概他首先不能不面臨的難題，就是如何讓只有偏離了理性軌道才能被視為狂人的瘋人之言來說出理性，甚至是比理性更接近於真理的話語，並獲得讀者的認同。他的成功也讓研究界費解了近百年，魯迅是怎樣把幾乎南轅北轍的寄寓物和被寄寓物統合到一起，既滿足了作為一個狂人的病態敘事特徵，又完成了自己清醒而深刻的主題意圖？

　　無論過去，關於狂人是一個真的狂人，一個精神界的戰士，或是一個患了迫害狂的精神界戰士的爭論；還是後來提出的「寄寓說」、「象徵說」、「寓言說」，狂人世界與常人世界的對立轉化說，生物學意義與社會學意義上的吃人在語義學上的轉喻說等等，都從一個特定的角度進行了具有一定合理性的闡釋。但這些解說，又都不能在文本分析中貫徹到底，因為它們普遍都試圖使用一個概念，一種類型或者理論去籠括狂人形象及其意義。我嘗試換一種思路，還文本本身的多重、含混與糾結。

　　我想，我們一定都很清楚，真的瘋人是不可能寫出《狂人日記》的，可我們為什麼還要糾纏於「狂」與「不狂」的問題？在很大程度上，是因為我們不自覺地已經陷入了文學的規範，按照魯迅在文言小序中提到的狂人「所患蓋『迫害狂』之類」的規定去理解這一形象，於是就出現了無法自圓其說的困境。本來對於一般讀者，或者同道來說，「狂」與「不狂」根本不會成為問題，他們在兩者的含糊其辭之間會不自覺地，或自願地為狂人自由不羈與顛覆一切的狂言所征服。但對於較真兒的研究者來說，這卻成了一個問題。

用「狂」來看「狂人」,發現了他的「不狂」;從「不狂」來看「狂人」,又發現了他的「狂」。

然而這問題的發生,卻是想來又「怠慢了」小序的緣故。魯迅在小序中實際早已先置了引起日後爭論不休的三種觀點,也可以說是他三種寫法的策略,他在正文之前安排一個小序,從這個意義上說,可以從先在地設定一個「遊戲規則」方面去理解。小序雖短,卻有三人出場,他們對《狂人日記》表達了三種不同的態度。

狂人的哥哥見到「遠道來視」的小序敘述者「余」,「因大笑」,「出示日記二冊」,以向舊友證明弟弟「當日病狀」,並告知「已早愈,赴某地候補矣」。我們知道,哥哥在日記中形象不佳,他是狂人主要攻擊的對象,是「吃人的人」的代表。從「合夥吃我的人,便是我的哥哥!」這一「大發見」的吶喊;到揭露大哥教唆「吃人」(講書的時候說「易子而食」、「食肉寢皮」),「不但唇邊還抹著人油,而且心裏滿裝著吃人的意思」;以至狂人要「詛咒吃人的人」,「先從他起頭」;甚至直接指控大哥,因說破他們的「隱情」,「忽然顯出凶相」,給狂人罩上了「瘋子的名目」,以便「將來吃了,不但太平無事,怕還會有人見情。」最終狂人悲憤地不僅把妹子死掉的緣故歸罪於大哥(「全在他」),也把自己「未必無意之中,不吃了我妹子的幾片肉」引咎於「大哥正管著家務」。狂人的哥哥能夠坦然面對狂人對他的如此歪曲與攻擊,顯然是把狂人的話不當話,瘋人的言語無效,並相信別人也是如此,把他看作是個曾害神經病的患者,一個真的「瘋人」。這裡有著一個正常人把瘋癲看作是種精神疾病,不再認為瘋人之言具有可信性,可以超然地予以不同看待的區隔排斥姿態。

而小序敘述者「余」回去看過日記後就下了一個診斷:「所患蓋『迫害狂』之類」。也許因為白話之初,主動與被動的區分不甚分明,魯迅所說實際應是「被迫害狂」,而不是迫害狂。雖然被迫害狂患者並非一定真的受了什麼超乎尋常的迫害,但「余」確實是在為此命名賦予意義,這個稱謂強調的是狂人與他者的關係。整篇小說雖然沒有直寫狂人是如何受迫害致瘋,但狂人害怕別人吃他的被迫害狂心理病症指涉的正是自我與他者的對立,他為自己找到的大家都要吃他的原因「只有廿年以前,把古久先生的陳年流水簿子,踹了一腳」這一條,而且當他看破狼子村的吃人,是以「大惡人」的名義賦予合法性時,馬上聯想到自己「雖然不是惡人,自從踹了古家的簿子,可就難說了。」此中的喻指直白得不必再費神破譯,不僅交待了狂人的過去,也點明了狂人致病的原因,魯

迅的用意已經很清楚。所以「余」對狂人所下的判斷就是強調狂人被迫害致瘋。根據小序的交代,《狂人日記》因「余」「撮錄一篇,以供醫家研究」,才得以面世。這一舉動體現了「余」對這些瘋人話語的會心與利用,試圖在理性與非理性之間建立起關聯與溝通,交流與共謀的努力。

第三種態度就是狂人本人,他雖是間接在場,由「余」告知讀者狂人正是自己日記的命名者:「書名,則本人愈後所題」,但同樣表明了一種觀點。「狂人日記」是他對自己過去日記,也可以說是過去一段生命狀態性質的定性。「狂人」之「狂」無論在古代還是現代,都並不單指喪失了理智,病態的瘋狂之「狂」,還有「狂夫」「狂狷」「狂妄」「狂放」「狂怒」「狂熱」「狂言」「狂想」之「狂」,縱情任性或放蕩驕恣之態。而且這後一層意義更是中國士人一個傳統的表徵。晚清和五四時期致力改革的人不僅被時人斥為「喪心病狂」,改革家也「全所不辭」,自命「狂人」。而且魯迅表現狂人的瘋癲完全沒有使用那些如裸露身體、披頭散髮、骯髒邋遢等現成而方便的症候,而僅以話語構成瘋癲的形式,這也透露出魯迅並不想將狂人坐實瘋人。我覺得「狂人日記」的命名(實際上並不僅僅是狂人的自封,「余」「不復改也」的態度,說明他也參與其中),正寄寓了「狂」與「不狂」這雙重意義的含混與糾纏,代表著理性與瘋癲尚未絕然斷裂,瘋狂與激情,理性與非理性難解難分的一種狀態。

魯迅在小序中蘊含的對於瘋癲的這三種態度,賦予了狂人多重形象的特徵,先在地暗示了狂人日記文本的多重屬性。

已有研究者指出,文言小序的敘述者「余」,「撮錄日記,隱易人名」,「將『日記』轉化為『小說』」,「是小說最後的加工完成者」的作用,〔註1〕我想進一步闡明,事實上,編選即改寫,「余」是狂人的日記改寫者,是魯迅有意設置的《狂人日記》的真正作者,也是使《狂人日記》秉有「狂」與「不狂」多重屬性的決定者。

從小序中我們可以得知,《狂人日記》共二冊,經「余」「撮錄」後僅餘不到六千字,其間的刪減不謂不大。特別是分析日記的結構條理後,我們會發現,正如周作人所指出的那樣:「這篇文章雖然說是狂人的日記,其實思路清徹,有一貫的條理,不是精神病患者所能寫得出來的,這裡迫害狂的名字原不過是作為一個楔子。」〔註2〕「思路清徹,有一貫的條理」正是「余」的

〔註1〕 薛毅、錢理群:《狂人日記》細讀,《魯迅研究月刊》,1994 年第 11 期。

〔註2〕 周作人:《禮教吃人》,止庵校訂《周作人自編文集‧魯迅小說裏的人物》第

所為。「我怕……」是迫害狂的典型病症,而「……得有理」則體現了「余」之認識。也可以說,《狂人日記》是他用狂人話語,按自己的觀點思路串聯而成。由於魯迅在小序中所預設的狂人與「余」共謀這一寫作規則在先,《狂人日記》的這個「不狂」之處也就有了合法性。

經「余」撮錄的《狂人日記》共十三小節,在第一節,「余」就開門見山地拋出了作為小說構思核心的論點:「我怕得有理」。這也可以說是文章的「破題」。

接下來承此論題,從第二至第五節開始鋪排狂人所記「真教我怕,教我納罕而且傷心」的「大發見」:趙貴翁、路上的人、老子娘、小孩子、家裏的人、狼子村的佃戶、歷史——仁義道德、醫生、我的哥哥,總之是從大人到小孩,從統治階級到被統治階級,從現在到歷史文化,從職掌殺人的劊子手到治病救人為業的醫生,從社會到家庭、大哥都想害他,「想吃人」,覺悟到「古來時常吃人」、每頁都寫著「仁義道德」幾個字的歷史「滿本都寫著兩個字是『吃人』」、直到現在「狼子村」的人和「我家大哥」仍然「會吃人」,「心思是同從前一樣狠」,「而且心裏滿裝著吃人的意思」這一事實的可怕,以及狂人作為這一「吃人的人」的家族和國族中的一員,即使「我自己被吃了,可仍然是吃人的人的兄弟!」這一遺傳定則的可怕。

第六、七節展現吃人的方式「獅子似的凶心,兔子的怯弱,狐狸的狡猾」的可怕:不但是不肯也不敢直接殺,為了逃脫殺人的罪名,大家聯絡,佈滿了落網,逼人自戕;而且像「海乙那」一樣,「只會吃死肉的」。

第八節揭露人們對「吃人」這一可怕事實所持有的態度的可怕:一種論調是「不是荒年,怎麼會吃人。」這意味著有理由就可以吃人,如罩上「大惡人」、「瘋子」的名目;一種是「你真會……說笑話。……今天天氣很好。」——打哈哈;再是否認這一事實,「沒有的事」——不睜了眼看;第四種是「也許有的,這是從來如此……」——按此邏輯就有理由永遠吃人。

第九節探究「吃人」的社會結構的可怕:「自己想吃人,又怕被別人吃了,都用疑心極深的眼光,面面相覷」,「互相勸勉,互相牽掣」,整個社會組成了吃與被吃的連環,無論誰也逃脫不了。

第十節焦慮「吃人的人」前途命運的可怕:進化論的公理「將來容不得吃人的人,活在世上。」「吃人的人」如果不「立即改了,從真心改起!」將

不僅「自己也會吃盡。即使生得多，也會給真的人除滅了，同獵人打完狼子一樣！——同蟲子一樣！」。

第十一節承接前面已經有所指涉的暴露家族制度弊端的主題——「教人傷心」的可怕：家族之間的吃與被吃，甚至生命的創造者母親都是吃人的同謀，這真是可怕到「奇極的事！」。

第十二節從指控別人轉入「現在也輪到我自己」對自己的審判：「在「四千年來時時吃人的地方」「混了多年」，「有了四千年吃人履歷的我」「未必無意中」也吃過人，這可以稱之為讓狂人「不能想了」，可怕之可怕的「大發見」。至此，《狂人日記》從方方面面完成了魯迅所說他「以偶閱《通鑑》，乃悟中國人尚是食人民族」這一主題的指控。

最終，在「明白」舉國上下，舉族中人無一例外「難見真的人」的絕望境地之後，第十三節「沒有吃過人的孩子，或者還有？」的疑問體現了狂人從絕望中要希望，從「無」中要「有」的意志和掙扎，他抓住的最後一根拯救的稻草：「救救孩子！」與其說是「救救孩子」被吃的命運，不如說是「救救孩子」，不要讓他們成為「吃人的人」的吶喊，而這正是沒有希望，沒有未來的可怕到無以復加的「我怕得有理」。

「余」將狂人所說「我怕得有理」的理由排列得如此繁密，在如此短的小說中涉及到如此多的方方面面，的確如魯迅自評的那樣，到「太逼促」的地步，也是魯迅說自己做小說原是當文章來做的最典型例子。從這個意義上看，就像《狂人日記》一再重複寫到的：「凡事須得研究，才會明白」，說《狂人日記》是魯迅對中國社會歷史文化進行了全面研究反思之後，創作出來的一篇形象化的論文也不為過。

「余」對狂人的日記的改寫，還體現在「余」因「惟人名雖皆村人，不為世間所知，無關大體，然亦悉易去」的刪改上，也就是說《狂人日記》中的人名全經「余」重新命名，然而這卻並非如「余」所說「無關大體」，而是關係到文本意義生成的至關重要的「大體」。

可以想像，如果是本真的狂人的日記，狂人「怕」的對象應是具體的特殊個體，而經「余」將實名「易去」後，個體變成了類型。概括地說，一類被「余」賦予了社會角色的稱謂：趙貴翁、知縣、紳士、衙役、債主、醫生、劊子手、狼子村的佃戶；一類成為了年齡性別稱謂：小孩子、娘老子、街上男女；一類歸屬了親屬關係稱謂：大哥、妹子、母親、兒子；一類具有了象徵

性質的稱謂：古久先生、大惡人、青面獠牙的一夥人、吃人的人、合夥吃我的人、眞的人；再一類做得更是徹底，乾脆使用人稱代詞來指涉：他們、你們、路上的人、那夥人、人們這群人等等。在《狂人日記》中，經「余」修改遺漏的人名只有兩個，一位叫陳老五，大哥的幫手，作用與大哥等同；一位是大哥找來給狂人診病的何先生，但馬上就被狂人以劊子手和醫生的社會角色稱謂取而代之。

人名的社會化和集體化一個最基本的作用就是使文本敘事從具體轉爲抽象敘事。比如狂人被何先生告知：「不要亂想。靜靜的養幾天，就好了」時，卻以被迫害狂的心理認爲，讓我靜靜的養，不過是等我養肥了，「他們是自然可以多吃」，「人們這群人，又想吃人，又是鬼鬼祟祟，想法子遮掩，不敢直接下手，眞要令我笑死。」如果這段話僅是對大哥請來何先生診病的反應，冠以這兩人的名字，針對這兩人而發，那不過就是一個神經病患者的典型病例，但把何先生、大哥的具體名字改爲「他們」、「人們這群人」之後，就不再侷限於一人一事，一時一地，一家一戶，而覆蓋了整個「四千年來時時吃人的地方」和「有了四千年吃人履歷」的中國社會和國人，甚至也可以不再侷限於一國一族而擴大到揭露和控訴整個人類社會人吃人現象的層次。

更爲重要的是，文本敘事從具體到抽象的昇華，具有著「點石成金」，使狂人的「瘋言」轉變爲眞理的力量。

有研究者指出在狂人所擧全部吃人事實中，明顯地存在著兩種不同語義上的「吃人」。一種是生物學意義上，或者說本義上的吃人（吃人肉）；一種是社會學意義上，或者說引申意義上的吃人（並非眞吃人肉）。〔註 3〕這種分類是很有啓發意義的，但我認爲應加以明確的是，文本所寫狂人的「荒唐之言」和「荒唐之擧」，實際上完全來自他對本義上被吃的恐懼。一種是他想像出來的，如路人、醫生、大哥的想要吃他，大哥和他的吃妹子，他固執地把這一想像的錯誤的感知當作了現實，這是魯迅爲體現狂人的病態敘事特徵，而賦予狂人的一個最基本的錯覺，狂人的「荒唐」和「瘋癲」都建立在這個基點之上。

另一種是他所列擧的在中國歷史和現實中，已發生的吃人現象，從易牙的兒子，到徐錫麟、狼子村的現吃、生癆病的人用饅頭蘸死囚犯的血舔，以

〔註 3〕 淩宇：《〈狂人日記〉人物形象與主題的生成機制》：《魯迅研究月刊》，1992年 11 期。

及「易子而食」、「食肉寢皮」的歷史記載，全部都是本義上的吃人。面對歷史的真實記載，為了不失狂人的「荒唐」，魯迅有意地把徐錫麟寫成「徐錫林」、將記載人肉可以治病的唐代陳藏器的《本草拾遺》錯安到李時珍頭上，讓春秋時代的易牙把兒子蒸了供奉給夏商時代的君王桀紂，〔註4〕但這些耳熟能詳的歷史故事卻可以使讀者輕而易舉地跳過人為的障礙而接受歷史上本義吃人記載的事實。然而，似是而非的是，狂人用這些白紙黑字，不可辯駁的事實來證明的恰恰是他對周圍人要吃他的瘋狂臆想和錯覺，這真是一個令人啼笑皆非的「瘋人的推理」。

如果孤立地僅從狂人的推理來看，似乎既不荒謬也不違反邏輯。如他聽見狼子村的佃戶來告荒說，他們村裏的一個大惡人，給大家打死了，幾個人便挖出他的心肝來，用油煎炒了吃。顯然這是一個生物學意義上的吃人事例，狂人據此推論：「他們會吃人，就未必不會吃我。」這個判斷無懈可擊。接著狂人又仿用了三段論法：「書上寫著這許多字」（滿本都寫著兩個字是「吃人」──歷史），「佃戶說了這許多話」（他們吃了大惡人的心肝──現實），「我也是人，他們想要吃我了」，同樣符合邏輯。另外如「吃人的是我哥哥！我是吃人的人的兄弟！我自己被人吃了，可仍然是吃人的人的兄弟！」「大哥說爺娘生病，做兒子的須割下一片肉來，煮熟了請他吃，才算好人；」「一片吃得，整個的自然也吃得。」等等，這樣看來，狂人擁有著一種堅定的自信，在緊密相連的判斷和推理中展開的論述，不能不說是一種理性的語言；但這種理性語言細究起來，又包含著對普適性或者說是一般性的濫用結構。換句話說，在用個別概括一般，一般證明個別的邏輯關係中隱含著真理與謬誤的雙重可能性。無論從一個村子的大惡人「被吃」一般化為除己之外的「他們」，還是從我哥哥一般化為「吃人的人」，從「一片吃得」一般化為「整個的自然吃得」，這個從個別到一般的歸納推理跨越，正是瘋狂，還是理性，甚而比理性更加接近真理的模糊處。也就是說，如果個別能夠代表一般，這個推理即真理；反之，若個別代表不了一般，這個推理即謬誤。

狂人作為先覺者和瘋人的雙重形象正是從這個模糊處生成。一方面，雖然「余」已將狂人周圍的人之姓名「悉易去」，但其「皆村人」的事實卻並未被徹底消泯，讀者只有認為狂人周圍的「村人」根本不會吃他為真實，才會

〔註4〕 參閱嚴家炎：《〈狂人日記〉的思想和藝術》，《論魯迅的複調小說》，上海教育出版社，2002年。

認定這是狂人的被迫害狂心理的典型病症，這就認同了以大哥為代表的將狂人視為一般瘋人的觀點，也就意味著狂人推理的荒謬不在邏輯，而是事實——個別代表不了一般，他周圍的人並不想吃（本義上）他，這就使狂人似乎合乎邏輯的推理，生出全部瘋癲的外表，顯現出似是而非的謬誤。

但另一方面，那些經「余」抽象為類型、社會和象徵屬性的命名，又使讀者能夠毫無困難地把這群「村人」不可能吃人（本義上），引申為魯迅在《我之節烈觀》中所說「無主名無意識的殺人團」的可能吃人（引申義）。《狂人日記》中沒有「我們」的稱謂，只有「他們」、「你們」，狂人對「這一類無主名無意識的殺人團」的恐懼表現了魯迅所說「能用歷史和數目的力量，擠死不合意的人」的獨特思想命題。也就是說，那些表現被迫害狂的典型心理病症，經「余」重新命名狂人的恐懼對象以後，生成了新的意義。而使讀者能夠在狂人病態的心理圖景和真實的現實圖景的重影中，把握其間的同一性，完成從非理性向理性的跨越，在領略狂人似是而非的瘋癲本性的同時，也領會讓瘋癲變成似非而是的真理的東西。這裡不僅有著《狂人日記》「狂」與「不狂」的邏輯推導上的含混和相互轉換，也有著本義上吃人的謬誤性與引伸義吃人的真理性的「狂」與「不狂」的交融和相互轉換。

不能不承認，《狂人日記》中的確存在著一些「不是精神病患者所能寫得出來的」，即使按照小序所設定的規則，「余」也無權加以改寫的「不狂」的話語，如：「我翻開歷史一查，這歷史沒有年代，歪歪斜斜的每葉上都寫著『仁義道德』幾個字。我橫豎睡不著，仔細看了半夜，才從字縫裏看出字來，滿本都寫著兩個字是『吃人』！」等等，這些對於作者主題意圖的呈現具有至關重要意義的點題段落的直白吶喊，正可以從前面所說「狂人」之第二重意義「狂熱」「狂怒」而「狂放」的「狂言」的角度去理解，表現出對於社會、歷史和人的處境的認識與情感都達於極端的一種瘋狂與激情的糾結。

「余」根據狂人的日記判斷狂人「所患蓋『迫害狂』之類」，這表明他還是狂人的診者身份，甚至可以說是狂人命運的預言者。經他「撮錄」的「狂人日記」還安排了一條狂人命運的敘事，狂人的被圍觀、議論和「哄笑」，診病，最後被關閉的情節線索，也可以看作是「余」利用「狂人」做現身說法的策略，一步一步地演示狂人被嘲弄、被區分、以至被排斥，也就是被吃（引伸義）的全過程，它是生成《狂人日記》從本義上的「吃人」向引申義「吃人」轉化的又一重要機制。其中具有決定性的一步就是狂人由「研究」「吃人的人」的認識

層面到付諸實踐——「詛咒吃人的人」，「勸轉吃人的人」，也就是說，狂人一旦從「異類」轉變爲社會的不安和威脅的象徵就會被徹底排除。在這裡，魯迅筆下的狂人命運與福柯通過瘋癲的發生和治療來揭露社會的排斥機制和意義何其相似乃爾。這是作爲異類，被罩上「瘋子」名目而被吃的狂人的一種命運。

第二種就是「余」作小序中，大哥所說狂人「已早愈，赴某地候補矣。」這是一種純客觀的敘事，絲毫沒有附加意義。但從把狂人視爲患了精神疾病的大哥方面看來，可以想像，這不過像他試圖以日記來見「當日病狀」一樣，反過來，狂人的恢復正常又證明其確曾瘋過，日記不過是瘋話，他們禁閉狂人確實具有治療的意義（吃了，不但太平無事，怕還會有人見情）；而從狂人和「余」將社會和國人一言以蔽之「吃人」，大聲疾呼「你們立即改了，從眞心改起！」的觀點出發，狂人的聽候委用，就意味著不是別人「改了」，而是自己「從眞心改起」了，無異於魏連殳所說「躬行我先前所憎惡，所反對的一切，拒斥我先前所崇仰，所主張的一切了。」正像魯迅對娜拉走後，從事理上推想起來只有兩條路：「不是墮落，就是回來」一樣，狂人的命運也只能不是被吃掉，就是加入吃人的行列。

過去有研究認爲，小序所述狂人的結局是對日記正文的顛覆和消解，從時間上來說，小序的確接續著正文，狂人康復後走入正常世界也是對過去的否定，但從我的閱讀感受來講，小序並不具有這麼大的能顛覆和消解正文的力量，狂人的「赴某地候補」並不能「反諷」掉正文對「中國人尚是食人民族」主題的揭露，所以我認爲「被關」和「候補」同是作者對狂人，也可以說是先覺者命運的兩種預言或者說是總結。魯迅在以後的創作中也延續了這種思考，如《長明燈》就是對狂人被關、被遺忘、被吃掉命運的進一步細敘；《孤獨者》的失敗和悲哀感以及自毀則是對「候補」以後狂人境遇和內心世界的續寫。

總之，魯迅爲《狂人日記》設置的是兩個作者：顯在的狂人和隱在的「余」，而且是後者始終掌控著狂人話語意義生成的指向。小序所授「余」改寫狂人的日記的權力，使魯迅塑造「狂人」的形象和實現主題的意義，在限制之中獲得了表達的自由，在「狂」與「不狂」的遊移、糾纏和轉換生成中得以淋漓盡致的發揮。

雖然研究界普遍認爲《狂人日記》的主題「早成定論」，但我覺得還有必要作進一步的辨析。當世人還不知署名「唐俟」的作者爲誰時，魯迅曾私下給朋友許壽裳寫信，告知「以偶閱《通鑒》，乃悟中國人尚是食人民族，因成

此篇。」並認爲「此種發見，關係亦甚大，而知者尙寥寥也。」〔註5〕而當魯迅成爲五四時代的偶像，向公共領域自陳《狂人日記》的主題則是「意在暴露家族制度和禮教的弊害」。〔註6〕顯然前一主題的意義直指中國國民性，更具有魯迅所獨具的創作元素；後者則強調對中國封建制度文化──家族和孔教的批判，更符合《新青年》團體的命題。

前所不厭其煩地分析小說的整體謀篇佈局，就在於希望能夠有助於確認主題，更直承魯迅本意的是：揭露中國民族和制度文化不僅在引申義上，也在本義上「吃人」的眞相。過去對《狂人日記》主題的解讀基本上是將兩者含糊其辭，混爲一談，其弊端在於：一是淡化了本義上吃人的意義。雖然狂人恐懼在本義上的「被吃」可以毫無障礙地轉化成引申義上的被吃，但作者著力表現的，也是文本最震撼人心的，不僅是狂人對史書記載和現實發生眞的吃人現象的接踵指認，更是把野蠻的人和眞的人，吃人的人和不吃人的人作出的對舉和區分。魯迅的本意很清楚，就是要用這些「集人間之奇觀，達獸道之極致」眞的吃人事例來證明他的「甚大」「發見」：「中國人尙是食人民族」，是「野蠻的人」。也就在給許壽裳的同一封信裏，魯迅說他「歷觀國內無一佳象，而僕則思想頗變遷，毫不悲觀。」「大約將來人道主義終當勝利，中國雖不改進，欲爲奴隸，而他人更不欲用奴隸；則雖渴想請安，亦是不得主顧，只能侘傺而死。」〔註7〕由進化論而對「人類進步」的樂觀與對國人命運的危機感，「覺得歷來所走的路，萬分危險，而且將到盡頭」，〔註8〕使魯迅深懷焦慮，通過狂人之口向國人疾呼：「你們可以改了，從眞心改起！要曉得將來容不得吃人的人，活在世上。」「你們要不改，自己也會吃盡。即使生得多，也會給眞的人除滅了，同獵人打完狼子一樣！──同蟲子一樣！」

二是過份強調《狂人日記》對封建禮教的批判，也就限制了它的閱讀和闡釋。作爲批判封建禮教重鎮的《新青年》，在《狂人日記》之前已經發表了陳獨秀、易白沙、吳虞等人的批孔文章，胡適甚至認爲吳虞和陳獨秀「是近年來攻擊孔教最有力的兩位健將。」〔註9〕吳虞雖然熟讀了盧梭、孟德斯鳩、斯賓塞

〔註5〕 魯迅：《180820致許壽裳》，《魯迅全集》第11卷，人民文學出版社，1982年，第353頁。

〔註6〕 魯迅：《〈中國新文學大系〉小說二集序》，《魯迅全集》第6卷，第239頁。

〔註7〕 魯迅：《180820致許壽裳》，《魯迅全集》第11卷第354頁。

〔註8〕 魯迅《渡河與引路》，《魯迅全集》第7卷第35頁。

〔註9〕 胡適：《〈吳虞文錄〉序》，1921年，亞東圖書館，第3頁。

爾、遠藤隆吉、久保天隨諸家著作及歐美各國憲法、刑法、民法，將儒家學說相「比較校勘」研究了十來年，但他的反孔非儒文章給人印象最深的卻恰恰是他寫的《狂人日記》的讀後感《吃人與禮教》。〔註10〕在這篇文章中，他完全按照狂人的邏輯推理，繼續羅列《狂人日記》未能一一涉及到的史書記載的「吃人」事例，從兩個方面建構了吃人與禮教的關係：一是把禮教看作「吃人的滑頭伎倆」，是吃人的「假面具」，「都是那些吃人的人設的圈套來誆騙我們的！」；一是把禮教和吃人直接相連，認為「孔二先生的禮教講到極點，就非殺人吃人不成功」，最後得出的觀點就是「吃人的就是講禮教的，講禮教的就是吃人的呀！」從而把魯迅《狂人日記》的主題納入到對禮教的批判，而非使禮教批判隸屬於對所有「吃人」現象這一更大主題的批判中。魯迅自述《狂人日記》主題的位移，很可能與吳虞發揮的這一時代意義被普遍接受和傳播有關。

　　陳獨秀作為與辛亥革命相始終的資深黨人，雖然創辦《新青年》，倡導新文化運動，是他暫時告別黨派運動，轉而從事民眾運動社會運動的一個標誌，但並不意味著他要告別政治，而是要由政黨政治轉向訴求國民覺悟的國民政治。因而，他和作為共和黨與革命黨人的吳虞、易白沙對孔教的批判基本是從現實社會和為了「共和之政立」的角度出發的，認為「共和立憲而不出於多數國民之自覺與自動，皆偽共和也，偽立憲也，政治之裝飾品也」，因為「蓋共和立憲制，以獨立平等自由為原則，與綱常階級制為絕對不可相容之物，存其一必廢其一。」〔註11〕他們的批孔發揮著為辛亥革命成立的共和體制建立相適應的意識形態的功效。

　　魯迅雖然也曾是一位革命黨人，但對現實政治的徹底失望，卻使他獲得了超越的視點，在《狂人日記》中，他是在從「野蠻的人」到「真的人」的進化視野下，來批判中國從盤古開天地一直到「狼子村現吃」的，它涉及的主題就可以不僅僅是對儒學仁義道德的批判，甚至也不僅僅包括人的蠻性或者說動物性的遺留，以阿爾杜塞的意識形態理論觀之，魯迅提出的是「沒有歷史的」「一般意識形態」，而非「個別意識形態」；是一般社會，而非個別社會的結構功能的問題，因而獲得了可以超越時空的闡釋空間。而「意在暴露家族制度和禮教

〔註10〕 參閱胡適：《〈吳虞文錄〉序》。
〔註11〕 參閱吳虞：《家族制度為專制主義之根據論》、《禮論》、《儒家主張階級制度之害》，《新青年》，第2卷第6號、第3卷第3、4號；陳獨秀：《吾人最後之覺悟》、《憲法與孔教》、《孔子之教與現代生活》、《再論孔教問題》等，《新青年》，第1卷第6號、第2卷第3、4、5號。

的弊害」的主題本應隸屬於這一大母題下的子題。魯迅這一超越現實政治的立場和執著的「人得要生存」的基本觀念以及「不能忘懷於人們的死」的情感體驗，決定了他能夠拋開一切外在的功利目的，而抵達生命的一個最基本最樸素的要求和恐懼，完全從人的個體生命的生物學意義出發，不僅「憂憤深廣」地揭露出「仁義道德」「吃人」的本質，為《新青年》的批孔運動提供了一個最震撼人心的意象，最為徹底地給了封建禮教致命的一擊，更在現代文化思想史，推動了《新青年》從「民」向「人」的現代跨越。

「余」以狂人診者的身份自陳發表其日記的目的是「供醫家研究」，這裡的一層意思很清楚，即《狂人日記》是寫給立意改革中國和國民性的同道人看的，狂人對中國社會歷史禮教家族制度「吃人」性質鞭闢入裏的揭露，為其同道提供了批判的武器。在這個意義上，狂人又是中國病症的診者。《狂人日記》的接受史表明，狂人的同道者多矣，我們大多是「狂人的讀者」，以這樣的身份，從這個角度去理解《狂人日記》的意義；但還有另外一層一直被遮蔽的意思，即「余」以《狂人日記》提供給醫家研究的最直接含義，應是讓醫家研究狂人的病症。從這個角度看來，雖然前面都已涉及，為凸現《狂人日記》本應有的這另一重主題起見，狂人的最主要病症，一是他固執地堅持大家都要吃他的錯覺。我覺得，這是否也是魯迅的一重反省？如後來他在《孤獨者》中，通過敘述者「我」所說的那樣：「人們其實並不這樣。你實在親手造了獨頭繭，將自己裹在裏面了。你應該將世間看得光明些。」二也是前面已經涉及到的「瘋人的推理」問題。即從個別到一般的歸納論證包含著真理與謬誤的雙重可能性，狂人以個別的極端「吃人」事例歸納出「中國人尚是食人民族」和「仁義道德」吃人的主題意蘊；反對者也可以用同樣的邏輯，以同樣真實的事例來得出完全相反的結論。所以，狂人的推理和結論，在反對者看來是瘋癲，而同道者卻可以視作真理。反之，也是如此。三是狂人無以拯救的命運，如果堅持狂人的生存，將永被關閉，被社會排除；如果回到常人的世界，按照「真的人」的要求，又無可避免「未必於無意中」不吃了弱者的「幾片肉」，這是狂人「夢醒了」之後，無路可走的又一種兩難的困境。魯迅對中國病症和狂人病症的雙重反省和批判，透露了他全面而深刻的懷疑精神。

以上通過對《狂人日記》的文本和歷史生成分析而確定的主題，在當下後殖民理論和批評的語境中，似乎不能不做進一步的申辯。我們大概都能接受在引申意義上，魯迅對中國社會文化和民族所作的批判，很難從「吃人」

的本義上認同魯迅對「中國人尚是食人民族」的批判，這豈不是一種典型的自我東方論述？在西方殖民話語體系中，「吃人的人」正是指認非西方的「野蠻的人」，以建構西方人是「人」的一個最核心的意象，或者說是標識。我認為，我們既不能完全無視《狂人日記》的這一本有之意，也不能坐實這一指控，因為魯迅所列舉的雖然都是本義吃人的事實，但他畢竟是以前義分析的「瘋人的推理」而得出這一結論的，也就是說魯迅賦予這一層主題的是非理性的形式，他以狂人恐懼本義上的「被吃」促成了對引申義「吃人」的發現。而且在殖民主義話語中，「吃人的人」、「野蠻的人」等同類意象的會聚作用是建構西方物質和文化統識，以全面駕馭和改造受殖者，借文明之名來合理化其殖民統治之實。魯迅以「吃人的人」和「野蠻的人」所建構的對立面是「真的人」，而非現實中的西方人，體現了他對人的理想概念的理解和追求。這也是文化解殖的複雜性所在，「西方霸權統識的各種面貌都有雙重特徵：一方面，即是對全人類文化的貢獻；另一方面，又是帝國主義宰制其他文明的表現，權力的影響和效應無所不在。這些影響和效應，滲透於『種族』、『進步』、『進化』、『現代性』和『發展』等觀念裏，形成的時空領域中伸延的等級體系。」〔註12〕與此相關的問題是，西方中心的優越感使他們把屬於個體，屬於自己民族文化的獨特經驗和價值想像為人類的，具有普遍性的，而被區別被排斥的東方似乎根本沒有資格代表人類發言，對於這種文學與文化闡釋上的不平等，應引起我們的警覺和抵制。《狂人日記》所指控的「吃人」主題事實上就不僅適用於過去的東方和西方，也適用於現在的東方和西方，因而我們的闡釋不應侷限於「中國」，也不應侷限於魯迅的自我陳述。

當年，魯迅為自己的憤激話語賦予「狂人」之言的形式，有意思的是這些狂人話語和邏輯，又被「不狂」的吳虞轉化為「不狂」的文章而得到普遍認同，被推舉為一個新時代誕生的標誌，五四新文化革命反封建，進行歷史文化批判的「第一聲振聾發聵的春雷」，以《狂人日記》作為中國現代文學史的開端，的確是一種非常「有意味的形式」。

原載《文學評論》2008 年第 3 期

〔註12〕皮埃特斯、巴雷克合著、吳江波譯：《意象的轉移——「解殖」、「自內解殖」和「後殖民情狀」》，見許寶強等選編：《解殖與民族主義》，中央編譯出版社，2004 年，第 72 頁。

析《傷逝》的反諷性質

　　《傷逝》被公認為是魯迅小說中最複雜，最引起歧義，連周作人都說「在魯迅作品中最是難解的一篇」。也許我的看法也不過是諸多歧義中的一種，但我還是試圖探究我的閱讀感受，給自己一個可以說得過去的解釋。

　　三十多年前，我還在上大學期間就曾試圖寫一篇談《傷逝》的文章，終因感覺的混亂和說不清楚而作罷。當時最被接受的主題之一「愛情必須時時更新，生長，創造」的思想內涵和最受稱道的「我是我自己的，他們誰也沒有干涉我的權利！」的子君的言說，給我的印像是正說，但又似乎並不純粹是正說，有一種誇張、突兀，用今天的話來說，多少有點「諧摩」的味道，故作信以為真。另外就是涓生和子君的故事是相當模式化的。經過反覆揣摩，我現在的看法是，就整體而言，魯迅是以一種反諷的觀點來觀照和講述涓生與子君的故事的，儘管這種反諷是不動聲色和隱性的，但幾乎無處不在，甚至可以說是《傷逝》的一個結構原則。

一、講述的與被講述的涓生

　　以手記體寫的這篇小說，一方面採取的是涓生內心獨白的敘述方式，魯迅選取涓生作為敘述者，用小說敘事學理論的分類，基本上可以說是一種不可靠的敘述。作者以副標題特別標示「涓生的手記」，就是在提醒讀者要注意是誰在講述，不是可以站在客觀立場的作者，也不是愛情悲劇的犧牲者，而是悲劇的製造者「負心人」在懺悔和講述他與子君的故事，保持距離和警覺應是題中應有之義，這是小說形式的敘述規定；但另一方面，涓生又是作者筆下的人物，其不可靠性質又決定著作者不能與他合二為一。涓生在講述的

同時，又是被作者所講述的，小說通篇並非只有涓生一人的敘述維度和聲音。我認為，在相當大的程度上，《傷逝》的歧義正產生於此。由於在涓生的敘述中就潛藏著作者的聲音，而透露出作者和敘述者在價值與判斷上的差異，表面意義和真實意義的不同內涵，從而造成不能彌合的敘事分裂，反諷不僅是這分裂的標識，也是其來源。

《傷逝》具有迷惑性的是，敘述者的「悔恨和悲哀」在開頭和結尾處所表現出的感情的強烈和真摯很容易征服讀者，誤將涓生視為作者的代理，甚而至於是可靠的敘述者，把他的講述和評判與隱含作者的視角和準則合而為一。更何況，涓生作為敘述者，即使直接反諷自己，也很可以被視為真心「悔恨」的證據，更博得同情，而使自己這個「戴罪之身」講述的愛情悲劇真假難辨，撲朔迷離。因之，如何覺識到隱含作者的聲音及其反諷意識就成為理解《傷逝》的關鍵一環。

反諷的一個最基本的特徵是表象和事實形成對照，而話語與思想、信念與事實之間的差別正是反諷活動的天地。〔註1〕雖然《傷逝》開篇在涓生充滿感情地敘述與子君熱戀的回憶中，我們很難發現反諷的語調，但一進入求愛程式，涓生對自己「身不由己地竟用了在電影上見過的方法」，「含著淚握著她的手，一條腿跪了下去」〔註2〕的描述已使自己成為嘲弄的對象。讓人不解的是，涓生竟會為自己的這一姿態而「愧恧」，作出「淺薄」、「可笑」、甚而至於有些過分的「可鄙」的評判。是涓生在嘲笑戲謔自己嗎？據涓生的陳述，子君「並不覺得可笑」，「毫不以為可笑」，因為他「知道得很清楚」，「她愛我，是這樣地熱烈，這樣地純真」。也就是說，在涓生看來，出於「熱烈」而「純真」的愛，不管做出多麼愚蠢的舉動都不可笑。那麼，是涓生從沒有愛過子君嗎？涓生自述：「我已經記不清那時怎樣將我的純真熱烈的愛表示給她。」在這裡，涓生使用了和子君的愛完全相同的修辭：「純真」「熱烈」，來描繪自己對子君具有的同樣相等的愛。那麼，按照涓生的邏輯，他何必要那麼過分地貶損自己的真愛舉動呢？從此，我們已可以瞥見隱含作者的影子，儘管此時他和涓生的區別還不太分明。作者對涓生這一求愛細節的選擇和評判，實

〔註1〕 參閱 D・C・米克著、周發祥譯：《論反諷》，昆侖出版社，1992 年，第 81、10 頁。

〔註2〕 魯迅：《傷逝》，《魯迅全集》（2），人民文學出版社，1982 年，第 112～113 頁。以下《傷逝》引文均出自此版本，不再標注。

際上已經和前面提到的雪萊一起，與涓生建立起一種隱喻關係，爲他定下了基調：中國式的雪萊，是類比的、淺薄的、可笑的，甚而至於可鄙的。

人們普遍認爲，涓生的悔恨和悲哀並未使他放棄自我狡辯，他對子君指責的一個最重要的信念依據就是：「愛情必須時時更新，生長，創造。」對此，讀者很容易信以爲眞，並順此惋歎同居後的子君因爲陷入家庭瑣事之中，不能使愛情時時更新，生長，創造而失去涓生的愛，卻忘記反觀這一愛情觀的信仰者自己如何呢？

在涓生對愛情這一眞誠的主張和堅定的信念與其眞實地流露，坦白地承認所經歷的愛情事實的對照中，即信念與事實，所言與所行的矛盾中，隱含作者與小說講述者分道揚鑣，其揶揄態度清晰可察。與相信「愛情必須時時更新，生長，創造」相反，涓生連對求愛這一最動感情的時刻，他「事後便已模糊，夜間回想，早只剩了一些斷片了；同居以後一兩個月，便連這些斷片也化作無可追蹤的夢影。」如果說，涓生以子君不斷回憶他求愛場面的敘述，旨在揭露子君愛情內容的凝固；他的坦承暗示的已是他愛情內容比「凝固」還不如的消褪，轉瞬即逝性質。同居以後，涓生更是直言不諱：不過三星期，就漸漸清醒地讀遍了子君的身體和靈魂，於她「已經更加瞭解」，卻也「眞的隔膜了」。在這裡，魯迅完全沒有描寫子君的身體，這意味著其美醜與否不是原因的所在，涓生對子君身體的眞實感受恐怕也不是指向子君個人。試想：一個男人對一個女人身體的感覺能夠不斷更新，生長，創造嗎？起碼涓生的回答正相反。「讀遍了她的身體」之修飾詞「清醒地」的眞實含義，不過是無動於衷、麻木不仁；所謂「眞的隔膜了」，也不過是徹底喪失興趣和刺激的文藝說法罷了。涓生根據自己愛情的眞實經驗總結出的「愛情的定則」：「更加瞭解」，「卻是更加隔膜」；「安寧和幸福是要凝固的，永久是這樣的安寧和幸福」，這恰與他所說的「愛情必須時時更新，生長，創造」的信念形成矛盾和悖論，從而構成典型的反諷語境。

事實上，涓生拋出這一愛情箴言的眞實動機在於指責子君，雖然指責的內容完全是老生常談，但其方式卻值得分析。比如，他抱怨子君同居以後，「管了家務便連談天的工夫也沒有，何況讀書和散步」，但又加上一句「我們常說，我們總還得雇個女傭」。這一贅語看似自責，顯然也在提醒讀者，如果有個女傭，子君就可以擺脫家務，而過上他所嚮往的讀書散步談天的生活了。在男主外，女主內的家庭模式中，這句話的前半指責子君，後半卻指向涓生了，

因為他不能掙錢請女傭,妻子承擔家務,他還抱怨就是不情之舉。接著作者
又讓涓生繼續責備子君因小油雞而和房主小官太太暗鬥,再一轉:「人總該有
一個獨立的家庭。這樣的處所,是不能居住的」。涓生失業在家譯書,更加不
滿子君沒有先前那麼幽靜,善於體貼,屋子裏總是散亂著碗碟,彌漫著煤煙
的同時,仍不忘又一轉:「這自然還只能怨我自己無力置一間書齋」。這無疑
都是在以同樣的方式和邏輯暗示,如果經濟允許,能有獨門獨戶的住所,一
間自己的房間,這些糾紛本是可以避免的,由此清楚地顯示出隱含作者與敘
述者的敘事分裂。子君終日「汗流滿面,短髮都黏在腦額上」,「傾注著全力」
「日夜的操心」家務,換來的不是丈夫對她的感謝和愛,在涓生對她「兩隻
手又祇是這樣地粗糙起來」的描述中,在他奉勸子君「萬不可這樣地操勞」,
「我不吃,倒也罷了」的忠告裏,我們可以感到隱含作者譏諷的眼神:「人類
有一個大缺點,就是常常要饑餓」,〔註 3〕涓生不可能不吃,而子君也就不可
能停止操勞。涓生埋怨「每日的「川流不息」的吃飯」,「子君的功業,彷彿就
完全建立在這吃飯中」,實在與涓生也無法改變自己的「鑄定了」的路一樣無
奈:「每星期中的六天,是由家到局,又由局到家。在局裏便坐在辦公桌前鈔,
鈔,鈔些公文和信件」。兩種同樣生存境遇的並置所形成的對照,無聲地反諷
了涓生對愛情不現實的幻想。

　　涓生失業對這掙扎在生存線上小家庭的打擊,無疑是壓死駱駝的最後一根
稻草,但涓生卻說成是「這樣微細的小事」,甚而子君為此變色,也成為他痛心
子君由無畏變得怯弱的一個理由。而他自己雖然嘴上說「這在我不能算是一個
打擊」,但他的心「卻跳躍著」,終也不得不承認「彷彿近來自己也較為怯弱了。」
反諷即從這話語和事實形成的對照,說出自相矛盾的意見中油然而生。

　　涓生另一頗具迷惑性的觀點是「人必生活著,愛才有所附麗」,「人的生
活的第一著是求生」。就這一觀點本身而言無疑是生活的真理,也經常被理解
為《傷逝》的主題之一。但隱含作者為這一觀點所構設的語境,涓生的捨棄
行為造成子君死亡的事實與這一觀點形成對照,使它成為涓生為自己「求
生」,「決然捨去」子君的託辭。隱含作者所採取的讓涓生自我暴露式的反諷
手法,正像涓生自我揭露的那樣,如同「一個隱形的壞孩子,在背後惡意地
刻毒地學舌」。雖然涓生為自己捨棄行為的申辯理直氣壯,冠冕堂皇,但在其
真實用心和災難後果的對照下,隱含作者忍無可忍的嘲諷的確可以說是「惡

〔註 3〕 魯迅:《娜拉走後怎樣》,《魯迅全集》(1),第 161 頁。

意」而「刻毒」的了。

　　小家庭面臨生存危機，涓生想到的恰恰不是他所說的「攜手同行」，而是像殺掉油雞，甩掉阿隨一樣地擺脫子君，為此而費盡心機。始則暗示子君他「大半倒是為了她」才忍受著這生活壓迫的苦痛，希望子君能夠「勇猛地覺悟了，毅然走出這冰冷的家」，而且「毫無怨恨的神色」。在涓生「子君的識見卻似乎祇是淺薄起來，竟至於連這一點也想不到了」的抱怨裏，在子君「沒有懂，或者並不相信」，涓生不得不進而循循善誘，「故意地」施以「稱揚諾拉的果決」的計謀中，我們可以領會隱含作者躲在涓生背後的「惡意」學舌；對於自己不負責任，要卸包袱地拋棄子君的小人打算，隱含作者卻讓涓生想像成「奮身孤往」，「遠走高飛」，人生的第一要義，為了奮鬥者而開的活路，還未忘卻的「翅子的扇動」，「新的生活的再造」，甚至讓涓生為自己解脫後的自由做起了白日夢：「看見怒濤中的漁夫，戰壕中的兵士，摩托車中的貴人，洋場上的投機家，深山密林中的豪傑，講臺上的教授，昏夜的運動者和深夜的偷兒」，想像自己「輕如行雲，漂浮空際」，這些大詞和「強有力的人們」與涓生一再想到子君的死，還要粉飾自己，將責任推到子君身上的「卑怯的」小男人行徑（用魯迅的話來說，「這真是一錢不值的沒有出息的男人」），〔註4〕形成刻意的反諷的對照。

　　與涓生形成對比，造成最大的反諷之境的力量來自子君。當涓生在圖書館裏「孤身枯坐」，把同居後的生活歸咎於「只為了愛，——盲目的愛，——而將別的人生的要義全盤疏忽了。第一，便是生活。」「覺得新的希望就只在我們的分離」的時候，他大概忘了，子君自結婚以後的所作所為正是把生活放在第一。如他所說「子君的功業，彷彿就完全建立在這吃飯中」，一日三餐，「川流不息」。不管涓生是一個如何「忍心的人」，子君自尊地選擇離開的那一刻，最後為涓生做的事仍是「操勞」他的生活。面對子君走後「異樣寂寞和空虛」的屋子，涓生看到的「是鹽和辣椒，麵粉，半株白菜，卻聚集在一處了，旁邊還有幾十枚銅元。」他明白「這是我們兩人生活材料的全副，現在她就鄭重地將這留給我一個人，在不言中，教我藉此去維持較久的生活。」涓生為了「免得一同滅亡」，選擇的是「決然捨去」子君，而子君卻「決然」選擇「捨去」自己。兩廂對比，

〔註4〕魯迅在《阿金》一文中曾談到：「我以為在男權社會裏，女人是決不會有這種大力量的，興亡的責任，都應該男的負，但向來的男性的作者，大抵將敗亡的大罪，推在女性身上，這真是一錢不值的沒有出息的男人。」國家的興亡責任是如此，家庭也是如此。

涓生居然還能以「第一，便是生活」為自己做冠冕堂皇的辯護，從這一語境的鋪設，我們真可以感覺到隱含作者蔑視的反諷鋒芒。

涓生另一個迷惑了不少人的觀點是「人是不該虛偽的」，假如沒有說真實的勇氣，而苟安於虛偽，「那也便是不能開闢新的生路的人。不獨不是這個，連這人也未嘗有！」話同樣是不錯，但這話卻是當涓生無論怎樣暗示，子君也「愚鈍」得領會不了他能如此薄情，要明告她，又不敢的時候想到的，因而也不能不說是隱含作者刻意構設的涓生強詞奪理為自己製造的又一個託辭。即使如他所說，我們可以試問，涓生真正做到「真實」了嗎？如前所述，他一直在以虛偽的託辭為自己真實的意圖做遮羞布，甚至一再想到子君的死，雖然立刻自責，懺悔，終殘酷地以「說我的真實」的名義，親口講出「我已經不愛你了」，給予子君致命的一擊。正如吳曉東所分析的，涓生試圖將人們的視線轉移到形而上領域以推卸責任，所強調的邏輯「正是『真實』害死了子君，而不是他的拋棄。」〔註5〕隱含作者唯恐讀者信以為真，緊接著又讓涓生無恥地加上：「這於你倒好得多，因為你更可以毫無掛念地做事……」這難道不是對他所說「人是不該虛偽的」，最尖刻的諷刺嗎？他大概忘了，此時的自己正是為了找不到事做而把子君看作「很重的負擔」。當涓生得知子君的死訊後，作者讓涓生給他所謂的「真實」下了一個定義：「她的命運，已經決定她在我所給與的真實——無愛的人間死滅了。」破折號為涓生的「真實」所做的注釋是「無愛」。

總之，涓生講述的是他自認為的真實，他對自己的言行不一，信念和事實，顯意識和潛意識的矛盾，完全無知無覺。隱含作者不動聲色地稍加點染，略作鋪陳而形成的反諷語境，使涓生的講述越真誠，越加自我暴露，也越加自我反諷，從而使文本傳出兩種聲音，雙重意義。表層是涓生的話語，深層則是隱含作者對其話語的反諷。涓生的手記被題為「傷逝」，與其說他「傷逝」的是子君的死，不如說他「傷逝」的是自己的「愛」。〔註6〕對於涓生來說，這是一個揭示自己愛的逝去的真實的故事，但在隱含作者的講述下，它又成了一個在「無愛的人間」發生的虛偽的故事。隱含作者以涓生「傷」愛「逝」去的故事，揭露的恰恰是他的無愛，從這個意義上說，隱含作者也在「傷逝」，但他「傷」的是愛在人間的「逝」去。

〔註5〕 吳曉東：《魯迅第一人稱小說的複調問題》，《文學評論》，2004 年第 4 期。
〔註6〕 涓生點題的一句話是當他又回到以前居住的會館，「但那時使我希望，歡欣，愛，生活的，卻全都逝去了，只有一個虛空，我用真實去換來的虛空存在。」

二、雙重被講述的子君

子君已經逝去，不再能講述自己。同樣，在「涓生的手記」中，她也不僅僅是被涓生講述的，隱含作者也在講述他的子君。

人們常常把涓生與子君的關係僅僅定位為啓蒙與被啓蒙，並為子君前後的變化之大而感到不解。其原因之一，恐怕也是忽略了這雙重講述的不同聲音。

在涓生的故事中，子君開始的確是被他所談的伊孛生、泰戈爾、雪萊所代表的男女平等，打破家庭專制和舊習慣等新思想所啓蒙，但這不過是一帶而過，涓生更強調的是，一個最初比他還「透澈，堅強得多」，有著「徹底的思想」的子君。她不僅高喊「我是我自己的，他們誰也沒有干涉我的權力」，而且能夠堅強果敢地走出父輩的家門；具有著「大無畏」的勇氣，能夠「坦然」面對來自社會的「探索，譏笑，猥褻和輕蔑」，敢於和「鮎魚鬚的老東西」及臉上塗著「加厚的雪花膏」的小東西為代表的社會決裂，被寄託著「在不遠的將來，便要看見輝煌的曙色」的中國新女性。她不僅讓涓生「狂喜」，贏得了涓生「熱烈的愛」，為他這棵「半枯的槐樹」帶來「新葉」，使他「驟然生動起來」，也「仗著她逃出這寂靜和空虛」，一起創立了不合法律規範，「滿懷希望的小小的家庭」。可見，涓生是把子君置於自己的拯救者的位置。但同居以後，涓生的講述突出了子君的變化。在一小段的概述中，涓生竟用了一系列的與他所追求的愛情性質：「必須時時更新，生長，創造」相反的詞語：「讀熟了一般」、「滔滔背誦」、「相對溫習」、「復述」、「自修舊課」等，來突出子君守舊、凝固，因襲的愛。在生活上子君則整天忙於家務，毫無情趣可言。讓花枯死，為小油雞與小官太太暗鬥。涓生失業，子君不僅從「大無畏」變得「怯弱」，更不善體貼，以致為爭面子，她竟能為了不讓房東太太「嗤笑」，將家裏「求生」的口糧節約給小狗阿隨吃，而使涓生吃不飽，覺得自己在家裏的位置，「不過是叭兒狗和油雞之間」。最後為生活所迫，涓生殺掉油雞，放掉阿隨之後，子君更只剩下「頹唐」、「凄慘」和「冰冷」，成了涓生「求生」的「很重的負擔」，「只知道捶著一個人的衣角」。如果對照子君出走前，還將他們兩人「生活材料的全副」都收拾好，「鄭重地」留給涓生一個人的行為，顯然，涓生對子君的講述是不合人物性格邏輯的。正像隱含作者躲在涓生後面所提醒的那樣，「子君有怨色，……但也許是從我看來的怨色」。不過，從整體上，涓生對子君這種「先揚後抑」的手段卻正符合涓生為自己離棄子君而辯護的心理邏輯。子君先後的變化越大，涓生先後的愛與不愛才越合情理。

　　所幸的是，隱含作者有自己的看法，他對涓生的反諷可以提醒我們對子君的變化作出不同的判斷。但我也同樣感到，隱含作者並非是子君的袒護者。從子君「我是我自己的，他們誰也沒有干涉我的權利！」這一豁達無畏的言論，和她的遭遇及所作所爲而形成的強烈對照中，我們仍然可以看見隱含作者溫和的反諷態度。

　　子君是兩次走出家門，第一次她即使不像魯迅在《娜拉走後怎樣》裏所說，「除了覺醒的心」，一無所有地走出父輩的家，卻是爲與涓生創立「滿懷希望的小小家庭」而傾其所有。小說的一個值得玩味的細節是，涓生能夠模倣電影裏的姿態向子君求愛，卻沒有仿照西方的禮節，送子君一枚象徵承諾和誓言的婚戒，反而是子君「賣掉了她唯一的金戒指和耳環」。這似乎意味著涓生開始並沒有成家的打算，如果聯繫子君因「不好意思」正視雪萊的「最美的一張像」，而被涓生斷定「還未脫盡舊思想的束縛」，來暗示子君身體的不開放，還有涓生求愛後子君的反應：「她臉色變成青白，後來又漸漸轉作緋紅」，「孩子似的眼裏射出悲喜，但是夾著驚疑的光」，而且是「允許」，不是「同意」，大概可以斷定涓生是在求歡，而不是求婚。子君賣掉自己的金戒指，不僅意味著涓生自始就沒有責任意識，也說明他沒有任何經濟基礎。所以，最初面對社會的「輕蔑」，子君能夠依賴父輩的贍養，自負地以「目不斜視」，「全不關心」，「坦然如入無人之境」的驕傲予以回擊，但和一無所有，僅靠微薄的工資勉強維持生活的涓生同居以後，當社會以辭退來對異己者進行殘酷懲罰時，她不得不低下高貴的頭，變得「怯弱」。子君的後來遭遇使她開始所擺出的那種「空虛」的驕傲姿態，天眞而安然篤信的無知無覺成爲反諷的對象；子君也可以憑藉涓生的愛，決絕地和胞叔、父親斷絕關係，但愛的逝去，她唯一可以選擇的路，又只能是回到她曾「出走」的父輩的家，這又該是多麼難堪的命運。涓生所述，愛面子是子君的一大性格特徵，這樣的性格與她的人生眞是形成了一種難堪而殘酷的反諷。我們不僅可以將子君前後的不協調形象看作是一種反諷情境，實際上，涓生對愛情的信念和憧憬：「必須時時更新，生長，創造」，反過來也與子君祇以「溫習」舊日涓生求愛的場景爲愛之寄託，僅以每日「川流不息」地做飯爲業的愛情方式形成反諷的對比。當子君意識到情感危機，仍以自己的方式拯救愛情時，她越努力，就距離涓生越遠，越使自己成爲被嘲弄的對象。子君的種種遭遇恰恰與她的豪言壯語相反，說明著「我不是我自己的，誰都有干涉我的權利！」

　　隱含作者的反諷態度還可以從子君給叭兒狗命名為「阿隨」見出。從文本看，阿隨可以看作是子君的隱喻。它不僅暗涉了子君「嫁雞隨雞，嫁狗隨狗」的婚姻態度，也暗喻了子君在家庭中的位置。這也就難怪，涓生迫於生存的壓力拋棄阿隨以後，回來見到子君「淒慘的神色」令他吃驚了，冥冥中子君已經意識到，涓生下一個捨棄的將輪到她。這也是子君真實的處境對她「我是我自己的」「徹底的思想」的極大嘲諷。另外，在子君面對涓生的求愛，「超過她的冷漠」，以及說出「不愛」的幾個感情變化的重要時刻，始終被描述為「孩子似地」、「稚氣的」，傳達了隱含作者對子君毫無變化的真實心理狀態的提示，而與她的「大無畏」言說所顯示出的小孩說大話的性質同樣形成對照，說明著子君始終沒有成年，不管被愛，還是被棄都處於被動的「無我」的狀態。「她所磨練的思想和豁達無畏的言論，到底也還是一個空虛」。所言與言者身份的不合再度形成反諷。從這個意義上說，涓生講述的子君變化之大令人生疑，隱含作者講述的子君之不變也讓人心驚。

　　隱含作者的子君是始終沒有覺悟的中國式的娜拉，即魯迅將易卜生的娜拉引申開去的專門所指：「別人怎麼指揮，他便怎麼做的」〔註7〕傀儡。從這個角度看來，子君的毅然出走，包括將所有的「生活材料」都留給涓生，也未必不是她服從了涓生的意願：希望「她勇猛地覺悟了，毅然走出這冰冷的家，而且，——毫無怨恨的神色」，以使自己獲得「脫走的路徑」，「新的生路」。事實上，涓生並沒有僅僅停留於潛意識的「一閃」，從他「更久地在外面徘徊」，「照常沒精打采地回來……也照常更加喪氣，使腳步放得更緩」的坦白來看，隱含作者用兩個「照常」的排比，是在提醒我們——涓生在刻意用行動一次次地讓子君明白他的意願。他是出於自私的目的，蓄意逼迫子君自動出走而不承擔任何道義上的責任。所以，涓生將子君「毅然走出」稱頌為娜拉式的「勇猛地覺悟了」，實在是隱含作者躲藏在涓生背後所發出的辛辣的諷刺。

　　由此可見，隱含作者所講述的子君的故事實際上與流行的娜拉的故事恰恰形成互文和對比：如果說，娜拉因自我覺悟到「自己是丈夫的傀儡」而出走，子君的出走則是聽隨了丈夫的指揮，做了涓生的傀儡，是涓生所希望她的「覺悟」，而不是她自己的覺悟。娜拉因不做傀儡而出走，子君則是因做了男人的傀儡而出走。可以說，子君的兩次「出走」事實上都是被迫出走，第一次因戀愛，使她的叔子「氣憤到不再認她做侄女」；第二次則是涓生以言行

〔註7〕　魯迅：《娜拉走後怎樣》，《魯迅全集》（1），第158頁。

相加的逼迫。這種「反覆」的修辭手段使子君的死成爲一種象徵，即無論在父家還是夫家，沒有經濟權〔註8〕的女子沒有屬於她的家，在社會上無立錐之地。這一主題反過來正是魯迅所說：「爲準備不做傀儡起見，在目下的社會裏，經濟權就見得最要緊了。」〔註9〕爲強調這一主題，魯迅雖然從事理上推想起來，斷定娜拉走後「也實在只有兩條路：不是墮落，就是回來」，但他在《傷逝》中，以子君之死決然地否定了「回來」的路。

總之，涓生講述下的子君是一個因不能使愛情「時時更新，生長，創造」而失去愛的故事；隱含作者所講述的則是不成熟的，做男人傀儡的子君如何爲男人，卻被男人犧牲的故事，沒有經濟權的女子也沒有家的故事。

在試圖以反諷概念爲《傷逝》的種種歧義做出某種程度的統合，爲其合理化進行了分析和闡釋之後，我不得不面對一個棘手的問題，即涓生在小說開頭和結尾部分抒發的看似「悔恨和悲哀」的強烈而眞摯的情感。這一頭一尾明顯和小說主體部分斷裂，讓人感覺隱含作者與敘述者似乎已經合二爲一，涓生似乎成爲作者的代理了。

從涓生的角度看來，一頭一尾傳達了涓生在寫作這篇手記時的聲音，記錄的是他當下的情感，而小說主體部分是他對過去與子君一起生活的回憶，其間的偏離表現了現在的涓生與過去的涓生之別。他在爲子君不是被他所殺，卻因他而死感到痛心和悔恨的同時，或許並不認爲自己堅守愛情的信念和感情的眞實有什麼錯，或許這本身即是他推卸責任的高明手段，因而自覺不自覺地把追憶和懺悔變成了爲自己的辯護。

但隱含作者顯然並不這樣看，這從小說結尾的處理可以見出。作者把涓生「寫下我的悔恨和悲哀」的懺悔行爲，與「子君的葬式」──「是獨自負著虛空的重擔，在灰白的長路上前行，而即刻消失在周圍的嚴威和冷眼裏了」進行對比；並將他在街頭所見的葬式──「前面是紙人紙馬，後面是唱歌一般的哭聲」與涓生「給子君送葬」的方式──「我仍然只有唱歌一樣的哭聲」作類比，通過使用完全相同詞語的手法，在街頭葬式和涓生給子君送葬的方式之間劃了一個等式，確鑿無疑地表明了自己的觀點：涓生爲「給子君送葬，葬在遺忘中」而作的「手記」和街頭所見用作葬式裝飾的「紙人紙馬」一樣

〔註8〕 所謂經濟權，魯迅在《娜拉走後怎樣》中說：「一，在家應該先獲得男女平均的分配；第二，在社會應該獲得男女相等的勢力。」

〔註9〕 魯迅：《娜拉走後怎樣》，《魯迅全集》（1），第161頁。

是假的，虛飾的；涓生手記中的「悔恨和悲哀」不管多麼強烈和真誠，都與葬式後面的哭聲一樣，「我現在已經知道他們的聰明了，這是多麼輕鬆簡捷的事。」因之，涓生以「手記」祭奠子君的寫作行動，恰是出於一種「為了忘卻的紀念」，要「用遺忘和說謊做我的前導」；〔註10〕隱含作者卻是把涓生「寫下我的悔恨和悲哀」，向著新的生路跨出去的這第一步評定為——不過是在「用遺忘和說謊做我的前導。」

如果我們將涓生所抒發的「我願意真有所謂鬼魂，真有所謂地獄，那麼，即使在孽風怒吼之中，我也將尋覓子君，當面說出我的悔恨和悲哀，祈求她的饒恕」的強烈情感看作是真實的，但願涓生真能找到子君，或者說設想另一種結局：他們沒有分離，子君沒有死。隱含作者的拷問似乎仍在窮究不捨：小說敘述子君死後，作為她隱喻的阿隨「回來了」，涓生也「不單是為了房主人們和他家女工的冷眼，大半就為著這阿隨」搬出了吉兆胡同，又回到了從前與子君相悅的會館。但他的情感卻再也回不去了——「那時使我希望，歡欣，愛，生活的，卻全都逝去了，只有一個虛空，我用真實去換來的虛空存在」。涓生過去生活在「寂靜和空虛」中，現在雖然和阿隨一起回來了，仍然還是陷入「這樣地寂靜和空虛」中。這種如一隻蜂子或蠅子停在一個地方，忽然飛走又回來停在原地點，不過繞了一點小圈子的魯迅式典型情節，很可能意味著不管涓生是否找到子君，他們是否分離，「使他希望，歡欣，愛，生活的」，卻是早晚都要逝去，「虛空存在」乃實有。在這裡，我們又與魯迅的一個側影相遇。

三、作者的反諷世界觀及其他

通過以上分析可以見出，《傷逝》在表層上是涓生在向他的讀者講述他與子君的故事，但實際上敘述者涓生的講述又同時是被隱含作者在向他的讀者講述著。也就是說，敘述者涓生的講述成了作者整個敘事結構的構成部分。在一個層面上的講述，在另一個層面上變成了被講述的內容。正因為是作者在掌控著講述的聲音，它所傳達的資訊是講述者涓生所不知的。作者智慧地運用受嘲弄者也許要用的語言，或者並置其自相矛盾的意見，或者以言行不

〔註10〕魯迅在《娜拉走後怎樣》一文中，以李賀為例說，困頓一生的李賀在臨死的時候告訴母親，上帝造成了白玉樓，讓他去做文章道賀。「死的高興地死去，活的放心地活著。說謊和做夢，在這些時候便見得偉大。」

一，表象和事實的對比構成反諷性事態，使敘述者的講述反而成爲嘲諷自己的來源，也使涓生爲擺脫罪惡感，推卸責任的敘事成爲一篇沒有成功的辯辭。

需要指出的是，涓生和子君雖然程度不同地處於被嘲諷的位置，〔註11〕卻並非是嘲諷的特殊對象，而是作者所具有的反諷世界觀使然。《傷逝》中涓生有一段主語不明而突兀的感慨：「就如蜻蜓落在惡作劇的壞孩子的手裏一般，被繫著細線，盡情玩弄，虐待，雖然幸而沒有送掉性命，結果也還是躺在地上，只爭著一個遲早之間。」這段話顯然表現出對於人類的生存困境，愛情困境，都被一種無形的力量玩弄虐待，無論你怎樣掙扎都無法擺脫毀滅性的結局，最多祇是一個遲早問題的看法。這一居高臨下，洞察終了的俯視觀點，它只能來自隱含作者，而非天眞地相信「愛情必須時時更新，生長，創造」的涓生。它表明作者不像大多數小說家那樣，從讀者產生共鳴的一個人物或一種觀點上體現自己的主體性，而是站在他的作品之外，這正是「反諷觀察者在反諷情境面前所產生的典型感覺」，〔註12〕是反諷觀察者與他所觀察到的事物所構成的一種特殊關係，正所謂「眞正的反諷『始自對整個世界命運的沉思』」。〔註13〕從這個俯視角度上看來，涓生和子君就並不是作爲獨特的個體存在，而是愛情的雙方：男人和女人的代理；人類存在的兩極：理想和現實，精神和肉體的代理。兩者之間具有根本性的牴觸反映了隱含作者對於世界在本質上即爲矛盾的反諷觀點。這種反諷觀點認爲：在任何矛盾中，都含有兩種互相矛盾的眞實，在任何進退維谷的境遇中，都存在兩種同樣難以實現的行爲過程。也許兩者都是應該辦到的，經驗可作多種解釋，而沒有一種解釋是絕對正確的，反諷即是對這個基本對立矛盾體，對生活複雜性和價值觀相對性的覺識和呈現。因而，反諷與其說是存在於反諷觀察者的態度裏，不如說是存在於被觀察的情境裏，換言之，不僅在法官，更「深隱在案例本身」。〔註14〕

據許欽文回憶，魯迅曾把尙未完成的《傷逝》原稿交給他看，並告訴他：「這一篇的結構，其中層次，是在一年半前就想好了的。」〔註15〕魯迅標注

〔註11〕魯迅對涓生的嘲諷更激烈，大概是出於一種不平。魯迅認爲現在是男權社會，「向來的男性作者大抵將敗亡的大罪，推在女性身上」，「女人的替自己和男人伏罪，眞是太長遠了」。參閱魯迅：《阿金》、《女人未必多說謊》。

〔註12〕D.C.米克著、周發祥譯：《論反諷》，昆侖出版社，1992年，第53頁。

〔註13〕同上，第28頁。

〔註14〕同上，第28～33頁。

〔註15〕許欽文：《寫〈彷徨〉時的魯迅先生》，《1913～1983魯迅研究學術論著資料彙編》第3編，中國文聯出版公司，1985年，第165頁。

《傷逝》作畢於 1925 年 10 月 21 日，也就是說，魯迅構思這篇小說當在 1924 年 4 月之前。這樣看來，魯迅於 1923 年 12 月 26 日在北京女子高等師範學校所做《娜拉走後怎樣》的演講，就具有了特別重要的意義。且不說該文在主題上與《傷逝》所形成的互文關係，分析它的行文方式會使我們更容易把握魯迅所具有的反諷世界觀和人生觀。

該文通篇都貫穿著一種反諷詼諧的語調，如魯迅所說：「我因為自己愛做短文，愛用反語。」〔註16〕針對社會普遍頌揚娜拉出走的「覺悟」，魯迅卻調侃地把娜拉走後不是墮落，就是回來，稱作是「實在祇有」的「兩條路」；認為如果沒有看出可走的路，則「惟有說謊和做夢」，「便見得偉大」。你以為魯迅是在說「夢是好的」嗎？他一轉告訴你「錢是要緊」的；如果你接受了魯迅所說為補救人類「常常要饑餓」的大缺點，「為準備不做傀儡起見，在目下的社會裏，經濟權就見得最要緊了」的觀點，他又一轉告訴你，即使在經濟方面得到自由，「也還是傀儡」。「不但女人常作男人的傀儡，就是男人和男人，女人和女人，也相互地作傀儡，男人也常作女人的傀儡，這決不是幾個女人取得經濟權所能救的。」〔註17〕魯迅在認定「苦痛是總與人生聯帶的」，「『黑暗與虛無』乃是『實有』」的同時，又反過來說：「我終於不能證實：惟黑暗與虛無乃是實有」。〔註18〕這種對人類渴望自由，而又無法擺脫沉重的肉身和社會制約的洞察，對各種人生態度和價值觀的不確定性和相對性的覺識，使魯迅採取了如他自己所說的中國老法子：「驕傲」與「玩世不恭」，一種「近於遊戲，不像步步走在人生的正軌上」的態度，〔註19〕魯迅作品所彌漫的那種嘲諷的鋒芒正是這種世界觀和人生姿態的自然流露，是他對人類理想與現實，精神與肉體之類不能解決的根本性對立物本身所處的反諷地位之反諷式的呈現。

也許有人會提出，當時人們還不知道反諷的概念，魯迅也從未使用過這一詞語，他在《傷逝》中是自覺，還是不自覺地使用了這種技巧？事實上，即使在反諷已經成為文論的一個重要概念，並被新批評推舉為詩歌語言的基本原則、基本思想方法和哲學態度的今天，人們也很難把這一概念定義得一清二白，但這一概念的前身就曾被使用為「諷刺」、「嘲弄」，新批評派又使這

〔註16〕魯迅、景宋著：《兩地書·原信》，中國青年出版社，2005 年，第 33 頁。
〔註17〕魯迅：《娜拉走後怎樣》，《魯迅全集》（1），第 163 頁。
〔註18〕魯迅、景宋著：《兩地書·原信》，中國青年出版社，2005 年，第 5、11 頁。
〔註19〕同上，第 5、6 頁。

一概念擴大化為「語境對一個陳述語的明顯歪曲」，實際意義與字面意義對立。〔註20〕在歷史和現狀這樣一個寬泛的把握中，來理解和闡釋《傷逝》中的反諷性質當不為太過冒險。而且，由於《傷逝》的手記體形式，全部是涓生的講述，其反諷性主要來自受嘲弄者的人物和作為觀察者的隱含作者，這正是一種典型的「不含反諷者的反諷」，或也可稱為「情境反諷」、「無意識反諷」，是現代文論批評所致力挖掘的不那麼「明顯」，容易為讀者所忽略的反諷類型，而被「當作反諷概念由此進而囊括迄今為止尚未命名的種種情境反諷的橋梁。」〔註21〕《傷逝》所形成的人物自身言行、命運，相互之間的種種對立的反諷網路，不僅反映了作者敏銳發現反諷對照事物的能力，也表現出高超的構造這些對照事物的能力。

自從《傷逝》問世以後，為把它模糊意義看明白，不少研究者都從作者創作的動機和心緒這一路徑做出了闡發。其中最為信而有徵，又最讓人不解的是周作人提出的觀點：「《傷逝》不是普通的戀愛小說，乃是假借了男女的死亡來哀悼兄弟恩情的斷絕的。」而且「信誓旦旦」地說：「我有我的感覺，深信這是不大會錯的。因為我以不知為不知，聲明自己不懂文學，不敢插嘴來批評，但對於魯迅作這些小說的動機，卻是能夠懂得。」〔註22〕面對周作人如此自信和鄭重提出的這一觀點，我們的確不該掉以輕心。陳漱渝曾就這個問題寫過翔實的考證文章：《魯迅與周作人失和前後》，其中他發現了一個重要的材料和線索，即魯迅寫畢《傷逝》的前九天，周作人於《京報副刊》發表了他翻譯的羅馬詩人卡圖路斯的一首同名短詩《傷逝》，並特意說明「這是詩人悼其兄弟之作」。

與《京報副刊》有著密切關係的魯迅很可能看到周作人的這首譯詩，假定情況確實如此，魯迅寫作同名小說當是一種做出回應的行動。而且魯迅寫完《傷逝》後，又很快醞釀創作了「有十分之九以上是『真實』的」《弟兄》，這說明周作人的譯詩的確引起了魯迅情感的風暴。如果對讀周作人給魯迅的絕交信和他的譯詩會發現，周氏兄弟使用了某些共同的詞語，或許可以被看作是一種對話。周作人所說他昨天才知道的什麼事我們無法推測，但他說自

〔註20〕克林思·布魯克斯著、袁可嘉譯：《反諷——一種結構原則》，《「新批評」文集》，中國社會科學出版社，1988年，第335頁。
〔註21〕D. C.米克著、周發祥譯：《論反諷》，昆侖出版社，1992年，第41頁。
〔註22〕周作人：《不辯解說》（下），《知堂回想錄》，第141頁。

己「尚能擔受得起」的原因在於他理解「大家都是可憐的人間」。這件事讓他
認識到:「我以前的薔薇的夢原來都是虛幻,現在所見的或者才是真的人生」,
因而「想訂正我的思想,重新入新的生活。」魯迅在《傷逝》中與周作人所
說「可憐的人間」相對應的是「無愛的人間」。而且和周作人要「重新入新的
生活」一樣,涓生也在尋找「新的生路」,他一再表白「我活著,我總得向著
新的生路跨出去」。周作人翻譯的羅馬詩人卡圖路斯的短詩《傷逝》是這樣敘
說詩人來到他兄弟的墓前,「獻給你一些祭品,/作最後的供獻,/對你沉默
的灰土,/作徒然的話別」:

> 我照了古舊的遺風,
>
> 將這些悲哀的祭品,
>
> 來陳列在你的墓上:
>
> 兄弟,你收了這些東西吧,
>
> 都沁透了我的眼淚:
>
> 從此永隔冥明,兄弟,
>
> 只囑咐你一聲「珍重」! 〔註23〕

《傷逝》結尾也描寫了一段「古舊的遺風」的葬式:前面是紙人紙馬,後面
是唱歌一樣的哭聲。」涓生的反應是「我現在已經知道他們的聰明了,這是
多麼輕鬆簡截的事。」如果周作人是以「沁透了」眼淚的「悲哀的祭品」來
哀悼兄弟恩情的斷絕,作從此「永隔冥明」的話別,那麼,魯迅顯然更沉痛。
涓生抒發的是,即使「永隔冥明」,也要上天入地尋找子君的強烈到極致的情
感和意願。而且子君走後,涓生說他要搬離吉兆胡同,就因為他想,「只要離
開這裡,子君便如還在我的身邊;至少,也如還在城中,有一天,將要出乎
意表地訪我,像住在會館時候似的」,這傳達的不知是否也是魯迅對周作人的
期盼。涓生所說他找子君「一切請託和書信,都是一無反響」,也正和魯迅與
周作人失和後的所為一致。還有,魯迅和周作人對於他們失和的原因都諱莫
如深,高度一致:(我們)「我要將真實深深地藏在心的創傷中」。

原載《文學評論》2010 年第 2 期

〔註23〕 轉引自陳漱渝:《魯迅與周作人失和前後》,朱正、陳漱渝等著:《魯迅史料考
證》,河北教育出版社,2000 年,第 203 頁。

偉大與幸福

——個人主義之於「五・四」時期的魯迅和周作人

　　使用「個人主義」一詞並非想聳人聽聞，主要出於尊重歷史本來面貌的考慮。雖然相當一個時期以來，這一名詞一直被貶而斥之，但在「五・四」時期它卻是個流行的褒義詞。當然必須明確的是今與昔雖使用「個人主義」同一詞語，但其內涵卻有著根本性的差異。羅素在《西方哲學史》中曾總結說，近代哲學大部分都「保留下來個人主義的和主觀的傾向」。〔註1〕「五・四」時期開始「堂堂正正地」提倡個人主義，正是出於反傳統的需要，在輸入西方近代文化的過程中接受這一稱謂的，因而也承襲了西方式的個人主義概念。早在1908年，魯迅為矯正國人在傳統文化的熏陶下對「個人」的反感和偏見就發表了《文化偏至論》一文，專門介紹了西方個人主義產生的背景、意義及其重要的思想觀點，把它與「害人利己主義」絕然分開。茅盾則以「人的發見或發展個性」取而代之。〔註2〕胡適沿用了杜威的概念涵義，把自私自利稱作假個人主義和為我主義。〔註3〕那麼，個人主義這一概念如何定義，為篇幅所限，事實上也不可能。在西方，個人主義是極端缺乏精確性的一個詞，大而用之，幾乎可囊括幾個世紀以來整個西方思想的精神。它不僅是哲學的，

〔註1〕　羅素：《西方哲學史》（下），商務印書館，1976年，第5頁。
〔註2〕　茅盾：《關於創作》，見《茅盾文藝雜論集》（上），上海文藝出版社，1981年，第298頁。
〔註3〕　胡適：《非個人主義的新生活》，見《新潮》，第2卷，第3期。

也是歷史的概念，其用法並不具有始終一貫的明確的單一所指。如果一定要做出概括的話，「個人主義」只能說代表著一種關於人的觀念，它強調一切皆以人為中心，以個體為本位。由這一精神原則出發，既可引出積極的、高尚的，也可引出消極的、卑鄙的思想。因而，在使用和評價「個人主義」時，只能作具體的分析，不能一概而論。個人主義在「五・四」時期的流行，幾乎使那一時期的作家都不同程度地、在不同意義上使用過這一詞語。我們沒有必要侷限於「個人主義」在今天的意義用法，而迴避或無視它在「五・四」時期所享有的一段可褒而譽之的歷史。事實上，正因為「個人主義」這一詞語的寬泛不一與不定，在辨析每一個人對這一思潮的不同接受和改造時，才會更清楚地顯露出每個人不同的人格特徵和傾向。

魯迅作為我們民族魂的象徵，不僅在於他思想的偉大高深，更在於他人格的偉大高深，他的思想可在同時代人那裡看到某種一致，在迄今為止的後代人這裡看到重複或者說是闡發，但他的人格無人能夠比擬，哪怕是相似。

考察魯迅人格的構成，十分觸目的是它的矛盾性，這並不明顯地表現在人格結構的層次之間，如情感與理智、欲望與意志、本我與自我及超我之間所造成的緊張狀態，而在於人格的理性意識層次之中的不可解決、無法統一的衝突性，它的形成與魯迅所接受的個人主義思想是分不開的。

人的永恒的難處就在於，一方面他是個體，另一方面他又有集群性。魯迅曾經翻譯過廚川白村的《苦悶的象徵》，對此一定會有深刻的體驗與共鳴：「人類是在自己這本身中，就已經有著兩個矛盾的要求。譬如，我們一面有著要徹底地以個人而生活的欲望，而同時又有著人類既然是社會底存在物（socialbeing）了，那就也就和什麼家族呀，社會呀，國家呀等等調和一些的欲望。」〔註4〕封建主義的道德觀念是以否定個體的權利和合法權為特徵的，因而，它對人格的塑造在超我的這個層次是一維的，統一的。人必須為上帝和君主，國家和社會以及家庭而無條件地犧牲自我，個體完全同化於團體或社會之中。但個人主義思潮的興起，不僅為個體爭得尊嚴和合法權，而且把個體的價值置於一切之上，從而把個體與社會的矛盾推向極端與自覺。當個體不具備文化上的合法性時，這種矛盾是自發的，處於不自覺的混沌狀態，甚至可以說，因為社會義務的絕對優勢，它們之間並不能構成真正的矛盾運

〔註4〕 廚川白村作、魯迅譯：《苦悶的象徵》，《魯迅全集》（13），人民文學出版社，1973年，第29頁。

動。但個體一旦取得了文化上的合法性，傳統的道德觀念和人作為群體、社會中的一分子所應盡的義務與人作為個體所應以自我為目的的具有理想性的原則就構成了旗鼓相當的兩極。雖然，人們在尋求著個體與社會之間的統一，但在現實中，特別在特定的歷史條件下它們常常是對立的，分裂的。個體的確立，可以說是現代人痛苦意識的淵藪。

在魯迅的理性意識層次中正存在著這種分裂和痛苦。從《文化偏至論》中，我們可以看出，魯迅接受了個人主義的價值觀念，雖然他盛讚極端個人主義者施蒂納和尼采為「先覺善鬥之士」，為「個人主義之至雄傑者」，並介紹了「絕義務」，「必以己為中樞，亦以己為終極」·「惟發揮個性，為至高之道德」的個人主義觀點，但在文章結尾又把個體重新納入「生存兩間，角逐列國是務」這一立國的現實目的之中，於是「立人」成為「立國」的道術，即手段。他一方面認為：「人類總有些為他人犧牲自己的精神」，〔註5〕另一方面又說：「無論何國何人，大都承認『愛己』是一件應當的事」。〔註6〕在 1925 年 5 月 30 日致許廣平的信中，魯迅明確地談到：「其實，我的意見原也一時不容易了然，因為其中本含有許多矛盾，教我自己說，或者是人道主義與個人主義這兩種思想的消長起伏罷。所以我忽而愛人，忽而憎人；做事的時候，有時確為別人，有時卻為自己玩玩，有時則竟因為希望生命從速消磨，所以故意拼命的」。魯迅在理性意識層次中對兩種價值觀的認可，使他不可能徹底貫徹個人主義精神，也不可能再具有著中世紀式的英雄那種大無畏的犧牲精神，魯迅的人格非常典型地反映了這兩者之間的過渡。

魯迅在與許廣平的通信中，曾就犧牲問題做過一次小小的爭論。許廣平認為，犧牲指的是以牛羊做祭品，牛羊本身並非自願，而在人間出於自願本無所謂犧牲，「譬如吾人為社會做事，是大家認為至當的了」，並開玩笑地說魯迅「將人當作犧牲的思想」，「實在謬誤」，應該「記打手心十下於日記本上的」。〔註7〕但魯迅回信說，「犧牲論究竟是誰的『不通』而該打手心，還是一個疑問。人們有自志取捨，和牛羊不同，僕雖不敏，是知道的。然而這『自志』，又豈出於本來，還不是很受一時代的學說和別人的言動的影響的麼？」

〔註5〕 魯迅：《我們現在怎樣做父親》。
〔註6〕 魯迅：《我們現在怎樣做父親》。
〔註7〕 詳見《兩地書》，許廣平 1926 年 12 月 12 日信。

〔註8〕從魯迅的創作中也可以看出，古典文學作品中所表現歌頌的光榮、偉大、崇高、氣吞山河的犧牲已變得荒謬、淒厲、悲涼並毫無價值可言。

在《藥》中，夏瑜爲群而犧牲，可不過作了群的閒談資料和治病的藥引；在散文《復仇（其二）》中，作爲救世主的耶穌卻在四面的敵意、辱罵和戲弄中被釘在十字架上，甚至和他同釘的兩個強盜也譏誚他，讓他感受著世人釘殺他、上帝遺棄他的雙重痛苦而死去；在《頹敗線的顫動》中，母親爲養活兒女不惜賣身，但吃著母親的生命與眼淚長大的兒女卻爲此而羞辱她，她只能在無邊的荒野中，舉兩手儘量向天，口唇間「漏出人與獸的，非人間所有，所以無詞的言語」。魯迅對《工人綏惠略夫》的共鳴顯然也在這點上：「人是生物，生命便是第一義，改革者爲了不幸者們，『將一生最寶貴的去做犧牲』，『爲了共同事業跑到死裏去』，……這苦楚，不但與幸福者全不相通，便是與所謂『不幸者們』也全不相通，他們反幫了追躡者來加迫害，欣幸他的死亡，而『在別一方面，也正如幸福者一般的糟踏生活』」。〔註9〕魯迅於現實中也親身體驗到了這種痛苦，他在1926年12月16日致許廣平的信中憤激地寫道：「我先前何嘗不出於自願，在生活的路上，將血一滴一滴地滴過去，以飼別人，雖自覺漸漸瘦弱，也以爲快活。而現在呢，人們笑我瘦弱了，連飲過我的血的人，也來嘲笑我的瘦弱了」，並說「我近來的漸漸傾向個人主義，就是爲此」。

可見，「孤獨的精神的戰士，雖然爲民眾戰鬥，卻往往反爲這『所爲』而滅亡」〔註10〕的殘酷現實是如此強烈地糾纏煎逼著魯迅的靈魂，竟使他再三重複著具有同樣意蘊的主題，它不但從感情上使魯迅經受著眷念與決絕、愛撫與復仇、養育與殲除、悲憫與詛咒的冰炭相夾、大起大落的折磨，而且從理性上，這意蘊中所包含的荒謬，是令魯迅不忍再視的，而其中所潛在的顯而易見的邏輯結果使魯迅無法也不願再推衍下去。

在魯迅理性意識層次中互爲對峙的道德觀念所表現出的思想和價值的相對性正反映了20世紀幾乎人類努力的一切領域所發生的一個根本性的變化，即上帝死了，偶像已經破壞的精神和思維特徵。各種虔誠的篤信完全溶解，否認絕對，承認相對，這種思維上的認可，使人類的精神視野和精神世界有了無限開拓和發展的可能性，也正因爲世界進入了相對主義的時代，更需要人類主體性

〔註8〕《兩地書》，魯迅1926年12月16日信。
〔註9〕魯迅：《譯了〈工人綏惠略夫〉之後》。
〔註10〕魯迅：《這個與那個》。

的高揚，需要人格的意志去進行超越和選擇。魯迅的困惑正是現代人的困惑，魯迅的人格也正具有這現代精神的底蘊。思想上的相對性使魯迅難以用思想引導和說服行動，而是以意志去強迫和命令行動，以人格支撐著行動。魯迅在《娜拉走後怎樣》一文中說：「我們無權去勸誘人做犧牲，也無權去阻止人做犧牲」，「這犧牲的適意是屬於自己的，與志士們之所謂爲社會者無涉」。雖然，作爲一個思想家，一個生物的人，一個理想主義者，魯迅看到了犧牲的無價值和無理，但作爲一個社會改革家，一個精神的人，一個現實主義者，魯迅自覺而清醒地選擇了犧牲。他要肩住黑暗的閘門，放青年到光明廣闊的地方去，他要自覺著人類的道德和良心不肯犯他們少的老的們的罪，又要完結了少的老的們所欠下的四千年的舊帳，陪著做一世的犧牲。〔註11〕這種犧牲才是眞正的而不是虛假的，自覺的而不是愚昧的，是具有了現代意識的而不是傳統的建立在忠孝基礎上的。然而，也正因爲對它無理、無價值和荒謬性的清醒意識又使犧牲成爲沈重痛苦到無以復加的程度。所以魯迅經常說，這是「萬分可怕的事」，是「一件極困苦艱難的事」。《野草》中那個「有一遊魂，化爲長蛇，口有毒牙，不以齧人，自齧其身，終以殞顚」的墓碣文正是這種自況，是魯迅具有悲劇性的「自噬」的象徵性意象。

魯迅理性意識層次中的矛盾還表現在對群眾的態度上。早在他文學活動伊始，魯迅就接受了德國哲學家唯我論者施蒂納，唯意志論者叔本華、尼采，丹麥哲學家克爾凱郭爾，以及來自文學渠道的易卜生、拜倫、雪萊、普希金、萊蒙托夫、密茨凱維支等人的影響。在魯迅對他們的介紹評價中可以發現，他的感知總是十分集中的，顯然個人主義對個人的高度自信和對個人主觀精神的強調引起了魯迅的強烈共鳴。因而魯迅特別標榜「獨異」，「對庸眾宣戰」的「個人的自大」，〔註12〕和「確固不拔的自信」，認爲「惟主觀性，即爲眞理」。魯迅的雜文和小說中表現出的與群的對立和疏離感，不僅是出於從小家道中落、嘗盡世態炎涼的人生經驗和對中國現實社會以及中外歷史偉人悲劇的思索，另外，也可以說是魯迅強調個人價值的需要及其必然的邏輯結果。個人主義所宣揚的「人必發揮自性」才能「脫觀念世界之執持」、人必獨立自強才能「去離塵垢，排興言而弗淪於俗囿者也」的排眾數、抗俗囿的觀點是魯迅把自己從傳統的社會，傳統的人群，傳統的人生模式中徹底解脫出來的精神力量。施蒂納的

〔註11〕魯迅：《我們現在怎樣做父親》；《隨感錄四十》。
〔註12〕魯迅：《隨感錄三十八》。

「眞眞進步，在於己之足下」的觀點，尼釆的「希望所寄，惟在大士天才」的論說，易卜生的「地球上至強之人，至獨立者也」的宣言，都使魯迅看到了獨立的價值，也爲魯迅奉行獨立的人生哲學所必須經受的「孤獨」的考驗提供了理性的支柱。接受了個人主義這一觀點，「孤獨」在魯迅的眼中就成爲超俗、抗俗和強者的標誌。他認爲「猛獸是單獨的，牛羊則結隊」，〔註13〕因而，魯迅雖也咀嚼著孤獨的不可耐的痛苦，以至在《孤獨者》中發出「像一匹受傷的狼，當深夜在曠野中嗥叫，慘傷裏夾雜著憤怒和悲哀」的令人顫慄的吼聲，但魯迅式的孤獨始終具有著一種不可動搖的自信和自恃，堅韌而執著。因而，魯迅所塑造的孤獨者（不管是狂人，還是呂緯甫、魏連殳）都是積極的自爲的孤獨，只要他們一從眾就意味著失敗與投降。這與郁達夫筆下那些徜徉於自然山水、與世人敵對的孤獨者，或說是零餘者恰成對比。他們儘管也有傲世、貴重個性的一面，但他們雖清高而不獨立，雖脫俗而不抗俗，彷彿一個失去了母親又未成年的孤兒在痛恨人間再不會提供給他一個溫暖的懷抱。在他們的孤獨清高之下，實際上掩藏了一種強烈的渴求歸依的願望，是自在的無爲的孤獨。

在魯迅的筆下，「群」與自覺的個體從來都是對立的。「群」是麻木、野蠻、庸俗的象徵，它的外在形式是一種「驚異和不滿的空氣」，是「遭了魔似的」閒言碎語，是「拼命地伸長頸子的」看客，它無處不在卻又是無物之陣，是「鬼打牆」，要異於他們就要被吃掉，否則，就要被同化被淹沒，也無異於被吃掉。所以，魯迅雖不堪承受孤獨的重壓，但崇尚孤獨的價值，認爲「人既獨尊，自無退讓，自無調和，意力所知，非達不已」〔註14〕從而自覺地對自己的人格進行組織，一步步地逼迫自我在與社會與庸眾，與維護舊道德舊秩序的文人學士的對立中走向孤獨，「入於自識，趣於我執，剛愎主己，於庸俗無所顧忌」，由此完善自我的人格和自己的人生。

然而，我們也要看到這其中所包含的內在邏輯與魯迅做一個社會改革家所必須依靠社會力量的動機又是背道而馳的。這是他對群又憎又愛的矛盾心理的癥結所在，是他身兼思想家和社會改革家的雙重意識所必然遇到的又一難以解決的邏輯難題。作爲一個思想家，他必須竭盡全力去超越群眾，但作爲一個改革家，他又必須想方設法從群眾中獲得支持的力量。因而，尼釆的超人學說在帶給他對個人高度自信的同時，也帶來了絕望。雖然他相信人類的進化，相信

〔註13〕魯迅：《春末閒談》。
〔註14〕魯迅：《摩羅詩力說》。

「將來總有尤爲高尚尤近圓滿的人類出現」，〔註15〕「人終歸能夠至於人所能至之極點」，但每當他反顧中國國民總流露出一種極度失望和絕望的情緒。他曾經說過，「昏亂的祖先，養出昏亂的子孫，正是遺傳的定理。民族根性造成之後，無論好壞，改變都不容易」。〔註16〕由此，魯迅恐怖人類進化到圓滿的那一天，「類人猿上面，怕要添出『類猿人』這一個名詞」，〔註17〕「中國人要從『世界人』中擠出」，〔註18〕自然是毫不留情地「看見有自向滅絕這條路走的民族便請他們滅絕，毫不客氣」。〔註19〕因而，魯迅作品常出現蟲獸這樣的意象，在《摩羅詩力說》中，他攻擊那些「古之思士」要「任人群墮於蟲獸」。在《狂人日記》裏，狂人對大哥說：「大約當初野蠻的人，都吃過一點。後來因爲心思不同，有的不吃人了，一味要好，便變了人，變了眞的人。有的卻還吃，──也同蟲子一樣，有的變了魚鳥猴子，一直變到人。有的不要好，至今還是蟲子。這吃人的人比不吃人的人，何等慚愧。怕比蟲子的慚愧猴子，還差得很遠很遠。」魯迅認爲，當西方向著圓滿的人邁進的時候，中國人在進化的階梯上還未達到做「人」的資格，這種距離比蟲子的慚愧猴子還差得很遠很遠。因而，魯迅充滿危機感的焦灼致力於國民性的改造。

但這並不是因爲魯迅看到了希望，而是在絕望中「沒奈何的自欺的希望」。但魯迅硬執著於這個希望，正像他在《希望》這篇散文中所寫的：「希望，希望，用這希望的盾，抗拒那空虛的暗夜的襲來，雖然盾後面也依然是空虛中的暗夜。」也正是在這與希望相同的絕望中，魯迅的人格又一次顯露出意志的力量。這是魯迅精神的一個特徵：魯迅的抗戰不是受著希望與光明粉紅色的夢的誘惑，而是悟透了人生：「很確切地知道一個終點，就是：墳」；〔註20〕悟透了社會：「將來的黃金世界」也「有我所不樂意的」，「我不願去」；〔註21〕悟透了群：「群眾，──尤其是中國的，──永遠是戲劇的看客」。〔註22〕但魯迅仍是要執著於人生，執著於社會，執著於「地上的人們」，這是在絕望中的自覺的選擇，是他自己主觀意志對自我人生的「塞入」，正是在這點上，魯迅強烈地受到尼采「意力

〔註15〕魯迅：《熱風‧隨感錄》四十一、三十八、四十一、三十六。
〔註16〕魯迅：《熱風‧隨感錄》四十一、三十八、四十一、三十六。
〔註17〕魯迅：《熱風‧隨感錄》四十一、三十八、四十一、三十六。
〔註18〕魯迅：《熱風‧隨感錄》四十一、三十八、四十一、三十六。
〔註19〕魯迅：《熱風‧隨感錄》三十八。
〔註20〕魯迅：《寫在〈墳〉後面》。
〔註21〕魯迅：《野草‧影的告別》。
〔註22〕魯迅：《娜拉走後怎樣》。

絕世」的超人精神的感召。

《影的告別》這篇散文寓意深刻地傳達出魯迅的人格所面臨的困境及其「意志」對這困境的超越。「影」本身就是一個依附、隨順的意象，否則就沒有「影」，但「影」卻要向它所依附的、賴而存在的告別，縱使是天堂、地獄、黃金世界都不願去，縱使因告別而「沉沒在黑暗裏」，或「被白天消失」也要獨自遠行。在這裡，沒有希望，沒有路，甚至連彷徨也「無地」，只有「影」的意志──「我願意這樣」，「只有我被黑暗沉沒，那世界全屬於我自己」。這首散文詩可以說是魯迅人格的「影」，向著「不明不暗的虛妄」，偏要作「絕望的抗戰」，「於無所希望中得救」。這是面對絕望的「虛無」，硬向「虛無」中索要價值，向「虛無」中「塞入」意義的一個頑強的靈魂。正是在這點上，魯迅達到了存在主義哲學所思辨的人生境界，在人的絕境中顯示出人的偉大和尊嚴。

也許，現實中的魯迅並未完全實現他的理想人格，但作為一個作家，他以自己的作品在中國文學中立起了前所未有的一種「人」的形象，為我們民族重塑了一種新型的文化品格。也許，魯迅最終也未解開他所體驗到的人類的困惑，但他的執著的精神，他所達到的人生境界將使人們領悟到人生的深邃、寬廣和晦冥，在從困惑到困惑的煎逼中，使人類精神不斷從痛苦中昇華。也許，魯迅並未指明未來，但他以絕對否定性的批判在追尋著人類的和我們民族的塑造和完善。個人主義的精神對魯迅的影響，我們無法用好與壞、積極與消極來作區分，最基本的一點是它喚起了魯迅作為一個個體的尊嚴，對自我的自覺和自信。儘管他也苦於背負古老的靈魂，感到擺脫不開的氣悶，但他終能在現實的限制中認清趨向本體的方向，能夠從社會中，從倫理道德的價值領域，在精神上取得獨立。所以他說：「我早有點知道，我是大概以自己為主的。所談的道理是『我以為』的道理，所記的情狀是我所見的「情狀。」〔註23〕這是人作為一個個體的靈魂和精神，它標誌著個體的尊嚴和價值。以個體的形象誕生，這本身即是一次嶄新的開始，一種嶄新人格的萌芽。僅從這一點上，魯迅就把自己與傳統的完全認同於君主國家的人生劃開，把自己的創作與「非幫主人的忙，就得幫主人的閒」的廊廟文學和「暫時無忙可幫，無閒可幫，但身在山林，而『心存魏闕』」的山林文學劃開。也為魯迅自覺地與中國傳統的「中庸之人」和「總喜歡調和、折中的」性情相決裂，輸送了精神的武器，從而使魯迅在對理想人格的組織中獲得了現代的意識和素質。

〔註23〕魯迅：《新的薔薇》。

而魯迅苦苦地追索落後中國的出路，憂國憂民的靈魂又使他不可能按照個人主義思想傾向的邏輯趨於極端，這正是一個在理想與現實、過去與未來、精神與物質之際苦苦思索，苦苦掙扎的人格，痛苦然而偉大！

在中國現代作家中，周作人是受個人主義影響最大最深的人之一。他從倫理道德、人生觀上較爲全面地接受了個人主義的價值體系和人性理論，在對政治、社會、宗教、習俗、道德的評判中，表現出個人主義的總的態度、傾向和信念。個人主義對於他人格的塑造、人生觀的形成既起到了積極的作用，也有著消極的影響，其中的榮辱甘苦既有著人爲自爲的因素，也有著無情的現實和歷史對於一個不合時宜的固執的理想主義者的嘲弄和耍笑。

1924 年以前的周作人是個人主義積極的鼓吹者和追隨者，他甚至認爲：「中國所缺少的，是徹底的個人主義」。〔註24〕對於周作人來說，個人主義首先代表著一種美好的社會前景，這十分明顯地表現在他對日本新村的關注和熱衷上。日本的新村運動之所以特別打動周作人，是因爲「新村是個人主義的生活」，〔註25〕新村的精神是既讚美協力的共同生活，又讚美個性；既主張個人對於人類的義務，也主張個人對於自己的義務。這兩方面對周作人來說，缺一不可，因此，他只承認自主與互助的兩種道德，而不相信純粹的利他，認爲慈善這句話「是一種極侮辱人類的話」，〔註26〕「提倡極端的利他，沒殺了對於自己的責任，所以不能說是十分圓滿」，〔註27〕而爲「個人的」，又更爲「人類的」新村精神就成爲周作人所理想的「人的生活」，「眞正普遍的人生的福音」。

周作人從理論上確立了個人與社會、與人類協同一致的邏輯關係。在《自己的園地・文藝的統一》中，他說：「人類或社會本來是個人的總體，抽去了個人便空洞無物，個人也只在社會中才能安全的生活，離開了社會便難以存在，所以個人外的社會和社會外的個人都是不可想像的東西。」他把個人與人類的關係比作一株樹與森林的關係，認爲森林盛了，各樹也都茂盛。但要森林盛，卻仍非靠各樹各自茂盛不可。因而，諸如「是個人的，因此也即是人類的」，爲個人也即是爲社會、爲人類這樣的推理，在周作人的論述中隨處可見。正是根據個人即是人類這樣的假設，周作人推出了人道主義即是「一

〔註24〕周作人：《潮州峰歌集序》。
〔註25〕周作人：《新村的理想與實際》，見《藝術與生活》。
〔註26〕周作人：《平民的文學》，見《藝術與生活》。
〔註27〕周作人：《日本的新村》，見《藝術與生活》。

種個人主義的人間本位主義」，〔註28〕「是從個人做起」的結論。在為個人也即為人類的邏輯關係的假定下，周作人調和了個人主義與人道主義的關係。因而，在周作人的理性意識中，這對矛盾並未像魯迅那樣形成極端對立分裂的兩極，輪番進行著互為克服、互不相讓的自我精神的折磨，而是在含混其詞的同一中，包蘊著多種發展的可能性和選擇性。

其次，周作人自覺不自覺地以個人主義的人性理論作為他想要建立起的一種新道德的原則和準繩。他認為人是「從動物進化的人類」，這一方面強調人是一種生物，具有獸性、肉欲，人的一切生命本能都是美的善的，應得完全滿足；又是說人是進化的，具有與動物相異的神性、靈性，相信人能夠逐漸向上，漸與動物相遠，終能達到高尚和平的境地。從這兩方面去理解，所謂人性就是包含獸性與神性、肉與靈這兩個極端，合於人性的道德就是要使這兩方面都得到滿足。

在性的問題上，周作人也是從人的自然要求出發的，他接受了藹理斯的觀點，認為不僅縱欲是人性的一面，禁欲也是人性的一面。歡樂與節制二者並存，防歡樂的過量，實際上是增歡樂的程度。因此，「生活之藝術，其方法只在於微妙地混和取與捨二者而已」。這樣，周作人就把傳統的以人服從於外在的道德，以強制犧牲歡樂的禁欲轉化成了人自身的內在的需要，從而使適度的禁欲成為一種新的符合人性的道德。〔註29〕

關於婦女問題，周作人不僅反對把女人當作傀儡，也反對把女人當作偶像，提倡「女人是女人」，「女人是人」的雙重自覺。在兒童問題上也是如此，他主張以小孩是小孩，反對把兒童作為縮小的成人的教法，因而他對讓小學生參加政治運動的作法特別反感，看到為舉行「示威運動」，讓小學生在大雨中拖泥帶水地走，就怒不可遏地斥之為「慘無人道」。

個人主義人性理論的觀點也影響到周作人的文藝觀，正是從個人的需求出發，他既不贊成以藝術為人生僕役的「為人生」派，也不同意以個人為藝術的工匠的「為藝術」派。認為「文藝祇是自己的表現」，「有益社會也並非著者的義務」，祇是因為自己要說，自己這樣說覺得滿足，如是而已。因此他反對在創作上舍己從人去求大多數的瞭解，認為若這樣就不是真的自己的表現了。可見，周作人的這種文藝觀是把藝術看作是個人生活的一部分，是為

───────────

〔註28〕周作人：《人的文學》，見《藝術與生活》。
〔註29〕詳見周作人：《人的文學》、《生活之藝術》，見《藝術與生活》和《雨天的書》。

自己的藝術，不是爲人生的藝術，而是人生的藝術。〔註30〕另外，關於宗教，周作人也有很獨特的看法，認爲宗教感是人的一種機能，如果你有這種機能，能夠相信宗教和主義，能夠做夢，那你就去領會「入神」、「忘我」、「沉醉」的境界，這乃是不可多得的幸福的性質；如果你缺乏這種機能，沒有這個經驗也可以好好生活，那麼你也可以自滿足去。周作人把對宗教或主義的信仰都看成是一類人的一種內在需求，認爲不是理智上的思索可以代它，或是使它發現的，因而主張宗教是個人的事情，只要不妨礙他人，可以自由。甚至關於自殺，周作人也認爲「一個人願意不願意生活全是他的自由，我們不能加以什麼褒貶」。〔註31〕

由此可見，個人主義的人性理論使周作人採取了一種極寬容的判斷是與非、道德與不道德的標準。正像陀思妥耶夫斯基所說：「如果上帝不存在，一切都將被允許。」按照這樣的準則來說，每個人本著自己的要求、欲望、需要，「依了自己的心的傾向做下去」，就是至高的道德，它不僅體現了倫理個人主義「個人是道德的製定者」〔註32〕的精神，也反映了個人主義自由意志的觀點，即「你是你自己的造型者和創造者，你能夠墮落到野蠻的較低的本性，也能夠從理性上昇華到神聖的較高的本性」。〔註33〕正是出於對每個人的意願、權力的尊重，周作人說：「我知道人類之不齊，思想之不能與不可統一，這是我所以主張寬容的理由」。〔註34〕周作人所鼓吹的這種以一切人的意願爲意願，充滿寬容精神的新道德的文明世界，無疑是他按照理想的原則設想出來的，在現實中實在難以實行。

考察個人主義精神對周作人的影響，首先必須肯定它爲周作人在破壞舊世界、舊秩序、舊的倫理道德以及把自己從它們所聯結而成的封建主義牢固的社會鏈條中徹底解脫出來，提供了銳利的武器，爲周作人「叛徒」的個性和生涯輸送了精神的力量。正是從是否滿足人的本能，是否符合人的個性發展和要求出發，周作人批判違反自然規律發展的「祖先崇拜」這一本末倒置的傳統道德，批判「不潔」的性觀念，批判纏足的野蠻習俗，批判抹殺自己

〔註30〕 參閱周作人：《自己的園地》、《詩的效用》、《自己的園地・舊序》，見《自己的園地》、《談龍集》。
〔註31〕 周作人：《閒話拾遺（四十）》，見《語絲》135 期。
〔註32〕 史蒂文・盧克斯：《個人主義》（英文版，牛津大學出版社，1979 年），第 105 頁。
〔註33〕 史蒂文・盧克斯：《個人主義》，第 54 頁。
〔註34〕 周作人：《談虎集・後記（下）》。

的國家主義。總之，批判一切把人不當人、把女人不當人、把兒童不當人的非人的生活習俗、倫理思想和文藝作品，他和陳獨秀、李大釗、魯迅一樣，不愧爲新文化革命的一面旗幟。

同時，我們也要看到個人主義原則所含有的把人從社會中分離出去的傾向對周作人所產生的消極影響。當周作人在《致溥儀君書》中自豪地宣佈：「我們已經打破了大同的迷信，應該覺悟只有自己可靠」的時候，實際上就是要斬斷自我與社會、與周圍事物的一切聯繫，在中國宣佈「上帝死了」，即統治中國人達幾千年之久的封建主義的價值和意義全面走向解體。然而，這也標誌著人失落自己的歸屬性、迷失自己的中心點的開始。在舊體系瓦解、新體系尚未建立起來之際，人無論從外部還是從內部都無法找到所能依靠、所能遵循的東西，於是人退縮到自我之中，企圖在自身尋找中心，卻發現自己並不瞭解自己。彌漫於「五・四」文壇的彷徨苦悶的氣氛正是這種精神特徵的反映和表現。周作人的精神歷程也經歷了這樣一個階段，在《山中雜信》中，他自稱是「無所信仰，無所歸依的」。在《我最》一文中則更明確地說，「我不再來反對那些假道學僞君子了。我要做我自己的工作。我的工作是什麼呢？只有上帝知道。」

魯迅與周作人雖然都承受著無所歸依、彷徨無主的痛苦，但魯迅的精神傾向是執著於要在現實中聽著未來的召喚，即使前方等待自己的是墳，也要在沒有路的地面上踏出一條路來。而周作人雖自稱是「尋路的人」，但當他終於意識到路的終點是死的時候，便「只想緩緩的走著，看沿路景色，聽人家談論，儘量的享受這些應得的苦和樂」，至於走哪條路就無所謂了。這典型地反映了魯迅與周作人對人生的兩種根本不同的態度。周作人與魯迅都受到個人主義精神的影響，主張根據自己的選擇去確定生命的價值、目的和準則，但他們採取了兩種完全不同的方式。

魯迅執著現實的精神，使他在舊的價值與意義的世界崩潰之後，迅速地在對未來的設定和對過去的反思及對現在的判斷和估價中確立起新的人生目的和意義的價值觀。他確信「在進化的鏈子上，一切都是中間物」，他們這一代人的過渡任務就是要在自己身上完結了四千年的舊帳，從而賦予自己的生命以歷史性。這樣，魯迅的人生目的就是趨向於外的，帶有動態的意向性，生命價值要在外部世界中得到體現，因而魯迅喜歡19世紀末的精神，尼采的超人之所以使魯迅產生極大的共鳴，不僅在於他宣佈「上帝死了」，更在於他重建人的價值與意義世界的精神。而周作人旨在滿足人性的個人主義觀點，卻有著趨向於內的、

品味如何體驗和享受生命的苦和樂的、帶有靜態的意向性。因而，周作人最喜愛的是歐洲文藝復興時代，以薄伽丘、拉伯雷爲代表的文人。他還說過自己與18世紀的人略有相像。他所喜歡的是薄伽丘、拉伯雷作品中滿漂著現世思想的空氣，人從上帝的統治下解脫出來之後，回復生命本體的放縱和歡愉。而 18世紀的生活，也正像馬克思和恩格斯所說：「趨向於直接的現實，趨向於塵世的享樂和塵世的利益，趨向於塵世的世界」。〔註35〕但現實中並未提供滿足人性的條件，如何在思想與現實的斷裂面前搭起橋梁？如何體現生命的價值和意義？周作人採取了把人生審美化、把生活藝術化的手段。如果說，1924年以前的周作人還把日本新村運動看成是「一種切實可行的理想」，要把自己的生命價值體現在對這個理想的追求中的話，那麼 1924年以後，隨著「五‧四」退潮，新村運動失敗，在理想和希望的幻滅面前，周作人沒有像魯迅那樣，硬向虛無索要價值，而是通過審美的人生態度，使生活本身進入藝術，進入欣賞的領域，從而淡化、調節了絕望的情緒。於是現實生活就成了一隻酒杯，不管裏面盛的是苦酒還是苦茶，人生就是要「一口一口的啜」。通過這種態度，周作人不僅使生活審美化，也把理想審美化。於是理想就喪失了它的超越拔高現實的力量，僅成爲一種「愛好」和「趣味」，用他的話來說，「我們的高遠的理想境到底祇是我們心中獨自娛樂的影片」，〔註36〕是一個欣賞的對象。

　　周作人在《藝術與生活‧自序》中，從1924年爲自己的思想發展劃了一條線。認爲1924年以前自己是個理想派，對文藝與人生抱著一種什麼主義；1924年以後，夢想家與傳道者的氣味漸漸地有點淡薄下去，所愛的乃是藝術與生活自身了。公開承認自己放棄了對體現個人主義生活的新村理想的追求，但周作人並未與此同時放棄個人主義的原則。當中國歷史在思想──文化層次處於大破壞大解體的時候，個人主義發揮了它積極的作用，體現了最大的批判功能，但當中國歷史以北伐戰爭和五卅運動爲標誌進入到階級矛盾和民族矛盾日益激化，需要調動起全部力量投入到政治鬥爭與民族鬥爭中去，也就是當歷史開始進入到需要有一種主義、一個信仰來統一思想、統一行動的時候，個人主義原則在本質上就與這樣的時代精神處於尖銳的對立之中。在當時的歷史潮流中，周作人仍堅持個人主義自我中心的原則，排斥一切外在於己、高於自我的力量，就不能不陷入左右夾攻的困境。周作人在答何譪人的信中抱怨說：「想做人的

〔註35〕馬克思、恩格斯：《神聖家族》，見《馬克思恩格斯全集》，第2卷，第161頁。
〔註36〕周作人：《與友人論性道德書》，見《雨天的書》。

人，想自己做自己一人的皇帝，不承認別的皇帝，也不願去做別人的皇帝的人，在這個年頭兒卻是走投無路。苦矣。」〔註37〕

應該說，在任何時候，我們都不能否認獨立判斷的原則，也許在特定的時期，獨立的判斷不能體現為歷史的價值，但卻不會失去其精神的價值。對周作人的許多具有獨特見解的言論，我們應做如是觀。但另一方面，我們也要看到，在尖銳複雜激烈的社會矛盾中，周作人為了保持自己的獨立，採取的是他所說的十字街頭建塔的態度。十字街頭作為社會現實的象徵，塔則是不問世事、自我保護、自我獨立的象徵。周作人要在十字街頭建塔就意味著要在不脫離現實，又與現實保持一定距離的天地之間為自己找到一個位置。因而，又落入《離騷》中所表現的那種達難以兼濟天下，窮難以獨善其身，在天與地之間苦悶彷徨的人生模式：從遊世（入世）到厭世，因厭世而求超世，超世不可能，於是又落到玩世，而玩世亦終不能無憂苦。魯迅十分清楚地看到這種人生模式在現代的結局。他說：「彷徨的人種，是終竟尋不出位置的」。〔註38〕因而，他自覺地偏執一端，「執著現在，執著地上的人們居住的」，〔註39〕在這執著與克服中使自己從精神上獲得超越和昇華。周作人卻以「不跟著街頭的群眾去瞎撞胡混」，「依著自己的意見說一兩句話為由」，在十字街頭建起塔來，在天與地之間尋找了一個懸著的飄逸位置。他的把生活藝術化的人生態度越發展越不免使他流於玩世而又不甘的苦悶之中。從 1924 以後，周作人連續聲明自己遊戲人生的態度。在《沉默》一文中，他說：「其實我們這樣說話作文無非祇是想這樣做，想這樣聊以自娛，如其覺得沒有什麼可娛，那麼盡可簡單地停止。」他甚至把自己過去對於封建倫理道德及其衛道者的批判也說成是玩。「好像是小孩踢球，覺得是頗愉快的事，但本不期望踢出什麼東西來，踢到倦了也就停止，並不預備直踢到把腿都踢折。」〔註40〕不能否認，周作人寫這些文字的時候，內心決不會像論玩的文字這樣輕鬆，一定苦澀並有難言的苦衷。出於對人之互相理解、表現自己之真實的思想感情之至難的領會，出於左右夾攻的困迫窘境，周作人以聲明自己玩世的態度聊作擺脫一切社會糾紛的手段之一，這是一種解脫，或許對自己也是一種慰安、

〔註37〕見《語絲》，第 183 期。
〔註38〕魯迅：《熱風·隨感錄五十四》。
〔註39〕魯迅：《華蓋集·雜感》。
〔註40〕周作人：《與友人論性道德書》，見《雨天的書》。

一種解嘲，又是為自己所做的辯護。但同時也不能否認，這是周作人所喜愛的一種人生境界，祇是苦於在現實中不能完全進入這種境界。

綜觀周作人的人格構成，中庸、中和是一個突出的特質。在禁欲與縱欲之間，他主張大膽而微妙地混和；在人道主義與個人主義的衝突中，他能夠輕而易舉地合二為一；在理想與現實的斷裂面前，他可以用審美的目光搭起橋梁；他讓自己生活在天與地之間，既是叛徒又是隱士，既受著流氓鬼的支配，又有著紳士鬼的制約。他是理想主義者，然而又未必有殉道的決心；他也有著入世的精神和言行，然而又祇是到「要被火烤了為止」。他雖趨向於塵世的享樂，又要精雅而有節制。這樣的人格特質恰是魯迅所說的「決不能得之今世」的「具足調協之人」，而非魯迅所理想的「立狂風怒浪之間，恣意力以闢生路」的具有現代特徵的人格。然而，我們也不能否認，具有現代意識的個人主義思想觀點對周作人所產生的影響。這種影響明顯地停留在思想觀點的層次，而未達到心理素質的深度。在《中國新文學的源流》中，周作人曾這樣評價過俞平伯：「現在有許多文人，如俞平伯先生，其所作的文章雖用白話，但乍看來其形式很平常，其態度也和舊時文人差不多，然而根柢上，他和舊時的文人卻絕不相同。他已受過了西洋思想的陶冶，受過了科學的洗禮，所以他對於生與死，對於父子、夫婦等問題的意見，都異於從前很多。」這段話用來說明他自己也會很合適。

魯迅與周作人，他們之間不僅所追求的價值自我不同，所選擇的實現價值自我的方式也屬於不同的類型。魯迅的價值自我的核心是他內心趨向於「偉大」的追求，他所具有的體驗內心深刻矛盾的能力，和他執著一端的強制性決定了他悲劇性的個性。而他所選擇的完成自我的路，也是與社會與外在於己的「他們」相對抗的叛逆者孤獨者的艱難寂寞的悲劇之路。正是憑藉這種悲劇稟性的深刻與洞見，他能夠把民族社會生活環境造成的矛盾提到具有重大意義的高度。周作人價值自我的核心是「幸福」，這種內心的趨向使他把能否滿足人的本能，能否滿足每個人內心的要求，作為他價值判斷的原則，這也表現在他趨向於塵世的個性。其人生方式帶有「出世」，而又不是「超世」的怡然自足體的特徵。

原收入《空前的民族英雄——紀念魯迅 110 週年誕辰學術討論會論文選》，陝西人民教育出版社，1996 年。

研究者的想像和敘事
——讀胡尹強《魯迅：爲愛情作證——破解〈野草〉世紀之謎》想到的

　　又央 1993 年發表《〈野草〉：一個特殊序列》（《魯迅研究月刊》第 5 期）將魯迅與許廣平的戀愛過程及心理變化，作爲影響魯迅創作《好的故事》、《過客》、《死火》、《臘葉》的直接因素，認爲它們構成了《野草》中一個帶有連續性的情感起伏的「特殊序列」；此後，到 2000 年人民文學出版社出版李天明的《難以直說的苦衷——魯迅〈野草〉探秘》，又試圖破譯藏匿在 11 篇散文詩中魯迅與許廣平的私人典故；再到 2004 年胡尹強《魯迅：爲愛情作證——破解〈野草〉世紀之迷》面世，把《野草》整個定性爲愛情散文詩集，至此，從愛情角度解讀《野草》的嘗試走上極端。

　　「極端」行爲並不必然意味著荒謬，也並不一定導致出乎意外的成功，在我看來，胡尹強的這次學術冒險，其打破常規而獲得的新見和妄說並存，所具有的啓發意義和引發的問題同樣觸目。

　　讀罷胡尹強的大作，我的第一感覺是魯迅終於走下了神壇。我知道這種印象不完全源於胡的闡釋，也與我從魯研界所感受到的壓抑，或者說是焦慮有關。雖然八十年代以來，魯迅走下了政治的神壇，但似乎又被送上了思想的神壇，知識份子的神壇。也許就是因爲自己無法與魯迅的這一形象建立起密切的相關性，因而對從魯迅的生活經歷與愛情經驗來把握其創作的路徑興趣盎然。這樣的解讀使我感到接近了魯迅，親近了魯迅。爲此，我願意不計胡尹強的某些有點過於世俗化的臆測。

　　胡尹強及其同道者的解讀，爲《野草》「現實的與哲學的」主旨增添了一

個情感的與生命的緯度，使《野草》在社會領域的探討進入到作者隱秘的個人生活的層面。胡尹強對魯迅寫作《野草》每一篇散文詩時心境情緒的考釋，對魯迅和許廣平每一戀愛階段的進展和波動在散文詩中曲傳心象的解讀，對每一意象象徵含義的揭示，讓我開始感到多少有些讀「懂」了《野草》，這樣說也許有點近於不知自己的淺薄，不過，魯迅在《野草》中所創造的那些激烈達極致的感情和奇崛到恐怖的意象，以及讀後無以表達自己內心的震撼而陷「無詞的言語」的困境，過去的確讓我望而生畏，知難而退。但經李天明和胡尹強闡釋後，我開始意識到魯迅和一般作家一樣，其創作契機和動力同樣直接來自切身的個人生活境遇和苦悶，不僅僅是關切外部的現實、社會以及思想的結果。魯迅和許廣平戀愛首先不能不面對自己「大概老了」，「頭髮已經蒼白」「手顫抖著」，更何況還大病纏身，而許廣平「可是滋潤美豔之至」，有「極壯健的處子的皮膚」，「隱約著青春的消息」，這魯迅無論有多麼崇高的名聲和地位都無法消泯的生命的鴻溝；他和許廣平戀愛，也不能不面對自己已有妻的婚姻狀況，他不能讓自己的所愛淪為妾的位置，也不願將妻置於棄婦的命運，他既要實現「自己背著因襲的重擔，肩住了黑暗的閘門」的承諾，又難以割捨「幸福地度日，合理地做人」的機會，這魯迅無論怎樣選擇都無法解決的情愛與道德責任的兩難。正是在體會到魯迅所陷入的「醒了無路可走」，「彷徨於無地」的這種「自齧其身」，「創痛酷烈」的大苦悶和大絕望之後，我再讀《野草》時，才似乎能夠在那些專屬於魯迅的意象和詞語上，甚至是具有哲學意味的抽象概念中觸摸到那些專屬於魯迅的實在的情感和經驗。有了這種實感，無論再如何昇華，如何深入，似乎都好理解了，甚至哪怕是如何不通，如何荒謬，也變得不重要了。這也是我願意忽略胡尹強的某些「牽強」和「犯規」的原因。

胡尹強為自己的大作起了一個「惡俗」的名字，但實際上，是一部將文本作家化，在細讀方面取得不俗成就，並富有創見性的論著。可是也不能不看到，他的新見不少是以違犯學術研究的大忌獲得的。本來，在把「歷史」和「虛構」之間都能劃出「致命的等號」的今天，不必過於拘泥學術規範。但胡尹強在一些最基本問題上的犯忌，不能不引我們思考在新觀念的衝擊下，哪些是我們應該做出調整的，哪些是必須堅守的。

首先，是如何看待文學作品問題。總結近來的一些理論對語言和閱讀這兩個概念的更新是把文本看作一個開放的話語資源，文本的意義取決於讀者

帶來的參考框架，因而它是讀者解釋的結果，而非作者所能獨佔。這一觀念
所強調的是文本不是一個固定的實體，不可能有一個堅硬的眞理之核，也永
遠不可能有最終的解釋。實際上，相對傳統的觀念同樣強調「解釋者可按照
自己的意願，通過選擇一定的詞語，使『解釋』朝任何方向發展」。〔註 1〕藝
術品的朦朧性、多義性和豐富性應該已成共識。既然承認文本的闡釋永無止
境，明智一點的做法就是不要以眞理的發現者自居。而胡尹強將自己對《野
草》的解讀定位在「破解世紀之迷」上，在行文中嘲笑「連研究《野草》的
學者們都看不出這是一部愛情散文詩集」，顯然對文本的開放性，特別是對《野
草》這樣一部散文詩集的奇崛深邃，有時任何陳述都無法表達的語言的限度
有所不覺了。

其次，關於研究中的想像和推測問題。經過新歷史主義或後現代主義的
洗禮，不能不承認無論本身就是以「虛構」爲天職的創作，還是受「言必有
據」管束的研究都離不開虛構和想像。無論多麼謹愼的學者在對一段歷史或
者某個研究對象世界的建構中，都不可能是完整的，必然存在著「中斷點」。
但文學作品的中斷點是由審美（文體）和語義因素決定的，而且是自由的，
因爲它是在創造世界的行爲中創造的，具有本體性質；而學術研究中的中斷
點屬於認識論範疇，受到知識的限制，在相當大的程度上產生於證據不足。
這樣，通融的操作規則是，一方面要堅持只有在可靠證據的基礎上才能進行
歷史和對象世界建構的大原則，另一方面「在中斷點與歷史事實之間可以進
行各種可信的推測」。即使如此，也要意識到這些「被推測的事實並未被視爲
肯定的事實，而是被賦予一定的可然性」，〔註 2〕即可能性（possibility）。這就
是說，研究者的推測要是「可信」的推測，而且被推測的事實不能被視爲「肯
定的事實」，只能賦予一定的可能性，兩者不能混淆。

胡尹強要論證《野草》是一部愛情散文詩集，而魯迅和許廣平的戀愛又
是作者斷然不讓無聊的看客有戲可看，刻意要「守護」的秘密。的確不能不
陷入缺乏證據的窘境，不得不依靠大量的想像和推測來彌合自己所要建構的
魯迅《野草》中的愛情世界和事實根據之間的「中斷點」。從這點看來，胡尹

〔註 1〕 〔英〕威廉・燕卜蓀著、周邦憲等譯《朦朧的七種類型》，中國美術學院出版
社，1996 年，第 2 頁。

〔註 2〕 盧波米爾・道勒齊爾：《虛構敘事與歷史敘事：迎接後現代主義的挑戰》，見
〔美〕戴衛・赫爾曼主編、馬海良譯：《新敘事學》，北京大學出版社，2002
年，第 189、190 頁。

強的確是殫精竭慮地開掘了《野草》文本自身能夠朝著「愛情」解釋方向發展的話語資源，最大限度地利用了魯迅和許廣平的書信、日記和創作資料，淋漓盡致地發揮了自己的想像力。

就此而言，胡尹強不乏精彩之見。比如，他出人意外地把「影」要告別的「形」看作是許廣平，將「影」的告別辭論證爲魯迅因不堪承受愛情之「重」，一度企圖放棄，向向處於「明暗之間」的戀愛對象訣別的周折。特別是他用魯迅創作這篇散文詩同一天晚上寫給李秉中的信，考釋出「影」不顧「黑暗又會吞併我」，「光明又會使我消失」，執意要告別「形」，「獨自遠行」，「只有我被黑暗沉沒，那世界全屬於我自己」的決斷下，蘊涵的是魯迅痛苦絕望到想要自殺的心境，是令人震撼的。按這樣設定的情境再讀《影的告別》，不但妥帖順合，更有著卓絕的情感爆發力。另外，從「求乞者」形象中揭示出魯迅在愛情面前的自卑感；在「我將用無所爲和沉默求乞」的不表白的表白中，意會出魯迅獨特的求愛方式。從「釘殺了『人之子』的人們的身上，比釘殺了『神之子』的尤其血污，血腥」的指控中，讀出魯迅向他想像中的社會輿論將以婚外戀把他釘在恥辱的十字架上，幾乎是「含著淚水」的警告和辯護。以「兀鷹」看見「死屍」的急迫和不捨意象，透視在這悖乎常情的戀人關係隱喻中寄寓的非同尋常的愛情的力度和強度。在作者讓狗「駁詰」得無話可答，「一徑逃走」的不合邏輯之處，推測魯迅用省略號隱去的「狗的駁詰」是「還不知道分別新和舊」，也即「還不知道分別新潮的年輕知識女性和沒有文化的舊式中年裹腳女子」，以此揣摩魯迅沉重的負罪感和重重顧慮，等等。這些奇想，不僅突顯出《野草》奇崛的風格，的確也給人以豁然醒悟的啓發。

如果胡尹強祇是談自己對《野草》文本的領悟和分析，不管如何奇幻，恐怕都無可厚非。但胡尹強不滿足於此，他挖空心思要證明的是魯迅就是這樣想，這樣寫的。儘管新批評派將這種探究作者內心的構思或計劃的途徑斥之爲「意圖謬誤」，但我認爲這種研究路子仍不失爲文本闡釋的一個有效方法，關鍵是要拿出證據。按這樣的思路來衡量，胡尹強的論證就有不少「不可信」，或缺乏「可然性」的推測。

比如，他一再將自己的闡釋與文本或資料不合之處，說成是魯迅爲守護戀愛的秘密製造的「一片鐵甲」，是「障眼法」。最極端的例子莫過於當他實在無法將《淡淡的血痕中》歸入愛情散文詩時，就自我作繭，提出爲什麼魯迅會在愛情散文詩集中加進一篇針對時下政治鬥爭思考的僞問題，然後自我

作答乾脆說「詩人不希望人們發現這是一部愛情散文詩集」，「是《野草》最大的障眼法」，「是詩人對讀者閱讀注意力一種故意的誤導。」他釋名何以題「為愛情作證」，就是源於《題辭》中的一句話：「我以這一叢野草，在明與暗，過去與未來之際，獻於友與仇，人與獸，愛者與不愛者之前作證。」胡尹強認為，這句話是不完整的，魯迅因為「難於直說」，「故意省略了作證的對象」，這句話的完整意思應該添上「為我和她的愛情作證」。且不說，魯迅是否是「故意省略」本身就待證明，還有語句的不完整是詩歌語言一大特徵，難以為據的問題，即使按胡尹強的觀點，實際上在下一段開首，魯迅緊接著就寫道：「為我自己，為友與仇，人與獸，愛者與不愛者，……」，我理解這是一句承上啟下的話，既可以承接上一句的延宕，或說是省略，又開啟「我希望這野草的死亡與朽腐，火速到來」的話鋒，這也是《題辭》不僅語言修辭迴環往復，而且內在邏輯也纏繞迂迴的風格特徵表現。

面對證據不足，胡尹強一再自覺不自覺地把自己的猜想充作「肯定的事實」。如僅根據魯迅 4 月 23 日記載「下午有一學生送梨一筐」，即推測「最大的可能就是許廣平」，然後據此斷定這一天「才是她真正的『秘密窩探險』。他倆不僅作了第一次無拘無束的長談，而且確認了彼此的相愛，從此，他對她真誠熾熱的愛情確定無疑了。就在她回去的當天──4 月 23 日晚上，作為對她『秘密窩』探險的回應，魯迅創作了《死火》。」也許，不妨用「很有可能」之類的話語，把這件事限定為自己的推測，但作為「肯定的事實」來敘述，就站不住腳了。另如為了給魯迅創作《死後》提供相應的情境，在王得後考證出「一九二五年的端午節，即六月二十五日，可以當作魯迅和景宋定情的節日」的基礎上，胡尹強推測，魯迅請許廣平幾位女師大同學和俞氏姊妹吃飯是和許廣平一起商量決定的。應該說這是合乎情理的推測，但胡尹強在以此作為進一步推測的跳板時，同樣把這一被推測的事件確定為「肯定的事實」。他說：「既然 25 日的宴請是他倆商量決定的，祇是在最親近的朋友中心照不宣的儀式」，接下來的結論就是他們應該在 25 日之前有定情的長談。成問題的並不在於胡尹強進行了推測之上的推測，而在於他對自己的推測和「肯定的事實」之間所做的有意無意的混淆。

這讓我又想到研究者的敘事問題。西方敘事學理論所強調的信奉真實性標準的歷史寫作也是一種話語形式，只能訴諸敘事，和文學的想像敘事並無二致的觀念，雖然削弱了歷史敘事和虛構敘事的對立，揭示出二者之間相互

滲透的現象，但並不能消泯二者之間的根本性區別。雖然虛構話語和歷史話語所創造的都不是真實世界，只能是「可然世界」(possible world)，但虛構的可然世界是「生成」的東西，創造的是一個此前從未存在過的虛構世界，而歷史話語的可然世界卻是建構在寫作行為之前就已經存在的過去，因而不得不接受這個「既定」和「先在」存在的檢驗，不能迴避或者說是排除歷史真相的問題。正是這不同的目標又決定了二者不同的敘事方式。

文學研究恐怕也應與歷史敘事相類，無論是文學史的寫作，還是作家作品的研究賞析，歸根結底還是要與「既定」和「先在」的研究對象的接近為歸依。一方面我們應該看到「歷史等於虛構」這個「致命的等號」對歷史學家產生的巨大的衝擊。經過重新反思研究的功能、角色和限度，研究者已經將自己的使命縮小又縮小，像美國中國近代史研究專家柯文所說，「一切歷史真理無不受到限定」，只能體現在「對事實有足夠根據的一組有限的陳述，這些陳述是對史家心中某一特定問題或某一組特定問題所作出的回答」。〔註 3〕研究者自我意識的改變給歷史敘事的風格帶來了巨大的改觀。過去自信或自居是歷史規律或真理（真相）的發現者、闡釋者時所常用的非個人化的權威性敘事，成為小心翼翼對自己採取的研究方法和角度，研究對象的範圍進行一系列限定，有著明確操作意識，越來越個人化的敘事。對虛構和歷史這兩個本以為相互分隔的獨立王國，實際上經常相互跨越，相互滲透狀態的認識，也使歷史敘事越來越自覺地借用虛構敘事的技巧和方法。

但另一方面，我們也要意識到二者之間的根本性區別和疆界。懷特曾經將歷史話語分割為兩個層面，第一個層面是「對已經確立為事實的事件的敘述」；第二個層面是「一系列將事實清單轉換為故事」，進行「情節編排」，賦予「事實」以意義的敘述。顯然，在把「事實」轉換成「故事」「情節」方面，歷史或研究性敘事在某些方面可效法虛構敘事，但嚴格說來，這兩個層次的敘事都是虛構敘事不必一定有的（不妨借用），因為都是根據「事實」的敘事，研究者的功能是要在真實對象和自己根據「事實」創造的分析對象之間通過敘事建構跨世界的同一性。對文學研究的敘事我沒有做過系統思考，但胡尹強在敘事方面所出現的問題讓我感到文學研究敘事恐怕不能通過全知敘事，也不能通過潛入研究對象的內心作心理透視，自居為研究對象的虛構性敘事

〔註 3〕 〔美〕柯文著、林同奇譯：《在中國發現歷史——中國中心觀在美國的興起》，
中華書局，2002 年，第 212 頁。

來獲得同一性。也就是說，研究者應有明確的自我意識，應將你的根據、描述、判斷、推測和想像敘事毫不含糊地加以區分，與研究對象毫不含糊地加以區分。

也許因為胡尹強既是作家，又是研究者的雙重身份，他非常善於「情節編排」，根據魯迅《野草》文本、日記、書信、許廣平創作等資料和自己的推測、想像，他為魯迅和許廣平的戀愛鋪排出一條大起大落的發展線索，不僅為每一篇散文詩都提供出作者相應的心境，而且形成了一個完整的架構。但這雙重身份又使他經常自覺不自覺地出入於虛構敘事與研究性敘事之間。比如描述魯迅創作《復仇》的心情時，胡尹強寫道：「詩人越想越激憤，就寫了《復仇》：我們不戀愛了，讓你們無隱私可以探索，無聊直到乾枯！」談《希望》時，胡尹強自居為作者，想像魯迅一直在焦急地期待著許廣平對他前幾篇散文詩所傳達的愛情資訊做出回應，「然而，她竟然沒有回應，竟然沒有新的行動，愛情的期待落空了。詩人情不自禁地要向她發出不滿的資訊了：你也在愛情面前逡巡不前，難道你的青春也逝去了？難道你也如我似的衰老而喪失熱情了？」這些小說式的口吻無疑都超出了研究性敘事的合理限度而演變成近乎創作的「虛構敘事」了。

胡尹強通過《野草》的闡釋，建構了一個讓愛情折磨得苦悶、彷徨、絕望、猶疑、自卑、嫉妒、患得患失，又從愛情中獲得「生命的飛揚的極致的大歡喜」，讓愛情的「溫熱」救他從「墜在冰谷」的「死火」，「忽而躍起，如紅彗星」，寧願「燒完」，也要走出「冰谷」，「向著人間，發一聲反獄的絕叫」的魯迅。這個「活在人間」的魯迅，也許讓胡尹強說得有點過實，過俗，也許是因為我們心目中的魯迅有點過虛，過高，但大體說來，我覺得還是豐富了魯迅文化形象的內涵。

將《野草》定性為愛情散文詩集，顯然是一種偏於一端，不計其餘的研究操作。那麼，是不是這種研究路子就走不通，就不能只從愛情的角度解讀《野草》呢？我想，如果胡尹強能夠意識到自己的限度和主觀意圖，像日本學者木山英雄研究《野草》那樣，首先明確宣佈「我關注」的是什麼，「執著於」什麼角度的探討，聲明「我在此將嘗試沿著一個觀察方向走到盡頭」，看看「在一個平面上疾走而過所留下的痕迹能夠描寫出什麼」，〔註4〕並且有意

〔註4〕〔日〕木山英雄著、趙京華譯《文學復古與文學革命——木山英雄中國現代文學思想論集》，北京大學出版社，2004 年，第 3 頁。

識地遵守一定的限制，恐怕誰也不會置喙。胡尹強在「野草」中，沿著愛情的觀察方向「走到盡頭」，即使不能得出是一部愛情散文詩集的結論，但的確「留下」了和愛情有關的「痕迹」，使《野草》煥發了另一番奇光異彩，揭示出魯迅生命中還有這樣一面「美麗，幽雅，有趣」的「好的故事」，讓我們不能不感歎，人類愛情的情愫能夠被表達得這樣酷烈、決絕、眞誠而「美麗，幽雅，有趣」。

魯迅說：「我眞愛這一篇好的故事，趁碎影在，我要追回他，完成他，留下他。」我也要說，我眞愛魯迅所「追回」，「完成」，「留下」的《野草》，而這是讀過又央、李天明、胡尹強的解說，重讀《野草》後產生的，爲此，我要感謝他們。

原載《中國現代文學研究叢刊》，2006 年第 4 期

郭沫若的「我」
——兼談五四時期個人主義思想對郭沫若的影響

　　郭沫若是個令人困惑的作家，他雖多變，經常「翻著筋斗」，然而，每次突變都很誠摯，在他的文章中留下了轉折的痕迹，是他精神上眞實的探求。他雖矛盾，物質的與精神的，感情的與理智的，實利的與「偉大的聖域」，社會主義的與個人主義的，都經常輪番來騷擾他。然而，他又決沒有魯迅那種撕裂的痛苦，無法統一的沉重的精神負擔，矛盾到互不妥協的凄厲的心境。在中國現代文學史上，郭沫若從來都被看作是個性解放的代表，中國封建文化的叛逆者，然而，他早期的創作卻與全盤否定中國傳統文化的五四精神相背逆，他不僅以西方精神相比附，充分肯定了中國文化的代表——孟子、孔子、莊子、王陽明等，也率先徹底否定了個性解放的思想潮流。

　　郭沫若從 1924 年起，爲自己劃了一道分界線，認爲以前自己「在本質上帶有極濃厚個人主義的色彩」，[註1]之後，則把「從前深帶個人主義色彩的想念全盤改變了」。[註2]可見，個人主義對郭沫若有著非同一般的影響作用，分析郭沫若在什麼程度上接受了個人主義，以及如何拋棄了個人主義，對於我們透視郭沫若的精神特徵，人格構成會有著重要的意義。

　　郭沫若沒有參加 1915～1921 年的新文化運動，因此，個人主義思潮在這

〔註1〕郭沫若：《關於〈天狗〉及其它》，見《文藝報》1979 年第 5 期。
〔註2〕郭沫若：《孤鴻——致成仿吾的一封信》，見《文藝論集續集》。

一時期對中國的政治思想、道德倫理觀念所發生的衝擊和影響，他沒有起到什麼值得一提的作用。然而，他一旦在文壇上初露頭角，就異軍突起地把這場運動所高揚的個人主義精神擴張到了文藝的極熾情的領域，氣勢磅礴地把自我推到了文藝與情感這聖地的聖上的席位。

郭沫若式的個人主義更接近德國浪漫派有關「個性」的思想，即特指個人的獨一無二性、創造性和自我完成。這與啓蒙運動時期所強調的理性、普遍性和統一性這些數量上的、抽象的人的概念形成對照，從而把個性提高到個人在天賦和後天完成上都無以倫比的高度，使個人成爲具體的，不可替代的，特定的個體，他的使命就是要完成自己的舉世無雙的形象。在德國個性與個人主義基本上是同義詞，因此，德國哲學家西梅爾（GeorgeSimmel）曾把這種個性的思想概括爲「新個人主義」，〔註 3〕而與十八世紀把個人看作是無差別的個體的個人主義相區別，並認爲它引導了十九世紀的意識。郭沫若從其代表歌德的作品中直接感受到了這一運動的精神，泰戈爾、海涅、惠特曼、雪萊、瓦格納、斯賓諾莎，這些或者作爲十九世紀浪漫主義精神的體現者，或者作爲直接開導這種精神的先行者，都對郭沫若的個性意識的形成起到了直接的影響作用。

郭沫若的個性意識是建立在人的天賦及其後天完成不平等的基本設想上的，從這樣的邏輯起點出發必然承認和強調個人的差異性和特殊性。他相信，不僅人的體魄各不相同，意志各有強弱，才分也有優劣之分。因此，他承認天才，崇尚天才，認爲天才一方面是很自然的「天賦獨厚」，另一方面是得後天的充分發展，個人與社會的至上目標就是要使自己，使人人都完全發展其所有的天賦。由此，郭沫若極其崇拜孔子和歌德，認爲他們都把自己的個性，即所具有的一切的天才都全面地立體地發展到了極度。郭沫若的一生涉足於詩歌、劇作、翻譯、歷史、考古、古文字、社會政治等各個領域的橫空氣魄和非同凡響的建樹正是與他心目中這些「偉大天才」的人格楷模和對自我的卓越天才的自信分不開的。

郭沫若的人格構成與偏重人的理性和精神的魯迅以及力圖維持人的理性與感情相協調的周作人相比，更傾向人的情感世界。他深受歌德《少年維特之煩惱》的影響，與少年維特產生強烈共鳴，把感情奉爲自己「唯一的至寶」，

〔註 3〕 參閱史蒂文·盧克斯：《個人主義》第二章。(Steven Lukes, *Individualism*, London, Oxford, Worester, 1979）

一切力量，一切福祐，一切災難的源泉，相信人的感情會衝破一切理性與人性底界限，在感情的衝擊下，「沒有甚麼價值或至全無價值可言」。〔註4〕因此，郭沫若的個性意識在強調自我的同時，更進一步地推崇自我的情感，這明顯地反映在他的文藝觀和創作實踐上。五四時期文壇所流行的「自我表現說」，在郭沫若的眼中，就成了情感表現說。他認爲「藝術家的目的只在乎如何能眞摯地表現出自己的感情，並不在乎使人能得共感與否」，〔註5〕不僅詩歌的本質「專在抒情」，是作家「人格底創造衝動底表現」，而且文藝的本質與對象都是「情緒的世界」，文藝的價值就在於能夠創造「人」，即是「感情的美化」。因此，他只想當個「饑則啼寒則號的赤子。因爲赤子的簡單的一啼一號都是他自己的心聲」。〔註6〕

在創作中，郭沫若的價值取向也是以感情爲中心的。他崇尚一切強烈的熾情，不僅崇拜創造、崇拜光明、崇拜力，也崇拜破壞、崇拜死、崇拜黑夜、崇拜血、炸彈和悲哀。只要其間裏挾著一種強烈的情感，就會對郭沫若產生壓倒一切的震撼力。因此，在郭沫若的創作中經常包含著這樣的矛盾現象，他不僅讚賞那些破壞中國傳統道德標準的叛逆的熾情，比如，他把大膽背叛「從一而終」，「貞女不更二夫」的封建禮教而與司馬相如私奔的卓文君和堅決反抗王權，不從帝旨，自願下嫁匈奴的王昭君都塑造成個性解放的新女性並且讚賞備至。同時又對那些體現中國傳統道德的熾情大加頌揚。比如在《卓文君》中，僕之於主的忠：侍婢紅簫因自己的情人泄露了卓文君欲與司馬相如私奔的消息，刺死了他，自己也自殺身亡；《王昭君》中母之於子的慈：王昭君的母親先是爲女兒被嫁到匈奴的傳聞悲痛而瘋，繼而爲女兒可以不去匈奴的消息高興而死；《聶嫈》中姐之於弟，「妻」之於「夫」的烈：聶政在刺殺韓國的國王和丞相後，爲不殃及姐姐聶嫈，殘酷地自毀其容，自殺而死。姐姐也因弟死而自殺。春姑雖僅見過聶政一面，也並非聶政之妻，卻只因已暗許其人，也隨之自割其腕，流血身亡。在這些或爲歷史上的，或爲郭沫若創造出來的英雄壯舉，倔強性格中都包裹著一種強烈到無以復加的熾情，是賦與郭沫若以創造的激情和力量的源泉，正是出於對熾情的偏愛，郭沫若用審美的標準代替了功利的標準。

〔註4〕郭沫若：《少年維特之煩惱》序引，見《〈文藝論集〉彙校本》。
〔註5〕郭沫若：《藝術的評價》，同上。
〔註6〕郭沫若：《批評與夢》，同上。

　　也許還需一提的是，由於感情至上，郭沫若甚至對那些不僅爲傳統道德所不容，即使今日的社會公德仍不許的情感也十分珍視。他在小說《葉羅提之墓》中非常動情地描寫了葉羅提從情竇初開一直到死，對堂嫂的一段也是一世的抑制不住的秘密戀情。嫂嫂的似象牙雕刻的手不僅指點了葉羅提的感情啓蒙，也牽引著葉羅提的感情從朦朧到明晰到熱烈及至以死做了感情的殉葬。雖這段生死戀並不爲人所知，爲人所知也是一段悲劇，但對於葉羅提本人來說，他領略和體驗了人生情感的全過程和至高的境地，是他感情的最高完成，也是他人生的最高完成，因此，作者讓他在對嫂嫂感謝不盡的譫語中幸福地死去。郭沫若收在《瓶》中的四十二首抒情詩都是獻給他已沒有權力再愛的戀人的，作爲有婦之夫，他不能專有她，娶之爲妻，也明知她不能也不該愛他，但一句「我怎能禁制得不愛你呢」？就理直氣壯地爲自己這種不該存在的感情贏得了全部的合法性。他不承認這是甚麼犯罪，「白雲抱著月華何曾受毀」？郭沫若不肯爲任何樊籬所束縛，相信「我們的本性，原來是純眞無染」，「要能夠循著自己的本性生活」，〔註7〕「把眞正的感情，無掩飾地吐露出來」，「把同火山似的熱情噴發出來」，袒露出「完全整塊的一個渾圓的自我」。〔註8〕這些抒情詩所傳達出的感情的眞摯，的確掩沒了道德上的缺陷，甚至使這種缺陷反襯了感情的熱烈。郭沫若還有一些小說，如《殘春》、《喀爾美羅姑娘》都描寫了一種男人對於女人的不由自主的出於本能的愛。這種愛的情感並不因有了合法合心的妻兒就不存在，而是一種受壓抑的存在，郭沫若通過描寫這些被壓抑於潛意識之中，只能在夢境裏有所泄露的不法情感，指出了一向被中國文化所忽視所不睬，然而在人的心理結構中眞實存在的一個領域。

　　正是出於對自我感情的推崇與珍愛，鼓勵著郭沫若塑造出一個新的狂縱不法的自我，使自我的理想的人生方式在文學形象中得以實現，它活潑潑地充滿生命的新鮮的血腥與光輝，是中國文學中不曾有過的嶄新的人格，讓人意識到一種激烈的熾情沖決一切羅網與樊籬的傾向。

　　郭沫若的個性意識還帶有自我擴張的性質，他並不專注於實實在在的自我，不求實我的滿足而把追求的重心移至自我的發展。自我的擴充，是高於實我之上的那個理想自我，是與宇宙自然社會人類融爲一體的那個「大我」。在這種獨特的個性意識裏表現出郭沫若的人格中所沉積的新與舊，中與西相

<hr />

〔註7〕郭沫若：《孤竹君之二子》，見《沫若文集》第一卷。
〔註8〕郭沫若：《孤竹君之二子》，見《沫若文集》第一卷。

混合的全部複雜性。

郭沫若的人生觀是從他的宇宙觀中演繹出來的，他在《〈少年維特之煩惱〉序引》中解釋歌德泛神思想的一段話，集中概括了自己的觀點，他認為：

> 一切的自然祇是神底表現，我也祇是神的表現。我即是神，一切自
> 然都是我的表現，人到無我的時候，與神合體，超絕時空，而等齊
> 生死。

這段話所以重要是因為它表明了郭沫若在接受外來影響時與中國傳統思想的融彙和混合，是我們在郭沫若融古今中外於一體的廣大而矛盾的精神空間中尋找聯繫和理解的線索。

「一切的自然祇是神底表現，我也祇是神的表現」，這是典型的泛神論的觀點。對郭沫若的泛神思想有著重大影響的斯賓諾莎就認為：「一切存在的東西都存在於神之內，神是唯一的」，〔註 9〕「萬物都是按照最高的圓滿性為神所產生，因為萬物是從神的無上圓滿性必然而出」，〔註 10〕「無限多的事物在無限多的方式下都自神的無上威力或無限本性中必然流出」，〔註 11〕而「一切存在的事物莫不以某種一定的方式表示神的本性或本質」。〔註 12〕這就是說，神是唯一的，也是一切，宇宙萬物，人類自我都是由神創造，同時也表現著神。顯然，郭沫若吸收了斯賓諾莎的這一觀點作為他立論的大前提。

然而，中國人畢竟不同於西方人，二者之間有著全然不同的文化背景。西方文化從《聖經》開始，甚至到現代，一直都在孜孜不倦地而又驚心動魄地苦思著解決著神與人與宇宙的關係。這是西方哲學的母題之一，即使在現代哲學思想中仍能看到這種關係模式的構架。神在西方人的意識中，不管在過去是作為一個實體，還是在現代作為一種象徵性的符號，它是存在的。但在中國文化中卻缺乏神的符號，中國人也缺乏神的意識，郭沫若接受泛神思想，並不存在承認神還是否定神的哲學問題，並非他真信神，他不過接受這種觀點作為鳴自我存在的一個拐杖，即由此推導出來的：

> 「我即是神，一切自然都是我的表現」。

這句話不僅不是斯賓諾莎的思想，也不是泛神論的觀點。在斯賓諾莎的哲學

〔註 9〕 斯賓諾莎：《倫理學‧論神》。
〔註 10〕 斯賓諾莎：《倫理學‧論神》。
〔註 11〕 斯賓諾莎：《倫理學‧論神》。
〔註 12〕 斯賓諾莎：《倫理學‧論神》。

體系中，神是高於我的，它是絕對無限的存在，人的一切行為都要以神的意志為依歸，「我們愈益知神，我們的行為愈益完善，那麼我們參與神性也愈多」。〔註13〕這就是說，我要努力去獲得神性，而不是我即是神。流行於文藝復興之後的西歐泛神論哲學對神與人與宇宙的關係做出了有別於傳統有神論的解釋，從斯賓諾莎到費希特、謝林、黑格爾都與有神論所強調的神高高在上，與萬物分離的觀點相對立，而強調神包容萬物，這種觀點雖使神與人與宇宙具有了某種同一性，但又決非是全部，是等同。而且，從大前提到小前提推出的這句話，也是不合邏輯的。因為既然我與自然都是神的表現，那麼，神可以包容自然與我，而我卻不可以包容神和自然，神包容我而有餘，我包容神而不足。可見，郭沫若闡釋泛神思想，把這句話作為中心論點，事實上已遠離了泛神論。在這不合邏輯的一躍中，表明了郭沫若對人從神解放出來起著過渡作用的泛神思想的超越。他把「我」提到神的至高無上的地位，把「我」既看作是一切的源泉，又看作是一切的歸旨，這種無限誇大自我力量的意識正是把個體看作是目的，是中心，是一切的個人主義思想觀點的極端表現，是這一精神的形象象徵。正是這種「我即是神」的認同感和氣魄，使郭沫若的個性意識不僅有著要求精神獨立，人格自律，人的自主權和自決權，這些自我肯定、自我確立的一般性內容，更帶有自我擴張、自我崇拜的性質。雖然，他也經常自謙、自貶、自嘲、自我否定，然而，只有在那些洋溢著自我的頂天立地，狂放不羈，氣吞山河，凌絕一切的飛揚感的形象中才閃現出郭沫若具有獨特的審美價值的自我形象。

在《我是個偶像崇拜者》中，郭沫若高腔大喊地一口氣爆發出二十五個崇拜，從宇宙萬物到人類的生生死死，創造與破壞，但最終詩人所崇拜的一切都歸於「崇拜我！」崇拜這個既可以把一切立為偶像，又可以把一切偶像破壞，具有形而上學意義的超越主體的「我」。這個「我」立在地球邊上放號，與太平洋的無限波濤融為一體，體會著「要把地球推倒」，那個能夠創造宇宙和生命，也能夠毀滅宇宙和生命的上帝的力，也即是我的力。這個「我」也被幻想為一條能夠吞月併日的天狗，其力又決非天狗所能比，它可以吞併一切的星球及全宇宙，是「全宇宙底 Energy 底總量」！是一切的光源。這個「我」仍然扮演著「上帝說，要有光，於是就有了光。」那個人類的父與主的神的形象。這個神又是全宇宙的化身，高山大川，電火雷鳴都是它的皮肉心血神

〔註13〕斯賓諾莎：《倫理學・論心靈的性質和起源》。

經脊髓，宇宙萬物都歸於這個「我」，「我」也歸於全宇宙，也即是「我」便是「一切的一」，「一的一切」。在《鳳凰涅槃》中，這個「我」又借古之神鳥，「集香木自焚，復從死灰中更生，鮮美異常，不再死」的象徵性意象，集光明、新鮮、華美、芬芳、和諧、歡樂、熱誠、雄渾、生動、自由、恍惚、神秘、悠久於一身，超絕時空，達到圓滿完美永恒的境界。總之，橫貫在郭沫若早期創作中的恢宏超絕凌厲的氣勢是由「我即是神」的自居心理做底蘊的。郭沫若的「崇拜我」，崇拜的是神聖化了的「我」，而不是具體實在的「我」。

但是，當郭沫若說，「人到無我的時候，與神合體，超絕時空，而等齊生死」時，其中的「我」已不是與神等同的「我」，作為實踐主體的能動的我，而是一個「無可如何的生涯，百無聊賴的自我」，〔註14〕需要「趁心地消磨了去，趁心地忘卻了去」〔註15〕的自我。郭沫若認為，從這個小我達到那個包容萬物的大我的途徑即是「無我」，這是典型的莊子的道術。莊子在《逍遙遊》、《齊物論》、《大宗師》等篇中反覆強調的都是這個道理，只有「無待」、「無己」，同化於天道，才能達到「乘天地之正，而御六氣之辯，以遊無窮」的自由境界，成為「不知說生，不知惡死」的古之真人。這樣的實踐原則不僅與斯賓諾莎泛神論的宇宙觀大相徑庭，與歌德的人生哲學也南轅北轍。

斯賓諾莎雖強調「一切存在的東西都存在於神之內」，引申出的卻不是「無我」，反而認為「沒有東西具有自己毀滅自己或自己取消自己的存在之理」，〔註16〕「理性所真正要求的，在於每個人都愛他自己，都尋求自己的利益──尋求對自己真正有利益的東西，並且人人都力求一切足以引導人達到較大圓滿性的東西」。〔註17〕這較大的圓滿性即是努力認識神，要把自我提高到神，而不是在神之中泯滅自我。歌德的浮士德精神，即使充斥著把小我「擴大成全人類的大我」的氣量，也決非是無我。恰恰相反，這個俯瞰「全人類所賦有的精神」的宏偉詩篇，貫穿著一個「內在的我」向著最高的存在，「一面貪求，一面完成」，永不滿足，永在探索，永遠追求的精靈。

郭沫若把兩種截然不同的人生哲學合併在泛神思想之中，只能說明他對雙方都存在著誤解之處。雖然他推崇歌德「把一己的全我發展出去，努力精進，

〔註14〕郭沫若：《波斯詩人莪默伽亞謨》，見《文藝論集》。
〔註15〕郭沫若：《波斯詩人莪默伽亞謨》，見《文藝論集》。
〔註16〕斯賓諾莎：《倫理學‧論人的奴役或情感的力量》。
〔註17〕斯賓諾莎：《倫理學‧論人的奴役或情感的力量》。

圓之又圓」，〔註18〕「以全部精神灌注於一切」〔註19〕的積極進取的人生方式，但又強調求人生的永恒之樂是忘我。他認為「把小我忘掉，溶合於大宇宙之中，──即是沒我。──即是沒有絲毫的功利心」。這沒功利心不僅是藝術的精神，也是人生的精神。〔註20〕在《波斯詩人莪默伽亞讜》一文中，他又把這種「忘我」的精神強加於斯賓諾莎和歌德，並認為斯賓諾莎之於神，歌德之於業的追求與我國古代詩人「即時行樂，以溺死一切於酒」的人生方式雖有積極消極之分，但都是「想陶醉於一種對象之中，以忘卻此至可悲憐的自我。」也許在特定的限制下，可以做這樣的理解，但不容混淆的在於前者是不甘於「悲憐的自我」，而要把自我擴而大之為神，為業。雖然在這種追求中有時表現出一種「忘我」的精神狀態，但這僅僅是現象，是形式，其本質和目的是對自我的最大實現，是人在注定的不自由狀態下仍自己決定自己的主動選擇。而後者是甘於「悲憐的自我」，以取消自我來取消「悲憐」，因而「忘我」就不僅是現象，是形式，也是目的，是本質，是人在不自由的狀態下，主動地取消人之所以為人的資格，放棄我之所以為我的權利，而對這種不自由狀態不知不識，不察不覺。

正因為郭沫若未能意識到堅持在大我中的自我實現，與在大我中泯滅自我的根本分別，不能充分認識中國傳統文化在整體上的消極本質，因而他與五四時期全盤否定封建主義文化，「打倒孔家店」的思想潮流相反，全盤肯定了中國傳統文化的精神，或者說以西方精神對中國文化進行了積極的改造。他認為我國文化是「肯定現世以圖自我的展開」〔註21〕的，並根據西方思想史的發展路線來解釋中國傳統精神的確立和變化。認為在我國，三代以前是與希臘哲學相似的一個思想史上的「黃金時代」，至三代才出現以無數的禮法形式束縛個人自由的「黑暗時代」，而經老子，在中國思想史上產生了一個「解放個性，復歸於三代以前的自由思想的文藝復興運動」。因此，他進一步以西方近代文化精神來比附中國文化。他以康德自己為自己立法，服從「良心之最高命令」的意志自律的實踐原則去解釋孔子的「克己復禮」，認為我國的儒家思想是「以個性為中心，而發展自我之全圓於國於世界」。〔註22〕他還把尼采與老子相提並論，認為「他們兩人同是反抗有神論的宗教思想，同是反抗

〔註18〕郭沫若：《波斯詩人莪默伽亞讜》，見《文藝論集》。
〔註19〕郭沫若：《少年維特之煩惱》序引，見《〈文藝論集〉彙校本》。
〔註20〕郭沫若，《生活的藝術化》，見《文藝論集》。
〔註21〕郭沫若：《論中德文化書》，同上。
〔註22〕郭沫若：《論中德文化書》，同上。

藩籬個性的既成道德，同是以個人為本位而力求積極的發展」。〔註23〕從而把中國固有的傳統精神概括為「把一切的存在看做動的實在之表現」，「把一切的事業由自我的完成出發」，「在萬有皆神的想念下，完成自己之淨化與自己之充實以至於無限，偉大而慈愛如神，努力四海同胞與世界國家之實現」，是自我之實現與人類和國家之實現的「二而一」。〔註24〕在這「二而一」的合併中，郭沫若以完成自我為始，以「忘我」、泯滅自我的存在為終。

　　1924 年以後，郭沫若發表了一系列文章公開宣佈自己的徹底轉變。他認為「在現代的社會沒有甚麼個性，沒有甚麼自由好講」，「在大眾未得發展其個性，未得生活於自由之時，少數先覺者無寧犧牲自己的個性，犧牲自己的自由，以為大眾人請命，以爭回大眾人的個性與自由！」〔註 25〕因此，他要「改造自己的生活，努力做一個社會的人」，〔註26〕做一個「無產階級革命的留聲機器」，並明確指出儻若做到這一點必須「要你無我」。〔註27〕

　　從把自我擴張為神，把自我神聖化，使之「超乎一切」，到把自我擴大到社會，到群眾，到一個神聖的目標，使之完全社會化。這其間有著一種內在的必然聯繫，即人在這種狀態中會感到自己不僅僅是自我，而是比自我更多、更大一些，同時又有著根本不同的區別。尤其在郭沫若詩歌的幻想天地中所表現的「我即是神」的氣魄和精神反映了要求一切事物都按自己的心願擺佈和創造的極端個體化傾向。而在把自我擴大到社會的過程中，郭沫若取消了自我，讓自我服從社會，一切聽從社會的需要和塑造，又充分表現了一種極端的社會化傾向。這也很容易讓我們理解，為什麼郭沫若雖然與魯迅同樣意識到作為個體性的人與社會性的人在現實中的矛盾，而前者就不那麼沉重和淒厲。魯迅沒有簡單地拋棄人作為個體的權力和意志，也沒有輕率地卸去人作為社會人的義務和責任，他以自己的全部人格承受著這種理性的二律背反的分裂，在矛盾中掙扎著，同時也因為這種執拗的真誠的掙扎越來越深地體驗到矛盾和困惑的極致，一種對人的存在的形而上的悲劇性感覺，而郭沫若在某種程度上，在某個時期，是簡單地從一個肯定走向另一個肯定，從一個否定走向另一個否定，把個體性的自我泯滅於或者說是陶醉於一種主義、政黨之中，放棄了自我存在的權利。

〔註23〕郭沫若：《論中德文化書》，同上。
〔註24〕郭沫若：《中國文化之傳統精神》。
〔註25〕郭沫若：《文藝論集・序》。
〔註26〕郭沫若：《桌子的跳舞》，見《文藝論集續集》。
〔註27〕郭沫若：《英雄樹》，同上。

這在郭沫若的思想意識中，是一種自然形成的轉換。

的確，在人類以自身為目的為終結的無限追求，不斷生成的過渡中，在每一個具體實在的自我「追求他自己的，自覺期望的目的而創造自己的歷史」的過程中，經常性的被迫的要以人的異化，自我的異化來做這個永恆目的的犧牲。然而，人類在否定的階梯上和曲折的道路中總不能忘記校準自己的方向，頑強地不屈不撓地顯示出向著自由，向著完美，向著最高的存在的歷史，如果把這個歷史過程中的非我存在看作是正常的合理的，就會心甘情願地居於工具的地位，盲目屈從；而無視這個歷史過程的存在，也就只能是幻想的，理想主義的。

郭沫若雖然前後期有所變化，但他人格特徵的光彩在於他所釋放出的「生命」的熱力。對「情感」的崇尚使郭沫若毫無顧忌、隨心所欲地體驗到生命所爆發出的熱情和力的震撼，在幻想中體驗著偉大而理想的聖域。而在現實中郭沫若選擇的是把自己同化在大於我的極端社會化的人生方式。

原載《中國現代文學研究叢刊》1991 年第 3 期

郁達夫早期小說中的自卑心態

　　也許說到郁達夫自卑，人們會想起他不顧社會道德的譴責大膽地追求王映霞的勇敢行為，想起他卓然而立，不趨時尚的清高舉動，想起他早年出國留洋，青年時期就蜚聲文壇讓人企羨的經歷，所有這些似乎都與自卑格格不入。但實際上自卑感與人地位並不一定構成決定性的關係，不是命運不濟的人才自卑，往往與一個人對於理想自我的渴求程度成正比；行為也並不總是與心理成順向運動，有時自負的行為卻恰恰是自卑的偽裝；而且自卑感對人的控制程度有強弱之別，也不是一成不變的。就郁達夫來說，很多人都談到了他身上的自卑特質。郭沫若曾經說過：「魯迅的韌，聞一多的剛，郁達夫的卑己自牧」，是「文壇的三絕」。〔註1〕他在《論郁達夫》、《再談郁達夫》中都一再談到郁達夫的自卑問題，說他「往往過分自賤自卑」，「自謙的心理發展到自我作踐的地步」，甚至把郁達夫與王映霞的最終離異也說成是「他的自卑心理在作祟吧？」王任叔說他「忠順與卑屈已到奴隸的程度」。〔註2〕靜聞回憶說，「他常常說自己是『自卑狂』的」。〔註3〕

　　實際上，從郁達夫自述的許多言談中也都可找到這樣的證明。在《打聽詩人的消息》一文裏，他說：「我平時對人，老有一種自卑狂」，他把自己的出生說成是「一齣結構並不很好而尚未完的悲劇」，是「大約母體總也虧損到了不堪再育了」的末子。說自己上學的時候，因「身體年齡，都屬最小的一點」而生「形穢之感」，因自己是個鄉下少年，突然闖入省府的中心上學感到

〔註1〕　郭沫若：《再談郁達夫》。
〔註2〕　王任叔：《記郁達夫》。
〔註3〕　靜聞：《憶達夫先生》。

「周圍萬事看起來都覺得新異怕人」,「所以在宿舍裏,在課堂上」,「祇是誠惶誠恐,戰戰兢兢,同蝸牛似地蜷伏著,連頭都不敢伸一伸出殼來」。〔註4〕即使他追求王映霞還不失為一種勇敢的舉動,但從他致王映霞的情書所表現出的求愛方式中仍可窺到他的自卑心態。在書信中,郁達夫不是以展示自己的強處去贏得愛,而是有意無意地通過貶低、折磨,摧殘自我的言行以求對方的憐憫。在1927年3月4日致王映霞的信中,他分析王映霞不回報他的愛的原因時說:「我自己的丰采不揚──這是我平生最大的恨事──不能引起你內部的燃燒」。接著又說「我羽翼不豐,沒有千萬的家財,沒有蓋世的聲譽,所以不能使你五體投地的受我的催眠暗示」。

僅僅指出郁達夫身上的自卑傾向並不能說明什麼,實際上在生活中每一個人都會程度不同地體驗到自卑的情緒,對於一個藝術家來說,重要的是這種心態對於他創作的影響及其意義。

應該說,郁達夫在日本的那段恥辱的留學生活,是郁達夫進入創作狀態的不可缺的刺激條件,他曾經說過:「是在日本,我開始看清了我們中國在世界競爭場裏所處的地位」,「是在日本,我早就覺悟到了今後中國的運命,與夫四萬五千萬同胞不得不受的煉獄的歷程」。〔註5〕在日本,郁達夫於固有的自卑天性上,又承受著一重民族的自卑感,他時時覺得日本人彷彿在向他叫罵:「劣等民族,亡國賤種」,以至一聽到「支那」二字就會引起「一種被侮辱,絕望,悲憤」的隱痛,心裏充滿了「國際地位落後的大悲哀」,尤其那時的郁達夫正處於最敏感的男女兩性間種種牽引的懷春時期,他深深體驗到在「正中了愛神毒箭的一剎那,弱國民族所受的侮辱與欺凌」,「感覺得最深切而亦最難忍受」。從而自卑的心理,尤其是在女人面前的自卑心理體驗就成為郁達夫早期小說中的一個十分顯著的現象。

郁達夫筆下的主人公在很大程度上是模式化了的,女人、酒、夢,反映了他們心理結構的三個層次。

女人,在郁達夫的小說中,大多不具有獨立的藝術形象價值,她們往往是小說主人公在對現實的感覺世界──「孤冷」、「淒清」、如「北極的雪世界」──裏所渴求的愛的寄託,隸屬於主人公的欲念。在郁達夫的調色板上,鮮明地分裂對抗著冷暖的兩極:一極是「同霜也似的」環境與「銀灰色」的內

〔註4〕 郁達夫:《志摩在回憶裏》。
〔註5〕 郁達夫:《雪夜》。

心；一極是女人「溫軟的肉體」、「纖軟的身體」的誘惑和女人的另一層指意：同情、體諒、理解、友情和愛情。在主人公對女人的渴求中，有肉體（這種描寫，是對女人有著特殊敏感的郁達夫的擅長之處），也有友情（「知識我也不要，名譽我也不要，我只要一個能安慰我體諒我的『心』」），但如果我們分析一下主人公的感情邏輯就會發現，他們所要的是「使她的肉體與心靈全歸我有」的愛情。

在《銀灰色的死》中，主人公認為自己與酒家女兒靜兒的關係是「能互相勸慰的知心好友」，但實際上，靜兒的定婚不僅結束了他們的關係，也結束了他的生命。雖然小說的主人公在偶然的車禍中喪生，但是這個結局實際上遵循了也暗示著作者本人的感情邏輯。《沉淪》中的主人公到妓女那去尋求肉體的滿足由此陷入絕望的境地，這使他斷定「我所求的愛情，大約是求不到了」，最終入海自殺。《南遷》中的伊人，被兩次分別代表肉體上與精神上的愛折磨得氣息奄奄。

雖然按照郁達夫小說主人公的感情邏輯，愛情是他們最高最執拗的渴求，但這還不能說是他們內心最深處的東西。如果再作進一步分析就會發現，這些主人公感情的轉捩點大都在第三者的插入。《銀灰色的死》中的主人公因為靜兒丟下他去與別人說笑，而同「傷弓的野獸一般，匆匆的走了」。《沉淪》的主人公也是因為侍女丟下他去接待其他的客人而發誓；「我再也不愛女人了，我再也不愛女人了」。《南遷》中的伊人，當 W 君從病院回來的時候，才意識到受了 M 的欺騙，「名譽、金錢、婦女……什麼也沒有，什麼也沒有。我……我只有我這一個將死的身體」。在郁達夫的小說中，第三者的介入往往不是引起戀人所特有的嫉妒心緒，或藉以表現主人公熾烈的情感，而是喚起主人公自傷、自悼、自憐的自卑情緒，以第三者來對照襯托出自己的卑下處境，主動地自辱自敗。可以說，主人公內心最深處的東西並不真是愛，而是自我。失戀對他們的打擊，與其說是因為愛，不如說是因為自己劣於他人的恐懼得到了證實。這恰恰印證了著名的精神分析學家荷妮對自卑症者的愛的分析。她認為，愛對於這些人來說，其吸引力「不只存在於他為求滿足，和平與統一的希望中，而且愛乃是他實現理想化自我的唯一途徑。在愛中，他能發展成為他理想自我所具的可愛特質，在被愛中，他可獲得理想自我的最高證實」。〔註6〕因而，愛對於自卑者來說具有超乎尋常的意義和價值，因為他格

〔註6〕 荷妮：《自我的掙扎》。

外需要愛與被愛來減輕或平衡自卑。郁達夫小說的主人公對愛的近於病態的依戀程度，反映了這種心態，愛的落空正標誌著自我存在的落空，自我價值的喪失。

在一個人的人格組織中，渴求與欲念可以成爲統一人格，調動內在的積極性，向著一定的目的，並與努力克服達到目的道路上的障礙相聯繫的意志行動。但對於自卑者來說，渴求與欲念卻往往使他們感到恐懼。因爲，與自卑相應的是他們很少行動的力量，他們行爲方式的直接表現往往是退卻，所想所爲相分離。因此，渴求愈烈，越會造成精神上抑制系統的緊張狀態，這類現象在郁達夫小說中得到了突出的表現。

酒，是郁達夫小說主人公用來減輕自我知覺的敏感度，抑制降低渴求所造成的精神痛苦的良藥。《銀灰色的死》與《沉淪》中的主人公都在酒後失事或自殺。不管是借酒澆愁，還是以酒發泄，它象徵著人的一種自虐、自毀、自苦的行爲方式——不是積極地把欲望轉化爲現實，或使欲望得到昇華，而是通過對欲望的禁忌、貶斥和麻痹使之得到緩解和消失。因而，自卑、自辱、自敗往往也是人的一種狡猾的逃避行爲的自欺方式。認識到這一點，我們就會很容易理解郁達夫小說主人公的那些自我折磨的心理行爲現象。如以罵自己是懦夫，想像世人都在仇視他、輕視他，過分看重自己身體外觀與內能的缺陷等爲由，藉以掩飾自己軟弱無能，不肯行動的眞相。總之，在自貶的過程中，以脫離自我，攻擊自我，泯滅自我的欲望來獲得一種虛假的、以犧牲自我的生命力爲代價的心理平衡，在潛意識中將自己的欲望否定掉，自欺欺人地從知覺中而不是從根本上尋求解決之道。在這方面，郁達夫小說主人公在身體上，精神上的自毀行爲是怵目驚心的。

《沉淪》的主人公爲自己不敢與女孩子調笑，自嘲自罵；爲排解「從始祖傳來的苦悶」，自褻自淫，最終徹底絕望入海自殺，這可以說是自毀行爲最極端最終極的表現。而最後《沉淪》主人公所發出的歎息：「祖國呀祖國！我的死是你害我的」！也並非像有些人說的那樣，是什麼有力的呼聲，這一表現恰恰印證了阿德勒對自卑症者所做的分析：「當我們知道，自殺必定是一種責備或報復時，我們便能瞭解，在自殺中對優越感的爭取。在每個自殺案件中，我們總會發現：死者一定會把他死亡的責任歸之於某一個人」。〔註7〕《沉淪》主人公把自己的自殺歸咎於祖國，以毀滅自己來責備祖國的衰弱，正表

〔註7〕 阿德勒：《自卑與超越》。

現了一個自卑病症者在生活的困境面前的一種最徹底的退縮行為。我們可以比較一下另一個自殺者——歌德筆下的少年維特。維特在自殺前是這樣想的：「我要去死！——這並非絕望；這是信念，我確信自己苦已受夠，是該為你而犧牲自己的時候了」。可見，維特的自殺是一種心甘情願的供奉，一種聖潔到極點的浪漫激情，表現出具有「徹底的無與倫比的強度」的心理素質。

也許，我不該如此苛刻地去理解郁達夫筆下的人物形象，而應把《沉淪》主人公的自殺行為看成是作者旨在喚起讀者對於祖國命運的關注，表達自己讓祖國趕快富強起來的渴望。我不否認作者的這一本意，但這種表現方式正反映了中華民族病弱的心理素質。魯迅曾經悲憤地奉告青年人要少或竟不看中國書，而要多看外國書，認為「外國書即使是頹唐和厭世的，但卻是活人的頹唐和厭世」。〔註8〕從《沉淪》與《少年維特之煩惱》主人公自殺行為的不同表現，正反映了這種區分。一個人「正因為有生的苦悶，也因為有戰的苦痛，所以人生才有生的功效」。〔註9〕郁達夫小說的主人公可以說大多掙扎於「生的苦悶」之中，卻沒有「戰的苦痛」。自卑的心理機制往往使他們不戰自敗，神經質地自我作踐，從而也根本談不上什麼「生的功效」。

夢，或者與此相類似的錯覺、幻覺、幻想是郁達夫小說主人公的又一潛意識的自欺方法，是他們又一巧妙伶俐的逃避之道。當欲念和渴求抑制不住，解脫不掉的時候，他們無意在現實中實現，就會下意識地借助虛幻的想像來解實在的饑渴，或是通過夢來緩解內心的緊張。因而，這些生理心理現象在郁達夫小說中佔有重要篇幅。對於錯覺、幻覺、幻想和夢的描寫極其泛濫、恍惚和沉醉。郁達夫小說的主人公往往把現實中所不能獲得的快感，以及所不能實現的願望轉移到想像中去發泄，去完成，甚至發展到產生偷看偷聽的卑劣行動。這使他們不置身於現實中，而是生活在虛無飄渺的想像中，把自己活潑潑的生命力轉移到想像的世界中去，在現實世界裏卻形同枯木，心如死灰。這也是由自卑症者自覺不自覺地感到自己無能去滿足自己內心要求的潛伏恐懼所決定的。

在阿德勒的理論體系中，自卑被賦予極重要的地位。他認為我們人類的全部文化都以自卑感為基礎，人正因為自卑才努力去進行補償，從而創造出巨大的物質財富和精神財富，形成創造性自我的積極的永不枯竭的內驅力。

〔註8〕 魯迅：《青年必讀書》。
〔註9〕 廚川白村：《苦悶的象徵》。

因此，自卑是行為的原始的決定力量。但在郁達夫小說主人公身上所反映出的自卑心態顯然與此有著根本的區別，它的表現特徵決不是這種為人類輸送積極的內驅力的自卑感，用阿德勒的術語來看，正是典型的自卑情結的心理病症。阿德勒是這樣為自卑情結下定義的。「當個人面對一個他無法適當應付的問題時，他表示他絕對無法解決這個問題，此時出現的便是自卑情結」。任何人都不能長期忍受自卑之感，或者採取直接的實際的方式——改進環境——以脫離這種感覺，或者像郁達夫小說的主人公那樣，將自己導入自欺之中，目的不在於改變造成自卑感的情境，不在於完善超越自己，而是以酒和夢這代表間接的虛假的消極方式麻醉欺騙自己來取代積極的補償行為。其結果不僅造成生命力的浪費，人的主觀意志的衰退和萎縮，也勢必會因為造成自卑感的情境一成未變，而使自己的自卑感愈積愈多，從而形成精神生活中長久潛伏的暗流，人的心理障礙——自卑情結。

郁達夫早期小說主人公身上所表現出的自卑情結的心理現象，在他後來的創作中有所緩解，但其心理類型基本上還是一致的。經常表現出以酒和夢為行為特徵的，由於自卑而造成的退卻傾向。有的小說主人公雖不直接體現出自卑的心態，比如，在《茫茫夜》中于質夫對吳遲生的帶有變態性質的愛，《秋柳》的主人公與妓女海棠所形成的關係，但實際上病弱的吳遲生與醜陋的海棠都是主人公自覺不自覺的一種自況，在對他們的愛護中，主人公寄託的仍是對自我的感傷情緒。

郁達夫小說主人公雖然從本質上來說，是社會的叛逆者和反抗者，然而他們自卑的心理機制又決定了他們並不具有其人格素質。郁達夫筆下的這些孤獨者與魯迅筆下的孤獨者有很大的不同。魯迅塑造的孤獨者形象（不管是狂人，還是呂緯甫、魏連殳）是建立在對孤獨價值的肯定和自強抗俗的基礎上的，孤獨是「先覺善鬥之士」、「迕萬眾不懾之強者」的標誌，因而，魯迅雖也描寫了孤獨者軟弱的一面，但他們是積極的自為的孤獨，只要他們一從眾就意味著失敗與投降。郁達夫作品中那些徜徉於自然山水，與世人敵對的孤獨者，或稱零餘者則不是這樣，儘管他們也有傲世脫俗的一面，但他們與世人的不相容在很大程度上是建立在自卑的心理基礎上的。如《沉淪》主人公把大自然看成是自己的避難所，覺得「世間的一般庸人都在那裡妒忌你，輕笑你，愚弄你，只有這大自然……還是你的朋友，還是你的慈母，還是你的情人」；他在學校，在稠人廣眾之中反而感到孤獨，因為他總覺得日本同學

在那裡歡笑的時候是在笑他，或在講他，於是，不時地紅起臉來，「與同學中間的距離一天一天的遠背起來」。因而，郁達夫筆下的孤獨者一般是雖清高但不獨立，雖脫俗但不抗俗，是消極的自在的孤獨，彷彿一個失去了母親的未成年的孤兒，在痛恨世間再不會提供給他一個溫暖的懷抱，在他脫俗、清高的外表下，實際上掩藏著一種強烈渴求歸依的願望。這反映了郁達夫筆下的孤獨者矛盾的二重人格。

還有不少人把郁達夫與卡夫卡相類比，也許，在表現人的卑微和病態上，他們容易讓人產生相近的感覺，但兩者之間更有著本質上的差別。卡夫卡的創作是對人類本身生存困境的一種哲學層面形而上的思考和觀照，反映了人在某種超人的奴役人的無名力量面前，一種命定的屈從狀態。它旨在說明這種強大得不容人抗拒的力量使人淪為奴隸，威風凜凜地向人的命運和生活發號施令，人生活在世界上就是可憐的，不幸的，虛弱的存在，人在現實面前注定是無能為力的。因而，卡夫卡的創作體現了對人的生存狀態一種徹底的絕望情緒。郁達夫與當時一代知識份子一樣，受著中國落後的限制，很難超越對國家民族命運思考的層面，與世界文學同步地進入到對整個人類的生存狀況進行哲學層次的思考的深度。我認為，這是中國難以得現代派真髓的根本原因之一。

我國近現代文化可以說是建立在民族自卑的社會心理基礎之上的，特別是五四時期所提出的改造國民性問題，表現了那一代知識份子繼洋務運動、戊戌變法、辛亥革命對於國家的實力、政治、社會制度進行改造失敗之後，一次幾乎是瀕於絕望的掙扎，是中國先覺的知識份子在一次次失望之後，步步緊逼地追尋到的中國落後之一個終極的，也是再無退路的原因——人的素質問題。魯迅大聲疾呼：「中國人要從『世界人』中擠出」，擔心在「類人猿」上再添出一個「類猿人」，恐懼中國文化和社會制度將使中國人淪為「末人」。更有甚者，林語堂甚至認為「尚沒人敢毅然贊成一個歐化的中國人」，「無人肯承認今日中國人是根本敗類的民族」，「則精神復興無從說起」。〔註10〕不管言辭是多麼的偏激與苛刻，「五四」一代知識份子的確是滿懷著危機感、焦灼和激情要為中華民族重換一次血，重塑一個魂。在他們心目中，西洋人、東方的大和民族是強人，是他們批判中華民族劣根性時所參照的理想人的模式。至此，中國人完全放下了「老大自居」的空架子，開始心悅誠服地返顧自身。這是中華民族文化中前所未有的卑己傾向，也為中華民族文化帶來了

〔註10〕林語堂：《給玄同的信》，《語絲》第二十三期。

前所未有的生氣和活力。郁達夫的創作正反映了這般潮流，他從反省自我，反省我們民族的生存狀態出發，認爲「自己終竟是一個畸形時代的畸形兒」，〔註11〕「敗戰後的國民──尤其是初出生的小國民，當然是畸形，是有恐怖狂，神經質的」。〔註12〕正是出於這樣的認識，郁達夫採取了郭沫若所說的：「不惜自我卑賤以身飼虎」的創作方式，把自己自卑感的心理經驗誇大成爲小說主人公身上自卑情結的病態心理，從而揭露了「敗戰後的國民」可悲的心理結構和行爲樣式，反映了走向窮途末路的傳統文化，在屈辱與失敗的變異中所蘊育出的畸形病態人格的惡之花，它的醜陋與弱小足以讓中華民族震驚而反思。

從人的發展角度來看，中國文化的全部痛切可悲之處在於魯迅所說的：「要在不攖人心」，「致槁木之心」，「寧蜷伏墮落而惡進取」。從儒家的「克己」，「毋意、毋必、毋固、毋我」，到道家的「無我」之境，「無爲」之治，還有所謂「存天理，滅人欲」，「鎮止民心使少知寡欲而不亂」等等，可以說，代表「中國民族知能最高點」的哲學不是主張對主體的壓抑，就是主張對主體的忘卻，「古訓所教的就是這樣的生活法，教人不要動」。〔註13〕

中國主流文化對人的設計，在個人身上造成的意向都是否定、壓抑和扼殺自我，個體不具有文化上的合法性與自覺性，其結果勢必造成主體意識的缺乏，生命力的喪失狀態。

我們應該承認，人是客觀的存在，是消極的，被動的，被決定的，但我們也不能忘記人也是主體的存在，可以是積極的、主動的、決定的，而也正是這種存在，才是之所以成爲人性的存在，是人在人性存在中的偉大和尊嚴面。強調前者還是著重後者，正是積極文化，還是消極文化之分；是引導人的精神不斷地昇華增長，還是不斷地畏縮卑萎的關鍵所在。因而，中國傳統文化從本質上講是消極的，它對自我的否定，也是對人的主體性的否定，因爲，只有自我意識之產生，才有主體性之產生，只有自我覺察到自己，並具有自己，才能爲了「做」自己去發現並實現自己的需要，追求自我的完成和完善，使生命得以「充分的誕生」。反之，壓抑自我，一切由外部來決定和限制，就只能是半生半死的苟活，是滿臉「死相」。郁達夫所創造的藝術形象正反映了中國傳統文化對

〔註11〕 郁達夫：《蜃樓》。
〔註12〕 郁達夫：《悲劇的出生》。
〔註13〕 魯迅：《北京通信》。

人格加工到極點的一種生命喪失的狀態。在對自我進行審視和批判中，郁達夫一方面把自我感覺具體化，一方面又把它們推向極端化，在充滿詞意未盡和騷亂不堪的心理行為的敘述和記錄中，可以感受到郁達夫對自我的人格組織和我們民族人格文化的潛在的恐懼，他把他的主人公一個個推向了絕路和死路，表達了這種人無能甚至可以說不配在世上活著的一種不忍但又無奈的決斷。因而，郁達夫小說中的主人公儘管卑微、病態，但表現出作者並不甘於此，也不相信人就是處於這樣一種生存狀態的積極態度。

郁達夫對自我人格的反省是具有現代意識的。他從思想觀點上接受了西方個人主義的人生哲學，曾在《創造周報》上專門著文介紹德國哲學家施蒂納（MaxStirner）的自我主義觀點。施蒂納認為，「自我就是一切，一切都是自我」，「個人為『民族之大業』而死，民族追送他們句謝辭，而──自享其利益」，「它是一種利己的個人主義」。因而，施蒂納說「與其無私地替些大的個人主義者服務，我寧肯自己做個個人主義者」。〔註14〕郁達夫很認同這一觀點，認為不承認人道，不承認神性，不承認國家社會，不承認道德法律，除了自我的要求以外，一切的權威都沒有的，這是個性強烈的我們現代的青年的信念。〔註15〕因而，郁達夫人為地要把自我從社會、國家和家庭中分裂出去，不管在現實中是否能夠真正做到這一點，從主觀上他是這樣感覺的。所以，他才能對盧梭在《孤獨散步者的夢想》開頭的幾句話產生極其強烈的共鳴，和盧梭一起感歎：「自家除了己身以外，已經沒有弟兄，沒有鄰人，沒有朋友，沒有社會了。自家在這世上，像這樣的，已經成了一個孤獨者了」。〔註16〕由此可見，作為對中國傳統文化把個人絕對地納入社會和家庭，絕對地排斥個人的目的和權力的反動，郁達夫不管在小說中，還是他本人所持有的零餘者或者說孤獨者的人生態度，就具有了自身存在的價值。

但另一方面我們還要看到，郁達夫所塑造的那些四處飄泊，無目的性，無確定性的零餘者形象顯然又沉積著中國文化的積澱，他們既有了自我意識的覺醒，又無力也無能堅持自我的存在，在《蜃樓》這篇小說中，郁達夫借主人公之口，自我分析到：

　　自己的一生，實在是一齣毫無意義的悲劇，而這悲劇的釀成，實在

〔註14〕郁達夫：《Max Stirner 的生涯及其哲學》
〔註15〕參閱：《自我狂者須的兒納》
〔註16〕轉引自郁達夫：《一個人在途上》

也只可以說是時代造出來的惡戲。……第一不對的，是既做了中國
人，而偏又去受了些不徹底的歐洲世紀末的教育。將新酒盛入了舊
皮囊，結果就是新舊兩者的同歸於盡。世紀末的思想家說：——你
先要發見你自己，自己發見了以後，就應該忠實地守住著這自我，
徹底地主張下去，擴充下去。環境若要來阻撓你，你就應該直沖上
前，同他拼一個你死我活，All or Nothing！不能妥協，不能含糊，
這才是人的生活。——可是到了這中國的社會，你這唯一的自我發
見者，就不得不到處碰壁了。

這段話淋漓盡致地道出了五四那一代知識份子的窘境，他們借來了西方的精
神，卻在中國找不到合適的土壤，他們所接受的西方人生哲學只為他們從傳
統的人格文化中解脫出來提供了批判的武器，而不可能徹底割裂他們與傳統
文化的血肉聯繫。郁達夫只能在自己的顯意識層次，在思想觀點上與塑造自
己的傳統文化決裂，而不可能清除這種文化對他人格的加工、長期積澱所形
成的心理素質。他發見了自我，也在意念上割斷了自我與外部世界的聯繫，
卻不知如何來「守住著這自我，徹底地主張下去，擴充下去」，實現自我。就
如囚禁在籠子裏的小鳥，即使放出來也不會振翅高翔一樣，更何況中國社會
的鐵屋子並未徹底打破。因而，郁達夫及其小說主人公不能不一再咀嚼著「淒
切的孤單」，感慨著「人生一切都是虛幻」，處於進退兩難的境地。

魯迅曾經說過，「中國人總不肯研究自己。從小說來看民族性，也就是一
個好題目」，[註17] 郁達夫以自己的創作做了有關民族性的好文章，也為我們
從小說來看民族性，提供了一個好題目。

原載《中國現代文學研究叢刊》，1988 年，第 4 期

〔註17〕魯迅：《馬上支日記》

試論巴金中長篇小說中的軟弱者形象

　　在巴金小說紛紜浩繁的人物群像中，有兩組突出的形象系列給讀者留下了深刻印象。一組以覺慧爲代表，他們是舊世界的反叛者、革命者；一組以覺新爲代表，他們是生活中的軟弱者、犧牲者。這兩組形象以其各具的特點，在中國現代文學史上引起過強烈反響。從整個形象系列的角度來看，在以往的研究中，人們對於前者給予了較充分的肯定。由於種種原因，對於後者的意義卻未能給以應有的重視。我認爲，無論從認識價值還是從美學價值上看，正是這後一組形象反映了巴金創作的最高水準。在反叛者、革命者身上，一瀉無餘地傾盡了作者的浪漫主義激情，更多地寄託著他的理想和信念，除個別形象（如覺慧）外，大都熱情有餘而厚度不夠，形象本身比較單薄、輕飄。而在軟弱者身上，窮竭了作者對生活的積累和體驗，生動細膩地表達出他的現實主義實力。雖然，這些人物本身有許多致命弱點，作者對於他們的塑造也並非盡善盡美，但他們卻與中國的歷史、文化及現代社會，與作者的生活和思想有著不可分割的血肉聯繫。這些特點使巴金的軟弱者形象顯示出永久性的價值。

一

　　巴金所描寫的軟弱者的範圍是很寬的。既有被壓在社會最底層的丫頭、僕人，也有生活在上層社會豪門大戶中的小姐、少爺；既有接受了「五四」新思想影響的新一代，也有執迷於封建禮教、倫常，至死不悟的守舊青年。總之，大凡不敢或無力掌握自己命運的人都可視爲軟弱者。這類形象的塑造貫穿於巴金民主革命時期二十年的小說創作，他這一時期的中長篇小說幾乎每部都有一個甚至幾個軟弱者形象出現。可以說，在現代文學史上，像巴金

那樣成功地塑造出眾多的軟弱者形象的作家，難以找出第二個。

在軟弱者形象中，覺新是作者刻畫得最充分、最生動的一個。長期以來，評論界對於這個形象一直持有異議，爭論不休。一般認爲作者對他給予了過多的同情和原諒。實際上，恰恰就在作者的「體諒」和「解釋」之處，我們可以看到「五四」前後新舊時代相互交錯、斗爭的歷史特徵，看到新舊人生的衰亡與生長，以及在這過程中的掙扎和痛苦，歡樂與艱辛。

覺新的思想性格是比較複雜的，這複雜就在於他體現了新舊兩個時代、兩種思想、兩條人生道路的矛盾和鬥爭。覺新與覺民、覺慧不同，「在這一房裏是長子，在這個大家庭裏又是長房長孫。就因爲這個緣故，在他出世的時候，他的命運便決定了。」〔註1〕

中國的舊式大家庭，靠的是祖先的一份財產，過的是寄生的生活，它殘害著青年，又把青年牢牢地束縛在這個「狹的籠」裏，覺新就是它的一個犧牲品，他已深深陷於其中。從小耳濡目染的光宗耀祖的教育，使他自覺地實行著兩輩人振興家業的願望。在封建社會崩潰期，這種逆歷史潮流而動的行爲，本身就給他罩上了一層陰暗的悲劇色彩。父親死後，他又過早地背上了維持孤兒寡母、一家老小生活的沉重擔子，使他活著祇是「爲了維持父親遺留下的這個家庭」，這是覺新走上新的人生道路卸不掉的包袱和不可逾越的障礙。

另一方面，由於封建禮教的長期熏陶，在覺新身上已形成了那種懦弱、順從的思想性格，失去了自己的意志。甚至他的結婚、生子都不是爲了自己，而是因爲祖父「希望有一個重孫」，父親「希望早日抱孫」，他像一個傀儡，做人家要他做的事。他沒有快樂，祇是在爲老一輩盡義務。因此，當他的前程斷送，他的美妙的幻夢破滅了時，只能關上門，用鋪蓋蒙住頭，偷偷地絕望地痛哭。在他看來，順從長輩的意志是天經地義的，他根本想不到反抗。這就是中國舊式青年的慘痛的悲劇和寂寞的、死灰般的人生！

上述這一切，使覺新不能像覺慧、覺民那樣，「只消挺起身子向前走就行了」，正像人們不能隨心所欲地創造歷史一樣，一個被歷史限定的人也不能隨心所欲地選擇自己的人生道路。覺新的地位和思想基礎，使他注定要在舊的人生道路上苦苦地掙扎。

但覺新畢竟生活在中國社會新舊交替的歷史時期，他看到了舊式家庭腐化墮落、分崩離析，自己振興家業的希望已經破滅的現狀。同時，他也受到

〔註1〕 巴金：《家》。

五四新思潮的衝擊和影響。現實生活的深刻教訓，封建勢力對他一次又一次的沈重打擊，使他信服新的理論，向往著新的生活。在他身上增長的這些新的因素，又使他不甘於死心塌地做垂死階級的孝子及幫兇。

正是覺新的這種矛盾的思想狀態，這種雙重的人格，使他在覺民抗婚、覺慧、淑英出走的一系列事情上，開始，往往屈從於長輩的意志，對青年一代的叛逆行為進行勸阻，但在受到覺慧或覺民的嚴厲批評後，在他們的那種堅強的意志和樂觀的信念鼓舞下，當矛盾激化到非此即彼時，最終他還是站到代表著新生力量的一面。鬥爭勝利後，他也「感到一陣復了仇似的痛快」。從覺新來說，他對於弟妹的支持與資助，包含著一種兄長的犧牲精神，但若把這一行為置於當時的社會背景下，他在幫助新一代衝破封建大家庭的束縛，踏上新的人生道路方面是起了一定的積極作用的。

覺新對青年一代的所為，類似魯迅所說的「自己背著因襲的重擔，肩住了黑暗的閘門，放他們到寬闊光明的地方去」。[註2] 當然，這段話用到覺新身上，也許並不合適，因為他還不能算是一個完全「覺醒的人」。他並非自覺地擔起這項任務，而是經過極其矛盾和痛苦的鬥爭後，才被迫做了這項工作的。應該說覺新這一形象的認識價值恰恰就在於此，巴金筆下軟弱者形象的意義也大多在於此。法國學者明興禮認為：「巴金小說的價值，不衹是在現時代，而特別在將來的時候要保留著，因為他的小說是代表一個時代的轉變。」[註3] 我認為，這個時代的轉變集中地體現在以覺新為代表的軟弱者身上。在覺新的這種矛盾和痛苦中，我們既可以看到新舊時代間的嬗遞、連續及轉變，又能體會到這種嬗遞、連續與轉變確是「一件極困苦艱難的事」。正是從這個意義上說，作者對覺新所採取的既同情又批判的態度基本是正確的。

覺新作為軟弱者形象之一，不僅具有深厚的思想內涵和社會意義，就形象本身看，他也是最完整的一個。作者通過他不僅表現了軟弱者的過去（不懂得反抗，也不知道反抗），也描寫了軟弱者的現在（在歷史轉折關頭左右搖擺，無所適從），還勾畫出軟弱者的未來（隨著大家庭的解體，自己也得到一種解脫，即：「做點無害於人的事，享點清福，不作孽而已」）。覺新在巴金筆下的軟弱者群像中就像一個中心樞紐，其他的軟弱者形象圍繞著他形成大小不同的脈絡、分支，從各自的角度對他起著映襯補充作用，從而共同構成了

〔註2〕 魯迅：《我們現在怎樣做父親》。
〔註3〕 明興禮：《巴金的生活和著作》。

一個完整的軟弱者形象系列。

《激流三部曲》中的枚少爺是對於覺新過去的一種補充，如果覺新未受到「五四」新思潮的影響，那麼他的精神狀態就會像枚少爺一樣麻木呆板，難怪連覺新本人都因從枚少爺身上看到了自己的影子，而感到震驚，不寒而慄。淑貞、梅、蕙、瑞珏等代表了女性軟弱者的過去，她們「羔羊般溫順地送到虎狼底口裏」，忍辱負重，任憑蹂躪，她們的不幸和痛苦浸飽了幾千年來中國婦女的眼淚和鮮血。劍雲的膽怯、懦弱則是軟弱者處於生活下層時的又一種表現形式。在這些舊式青年身上集中地反映出我們民族的一種傳統性格。《愛情的三部曲》中的周如水、《春天裏的秋天》中的鄭佩瑢，又從不同角度反映了軟弱者在現代社會的矛盾狀況，它既說明了西方個性解放思潮對於中國傳統的道德、禮教的衝擊，對人們的思想覺悟所起的啓蒙作用，也說明了幾千年的封建統治雖然已腐朽衰敗，但還在人們的心理和靈魂上留下濃重的陰影，頑固的傳統慣性還以極大的力量左右著人們的行動。不僅像覺新這種還沒有從舊式青年中脫胎出來的人無法擺脫，即使像已經上了大學，留洋出國的周如水、已經衝出封建家庭、閨房秀門的鄭佩瑢這樣的新派人物也不能最後衝決封建禮教倫常的羅網。另外，《雨》中熊智君的死、鄭玉雯的自殺，《火》中謝質君的依附於人，這些曾經一度成爲新女性的最後結局，反映出軟弱的女性在衝破封建家庭的束縛，走上社會之後，在強大的黑暗勢力壓迫下的必然歸宿。《寒夜》中汪文宣的掙扎與死亡，可以看成是覺新的又一種結局。可以設想，在大家庭解體之後，覺新如果不能靠先人的遺產過活，他也逃脫不了汪文宣的命運。

在現代作家中，再也沒有誰像巴金那樣，在自己的作品裏傾進那麼多的眼淚了。而這眼淚絕大部分是爲了他的軟弱者。雖然巴金對於軟弱者的這種「愛憐而痛苦」的強烈感情是一貫的，但如果我們揩乾巴金灑在書上的淚痕就會發現，他的立足點與態度前後期有著明顯的變化，這昭示了巴金的思想認識不斷深化的軌迹。

巴金的成長與覺醒，有自己的特點。前期他「看書多」，〔註 4〕但「看事少」，〔註 5〕他「熟讀法國史」，〔註 6〕熟讀許多俄國民粹派革命者、革命民主

〔註 4〕 沈從文：《給某作家》。

〔註 5〕 同上。

〔註 6〕 同上。

主義者的傳記，對於掀起一次次驚天動地大革命運動的「法國民眾」，對於反抗沙皇暴政的那些「勇猛堅強」的人物及其表現出的高貴的犧牲精神和英勇氣慨，由衷地敬佩與向往，但「對於中國近百年史未必發生興味」，〔註7〕不能深深地瞭解中華民族處於今日之狀態的根由。這樣，他對於信仰的追求，感情大於思索；他對於生活的態度，幻想多於現實；他對於人格的追求，則更崇尚那種如雷如電般震耳眩目的性格行爲。他希望「法國革命大流血，那種熱鬧的歷史場面還會搬到中國來重演一次」，〔註8〕希望中國國民能夠像法國民眾和俄國革命黨人一樣。正是基於這樣的思想狀況，使他對中國國民經過幾千年的封建社會統治和文化熏陶所形成的一種帶有普遍性的柔順、軟弱性格，感到一種無法忍受的激憤。如果說，魯迅前期認爲中國國民劣根性表現在「怯弱、懶惰、而又巧滑」上，巴金所深惡痛絕的就是集中在「懦弱」這一點上。他在《滅亡》中的《女人》這一章裏，通過杜大心在夢境中的囈語怒斥道：「你們做了無數年代的奴隸，然而可曾有一個時候，你們想站起來做一個自由的人嗎？無數的年代過去了，你們竟沒有反抗的念頭！」「羔羊溫順地送到虎狼底口裏，而美其名曰犧牲！」「這種奴性的懦弱的犧牲，只有使人類墮落！」這種激憤使巴金把批評的鋒芒更多地指向軟弱者本人及其性格。當然，巴金的批判也有其特點，決不像魯迅那樣，帶著只有醫生所特有的冷靜，把痼疾解剖給人們看，也不像老舍那樣，於幽默詼諧之中裹挾著否定。巴金彷彿就是當事者一樣，痼疾就在他的身上，他痛苦地哀號著，以自己身上的血淚告誡著人們。

應當指出，巴金對於自己塑造的軟弱者的態度有著明顯的不同，他筆下的軟弱者基本上可以分爲兩大類。一類如《激流》三部曲中的淑貞、梅、蕙、瑞珏、婉兒，《春天裏的秋天》中的鄭佩瑢，《雨》中的熊智君等，這些人僅是一種氣力小、勢力差的柔弱，屬於無力反抗自己的命運和社會的人，作者對於他們完全是同情；另一類如覺新、劍雲、《愛情的三部曲》中的周如水等，他們的性格是懦弱的，更帶有主觀因素，往往不全是無力，主要是不敢反抗自己的命運和社會。巴金對於國民懦弱性格的批判就集中在他們身上。

巴金在塑造後一類形象時，由於大都立足於性格的批判，因而他把這些人的悲劇命運主要歸咎於自身的懦弱，認爲他們是「不必要的犧牲品」。如周

〔註7〕 同上。
〔註8〕 同上。

如水，當他爲了忠於對父母的「孝」心，爲「一個自己不愛的妻，一個自己不認識的兒子」盡義務，而忍痛拒絕了張若蘭的愛情時，實際上，他們之間的障礙早已不存在了，周如水的妻子已於兩年前就患病身故了。作者在塑造覺新性格時，以具有反抗精神的覺民、覺慧最終爲自己爭來幸福與解放的前途與之相對。這都使人容易產生錯覺，好像周如水只要能果敢一些，不那麼猶豫，就會有一個幸福美滿的結局。覺新只要自己堅強起來，不那麼懦弱，就不會再受人欺負，不會失去梅，不會丟掉瑞珏。長期以來，人們一直認爲巴金對於覺新同情原諒太多了，而與作者對覺新的態度產生分歧，原因之一就在於從作者的主觀上來說，他把重點放在了對其性格的批判上，這種性格批判的強度超過了，或者說是削弱了（並非是沒有）作者對於這種軟弱性格的形成所做出的有關經濟、社會、歷史等方面的認識。這樣就容易使讀者感到覺新的那些維護舊的封建禮教道德的行爲好像都是他的懦弱性格所致，他的悲劇命運也是咎由自取，這就與作者對覺新（也包含著他對自己大哥）的同情、諒解態度發生分離。實際上，並非是這樣，祇是由於批判未切中要害，才顯得同情太多了。

到後期，雖然軟弱者形象仍是巴金作品裏時常出現的人物，但他卻由側重於批判性格的懦弱，轉爲更多地批判製造這種懦弱性格的社會。《寒夜》中汪文宣這一形象的塑造集中地反映了這一變化。

關於這個變化，作者本人也曾總結說：「我寫《寒夜》和寫《激流》有點不同，不是爲了鞭撻汪文宣或者別的人，是控訴那個不合理的社會制度，那個一天天腐爛下去的使善良人受苦的制度。」〔註9〕到這時，由於巴金投身到抗日民族解放鬥爭之中，並進一步接近了中國共產黨。同時，顛沛流離的生活，也使他在現實生活中沉得深了。因而，他再來看像汪文宣這些軟弱者的命運時，態度就變了。他認識到：「汪文宣有過他的黃金時代，也有過崇高的理想。然而他和許多知識份子一樣，讓那一大段時期的現實生活毀掉了。」〔註10〕在《寒夜》裏，汪文宣這個軟弱者形象已不是覺新那樣的大家庭中的少爺，而是一個到處受輕視、遭白眼的小公務員。他已不像巴金以前所描寫的軟弱者那樣，僅僅承受著精神上的壓抑之苦，他更要忍受生活上的拮据之難。「終日終年辛辛苦苦地認眞工作，卻無法讓一家人得到溫飽。」在生活的重壓下，他的救人濟世

〔註9〕 巴金：《關於〈寒夜〉》。
〔註10〕 同上。

的宏願已成了作爲動物也要有的最低限度的要求——「要活」。爲了那點僅夠維持家裏生活一半費用的工資（另外一半還要靠做「花瓶」的妻子貼補），他不能不忍氣吞聲、小心謹愼。可即使這樣，仍未能免遭肺病、失業、最終痛苦地死去的命運。儘管在小說中作者也描寫了婆媳不和、吵架給汪文宣帶來的痛苦，可歸根結底，這仍是「生活苦環境不好帶來的」，「每個人都有滿肚皮的牢騷，一碰就發，發的次數愈多，愈不能控制自己。」同時，作者還通過躲轟炸、鬧霍亂、工廠搬遷，人心惶惶，到處怨聲載道的一幅幅騷動不安的畫面，通過張太太、柏青、鍾老等一群小人物形象的襯托，使汪文宣一家的悲劇有了廣闊的社會背景，讓人看到汪文宣的悲劇僅僅是那個社會的一段短暫的插曲，他的命運不過是當時千百萬人的一個微小的縮影。因此，在《寒夜》裏，作者雖然也對汪文宣安分守己、忍辱苟安的性格進行了批判，但其鋒芒主要對著國民黨統治下的黑暗社會，對著好人不得好報，壞人得志的腐敗制度。

巴金塑造的軟弱者形象，使我們不能不爲之震動和警醒，從而不知不覺地把感情溶入這些軟弱者的命運之中，或一掬同情、憐憫、夾雜著憤恨的眼淚，或爲巴金鋒利的筆觸深深地刺痛，從而悟到更深一層的東西。這些呼之欲出的軟弱者形象以其獨特的認識價值和審美價值在感染啓迪著昨天、今天乃至明天的廣大讀者。

二

巴金在自己的作品中，用許多篇幅，塑造出許多軟弱者形象，決非出於偶然。首先這與巴金的經歷和他處理、評價生活的特有角度是分不開的。

一個栩栩如生的形象的誕生，離不開作者親身的體驗和他對所熟悉的人物的觀察。巴金對於軟弱者形象的塑造，都是在「飽嘗經驗」的推動下進行的。巴金的一生簡直與軟弱者結下了不解之緣。他的大哥就是這樣的人物，巴金曾說：《激流三部曲》中覺新的遭遇「正是大哥的事情，並且差不多全是眞事」。巴金與他朝夕相處，看著他怎樣「含著眼淚忍受一切不義的行爲」，怎樣一步步被逼進深淵，最後用毒藥結束了自己悲慘的一生。《寒夜》中的汪文宣也是巴金「極熟的朋友」，他說：「汪文宣的思想，他看事物的眼光對我並不是陌生的，這裡有我那幾位親友，也有我自己」。「像這樣的人我的確看得太多，也認識不少」。可以說，在巴金筆下的軟弱者身上，都能找到生活在他周圍的親友們的影子，這樣的人物都是巴金知道得最清楚的。這不僅成爲

他創作的強大動力，也爲他的創作提供了深厚的生活基礎和經驗，使巴金的藝術才華燦爛生輝，達到遊刃有餘的境地。

巴金對於軟弱者形象的塑造，不是在不自覺的狀態下進行的，而有著自己的明確目的。在封建地主大家庭裏的十九年生活，使巴金深切體會到不合理的社會制度、舊的傳統觀念對於青年、對於民族發展的束縛、摧殘與戕害。他感到中國成了一個「寂寞的沙漠」，成了一個「充滿著意志薄弱和沒有意志的人的世界」，他曾在《愛國主義與中國人到幸福的路》一文中寫道：「現在中國的社會黑暗到了極點，一般的青年人處在這種勢力下面，被他弄得全無生氣，力量薄弱的只能順世墮落，不敢稍有反抗；稍有血氣的也只有忍氣吞聲，聽命於天，即或有時實在受不得了，也只有往自殺那條路走：從沒人敢反抗的。因此，一天一天的弄下去，竟成一個麻木不仁的中國。」一個曾以龍的雄姿飛騰於世界的東方民族正在「沉落」。爲此，他曾立志做一個社會運動者，喚醒民眾，使之明白，「與其蜷伏於淫威之下，苟延殘喘而幸生，何若磊磊落落，賭一點自由新血與魔王破釜沉舟一戰而亡。」〔註11〕要「把這個正在『沉落』的途中掙扎的民族拉起來」。〔註12〕同時，十九年的生活也給他以血淚的教訓，巴金曾經總結說：「不顧忌，不害怕，不妥協，這九個字在那種環境裏卻意外地收到了效果，它們幫助我得到了你所不曾得著的東西──解放」。「而『作揖主義』和『無抵抗主義』卻把年輕有爲的覺新活生生地斷途了。」〔註13〕縱觀巴金的創作，始終有一種基本精神在時時振發著他的活力，雖然他的生命之船也曾屢次駛行在悲劇裏，然而，他就是靠著這種精神抵擋一切苦痛，沒有爲中途所遇的突變而覆船。這種精神就是他所一再強調的：「鬥爭就是生活，人生只有前進」，〔註14〕「生活在這世界上，是爲的來征服生活」〔註15〕的。巴金正是出於自己對生活這個獨有的認識和質樸的經驗，才在作品裏帶著血淚與焦急，以軟弱者的悲慘命運告誡著人們。他所塑造的軟弱者形象雖然都是善良的好人，卻又都是「好到了無用的人」，雖然從不敢觸犯任何人，卻擺脫不了「犧牲品」的命運。他希望通過這類形象的塑

〔註11〕 巴枯寧語。見成都《警群》月刊第一號（1924年9月），巴金在《愛國主義與中國人到幸福的路》一文中引用。
〔註12〕 巴金：《沈落》。
〔註13〕 巴金：《〈家〉十版代序》。
〔註14〕 《巴金在瑞士答記者問》，見《文學報》1984年7月26日。
〔註15〕 巴金：《激流總序》。

造，能使像他大哥那樣的人「看見自己已經走到深淵的邊緣，身上的瘡開始潰爛。」〔註16〕「讓旁人不要學他們的榜樣。」〔註17〕

過去，人們常常以沒有爲讀者指明一條出路來批評巴金的作品，可巴金卻說：「我的確給人指出了一條趨向自由的路」。這條路決不僅僅是覺慧的棄家而走，更重要的是反抗的精神和強者的性格。巴金在自己的作品裏，不僅爲人們樹立了革命者、反叛者這樣的榜樣，同時又以軟弱者的命運作爲人們借鑒的鏡子。一正一反，以濃重的筆墨，反覆地描繪著這條路：「在那黑暗如漆的時代裏，除了反抗而外，再沒有別的方法可以使人類得救。」〔註18〕

其次，巴金的軟弱者形象有著深厚的社會基礎，與產生這些形象的我國封建社會密不可分。

在我國，「儒者三綱之說，爲一切道德政治之大原。君爲臣綱，則民於君爲附屬品，而無獨立自主之人格矣。父爲子綱，則子於父爲附屬品，而無獨立自主之人格矣。夫爲妻綱，則妻於夫爲附屬品，而無獨立自主之人格矣。率天下之男女，爲臣，爲子，爲妻，而不見有一獨立自主之人者，三綱之說爲之也。緣此而生金科玉律之道德名詞，曰忠，曰孝，曰節，皆非推己及人之主人道德，而爲以己屬人之奴隸道德也。」〔註19〕二千多年來的中國封建社會，一直承襲著這一奴隸道德，使專制之威愈演愈烈，使國民之性愈來愈弱。因此，從廣義上說中國人「向來就沒有爭到過『人』的價格」。就連高老太爺、馮樂山之輩也不過是封建勢力的工具，充其量祇是高一等的奴才，一般的下層人民就更不用說了。他們或者是大人物間互相贈送的禮品，高老太爺爲討馮樂山喜歡，拿丫頭進貢，逼死了鳴鳳不算，又把婉兒推進了火坑。或者是父母任性的出氣筒，沈氏只要在丈夫那兒受了氣，便加倍發泄到女兒淑貞身上，把自己的親骨肉竟逼得投井自盡。或者是任人蹂躪，「沒有反抗，也不懂得反抗」的傀儡。在這方面，中華民族的性格深深地打上了孔學的烙印，孔學儒教同把人的情感、觀念、儀式引向外在的崇拜對象或神秘境界的宗教不同，它把這三者引導和消融在以親子血緣爲基礎的人的世俗關係和現實生活之中，〔註20〕人人爲臣、爲子、爲妻，人人都必須俯首貼耳於君、於

〔註16〕巴金：《關於〈激流〉》。
〔註17〕巴金：《關於〈寒夜〉》。
〔註18〕巴金：《海行》。
〔註19〕陳獨秀：《一九一六》。
〔註20〕參閱李澤厚：《美的歷程》。

父、於夫，這就造成了中國的可悲之處，不在於強力所致弱者的地位，可悲的是人人心甘情願地處於弱者、奴隸的地位！所以魯迅曾痛切地感到，我們民族的最大弱點是缺乏「反抗挑戰之力」。巴金通過軟弱者形象的塑造，深刻地反映了這一社會現實。

在巴金小說中，軟弱者形象的典型意義就在於，作者是把他們作爲國民的一種普遍性格來批判的。他們有的是被等級森嚴的社會制度麻木了渴望發展的靈魂。如劍雲，只因爲自己的家境貧寒，就「永遠以爲自己太渺小，太無能了，跟任何人都比不上」，他雖愛上了琴，卻自認是「非分的愛」，「太不自量」，不敢泄露絲毫。有的是被家長的專制統治消磨了自己的意志的。如枚少爺「從小聽慣了爹的話」，「順從地忍受著一個頑固的人的任性」，爹說他身體不好，需要靜養，他不敢邁出家門一步，爹說他身體好了，他到了口吐鮮血的地步，不敢說請醫生看病，至死未有半點忤逆，怪的祇是自己的「福薄」。封建禮教道德的吃人，吃的不僅是身，更可怕的是使人心死，成爲像枚少爺這樣的「活屍」。還有的是像覺新、周如水這樣的具有雙重人格的人。他們一方面信服新的理論，向往新的生活，卻又依然順應舊的環境生活下去，不能自拔，猶猶豫豫無所適從，白白地浪費了青春與生命。

巴金通過眾多軟弱者形象的塑造，剖析了製造「失了人形的人」這一社會現實，深刻揭露了封建禮教、道德、專制制度的罪惡。

三

評定巴金軟弱者形象對於現代文學人物畫廊的貢獻，和在文學史上的地位，離不開形象本身所具有的特點及所蘊含的新意。

在中國現代文學史上，軟弱者形象並非巴金的獨創。在二十年代文壇上，確切地說，在 1921 年以後至五卅運動之前，即所謂「五四」的落潮期，軟弱者形象曾大量出現。魯迅《在酒樓上》中的呂緯甫、《孤獨者》中的魏連殳、《傷逝》中的子君和涓生，郁達夫《沉淪》、《南遷》中的主人公，廬隱《或人的悲哀》中的亞俠，及葉聖陶一些作品中的主人公等等。但這些形象與巴金筆下的軟弱者存在著明顯的差異。

在今天看來，從新文化運動興起至「五四」高潮期，文壇上是以直言無忌地「暴露家族制度和禮教的弊害」的「狂人」和要吞吐宇宙、飛奔狂叫的「天狗」形象爲其代表的。因爲他們身上所獨有的那種不可抵擋之勢、「暴躁

凌厲之氣」能夠體現「五四」的戰鬥精神和高昂的情緒。以後，「五四」曾一度落潮，苦悶彷徨的空氣籠罩了很多青年的心靈，也「支配了整個文壇」。於是這類形象消失了，而軟弱者形象多起來，他們的出現也正體現了這一時期的苦悶彷徨的情緒。如魯迅所塑造的軟弱者形象，他們都曾是先覺者，呂緯甫和魏連殳在辛亥革命前就接受了進步思想，子君和涓生在「五四」熱潮中，為爭取個性解放和婚姻自由，邁出了堅決的一步。這些人都有過一段革命經歷，但在並不為他們的口號和主張所動的社會面前，在不同流合污就只能做個孤獨者和異樣的人的現實面前，他們消沉了，敗下陣來，「敷敷衍衍、模模糊糊地過日子」，有的甚至當了軍閥的幕僚，躬行自己「先前所憎惡，所反對的一切」。

魯迅通過這些軟弱者形象的塑造，從社會制度、經濟基礎的角度提出問題，闡發了理想與現實的衝突，個性解放的追求不能脫離爭取社會解放和改變經濟制度鬥爭的重大主題，它的深刻性是無與倫比的。

而巴金筆下的軟弱者，卻多是受傳統的禮教道德影響較深的未覺悟者或是在新與舊的夾縫中苦苦掙扎的人。他們是舊家庭的直接受害者，是中國沿襲了幾千年的封建倫理道德的犧牲者。這些人在中國是蕓蕓眾生，但也正因為如此，巴金通過對他們命運的描寫，揭露傳統的禮教道德對於青年的束縛、對於人性的扼殺，批判由「老一代支配下一代的身體、精神、財產，幸福和不幸」的家族制度，就帶有極其廣泛的普遍性。他呼出了一代青年的心聲，反映出一代青年最迫切、最急待解決的問題，因而當時的青年人把巴金做為知心朋友，認為「巴金認識我們」。

也許，人們會說巴金的觀點並不新鮮。是的，早在 1918 年魯迅的《狂人日記》就通過被迫害致瘋的精神病者狂人的描寫，揭露出封建禮教和家族制度「吃人」的罪惡，但巴金小說中的軟弱者形象，仍有著無可替代的普遍意義。

這首先在於，因為五四運動發展得十分迅猛，使先覺者在提出批判統治了中國幾千年的倫理道德的問題後，還來不及細細咀嚼、消化，就轉向新的目標去了。在文藝上並未獲得充分的表現，手法簡單且開掘不深。而巴金通過軟弱者形象對封建倫理觀念的批判，是經過一段時間的沉澱之後，對「五四」初期所提出的口號的反思。這樣，他就與二十年代初期作家僅僅是提出問題，呼喊口號，渲泄熱情的表現不同，他以中長篇小說的形式，給我們具體細緻地描繪了一幅幅血淋淋的圖畫，展現出仁義道德的觀念如何憑藉「家」

能夠吃人的過程，青年人如何在舊禮教道德的束縛下苦苦掙扎、憔悴以至死亡的悲慘命運。在這方面，還沒有誰能夠像巴金那樣揭露得如此之大膽，批判得如此之強烈，表現得如此之具體。

其次還在於，中國社會的發展進程是畸形的。中國沒有西方資產階級革命那樣歷經數百年的經濟準備和思想準備。而且中國的封建經濟體系及其封建思想世襲領地的龐大而堅固，在世界上也是罕見的。這一切都說明，要想取得社會革命的勝利，反封建的任務極其艱巨而複雜。作為新民主主義時期的文學，也必須把它列為自己的一項重要而長期的使命。

在這條戰線上，巴金戰鬥得最持久、最激烈、也最卓有成效。因為他抓住了中國封建社會統治的特點，也抓住了批判的難點。

中國反封建的思想文化運動與西方不同之處在於，西方「中世紀的世界觀主要是神學的」，因而突出地表現在資產階級反對教會和宗教神學的鬥爭中，而在中國，儒家依靠人倫天性，「以孝弟為二千年來專制政治與家族制度聯結之根幹」，〔註21〕因此，中國反封建的思想文化運動，首先掀起的是反孔運動的高潮，在批判封建專制制度的同時，把矛頭也指向維持它存在的基礎——家族制度。

由於家族本身還有一層血緣的溫情脈脈的面紗，加之孔子學說利用親子之愛這種普遍而又日常的心理基礎，以「家」的形式把孝悌固定化，使吃人合法化，因而對於家族制度的認識和批判也尤其困難。正如巴金所感覺的那樣，「現實的生活常常悶得我透不過氣來。我的手腳上戴著無形的鐐銬。」〔註22〕這「無形的鐐銬」就是巴金筆下的「家」，及其維持這個「家」的倫理道德，也就是中國封建統治的特點及其在批判時的難點。有形的鐐銬能夠殺人，但也能刺激人起來奮鬥，而這無形的鐐銬，只使人苦悶、頹唐、像陷於爛泥潭中，滿心想掙扎，卻無從著力。因而，對於抨擊專制主義和封建道德有著卓越功績的陳獨秀曾經斷言：「倫理的覺悟，為吾人最後覺悟之最後覺悟」。〔註23〕巴金正是在啓發國民這「最後覺悟之最後覺悟」上，使文學在反映「五四」反封建的思想運動方面，更深化了一步。

由於巴金筆下軟弱者們的不幸和痛苦相當多是父母與長輩直接造成的，

〔註21〕吳虞：《家族制度為專制主義之根據論》。
〔註22〕巴金：《〈長生塔〉序》。
〔註23〕陳獨秀：《吾人最後之覺悟》。

因此他們有恨可不敢恨，有愛而不能愛，有苦又不好訴，只能拼命作踐自己，或慢慢地憔悴以至死亡，或索性自殺而結束悲慘的一生。即使那些已走出家庭的新式青年，「家」的倫理觀念，仍像無形的網遙控著他們。如《霧》裏的周如水，儘管他曾出洋留學，在熱烈的愛的面前，一想到「他要是只顧自己的幸福，冒昧地做了這件事情，那麼他對父母便成了不孝的兒子」，就只好以所謂「良心上的安慰」，來取代自己的幸福，獲得的祇是一次次精神上的痛苦，青春的毀滅。《春天裏的秋天》中的鄭佩瑢，明知回家的後果，可母愛又把她拉了回去，去受「更難堪的蹂躪和折磨」，「一個正在開花的年紀的女郎」，被摧殘了，她把心給了愛，把身體給了死。巴金對於這些悲慘命運的描寫，雖然飽含著眼淚與憂鬱，卻毫不留情地把他們一個個地送上了死路，以震聾發聵的力量，使青年從軟弱者身上看到了自己的影子，看清自己「生活在什麼樣的環境裏面」，從而喚起了他們「倫理的覺悟」，堅決地走上了與舊家庭決裂這必要而艱難的一步。

雖然巴金在作品中並沒有為他們指出一條具體的路，但這批人是幸運的。雖然他們覺悟得比涓生、子君晚，但時代前進了。中國共產黨的影響日益深入人心，無產階級的隊伍不斷發展壯大，社會發展的方向日趨明確。他們走上社會後，有可能不被黑暗社會的網所罩住。在這樣的背景下，沖出家庭就意味著走上革命的路。當時有很多青年，就是在巴金作品的影響下走上革命道路的。可以說，巴金是第二代，也是最廣大的覺醒者的啓蒙師之一。

原載《中國現代文學研究叢刊》1985 年第 1 期

巴金在家庭題材小說中的兩難境地

　　中西文化在中國大地上開始撞擊、衝突、搏鬥時，也就是中國知識份子的精神心靈矛盾、痛苦、撕裂之日。自近代以來，經過幾代人對中國傳統文化的反省、認識，於留戀中批判，於批判中留戀的幾度周而復始，終於在一九一五年前後掀起了新文化運動，做出了要徹底否定，完全斷裂，重組重構嶄新的民族文化的努力。然而作為人類對自身及其生存環境的人為的加工、改造、設計，作為主體活動的派生物──文化而言，「永遠是某種整體」。任何一種民族文化形態的存在，都是由它的各個組成部分相互作用、互為中介、相互反映的結果，表現於意識形態領域的這個新文化運動，在很大程度上，是由於中國人看到了西方文明的價值，而從理性上所做出的選擇，當時的人們還不會自覺地意識到他們這些處於一定歷史中的人對中國文化所做出的超歷史的選擇，會使自身陷於怎樣的矛盾、痛苦、分裂的兩難境地，這批知識份子不僅飽讀詩書禮易，傳統文化觀念作為先天的條件隨他們的血肉歲歲生長，而且又大多出過國，留過學，在西風洋雨的哺育滋潤下，建立了一套以西方為參照系的價值觀念體系，他們身不由己地對兩種完全不同質的文化觀念都有所承擔。從理智上，他們可以凌駕於現實之上，以西方觀念來觀照中國傳統文化，自覺地去掙脫、批判歷史，然而，當他們一接觸到現實時，就不能不從感情上無意識地對傳統心理和觀念有所繼承。可以說，他們要奮力地去拋棄歷史，然而就像要拋棄自己一樣地難以實現，在新舊天性的持續的內在衝突中，歷史和價值在他們心靈中被撕碎，也導致了自己人格精神的分裂。這種分裂的痛苦，無法組織統一人格的矛盾，可以說是那個時期的知識份子的一大明顯的精神特徵。從魯迅、郭沫若、郁達夫等人的兩重婚姻形式中，我們似乎可以看到這種分裂的象徵，他們的作品，於尖刻、熱烈、淒絕

的批判中，也無不滲透著這種痛苦，甚至從某種程度上說，批判本身就是這種痛苦的發泄和緩解，如果我們大量閱讀一下五四時期的文學作品，更不難感受到籠罩當時文壇的這種苦悶彷徨的氣氛。

巴金作為現代文學領域中更為年青的一代，雖然不僅在作品中，而且從行動上都表現出了一種更單純的對於中國傳統文化觀念，尤其是中國家族制度的背叛和脫離，但實際上，他無論怎樣憑藉著青年人的氣盛、偏激、激烈也仍解不開這巨大的矛盾之結，我們不能不注意到他一再聲稱「我不過是一個過渡時代的犧牲者」的真實含意，去理解他的苦境：「許久以來，我就過著兩重人格的生活，在白天我忙碌，我掙扎，我像一個戰士那樣搖著旗幟吶喊前進，我詛咒敵人，我攻擊敵人，我像一個武器，所以有人批評我做一副機械，在夜裏我卻躺下來，打開了我的靈魂的一隅，撫著我的創痕哀傷地哭了，我絕望，我就像一個弱者。」〔註1〕這些痛苦經驗的體驗和陳述，反映了他真實的心理狀態。

巴金對於中國傳統文化的批判及其重構的努力表現在對封建禮教設計的傳統人格的批判和對理想的人格的追求上。正是在這一基點上，巴金選擇了並長期信仰了，就其實質來說，是一種浪漫主義形式的對於社會進行反抗的無政府主義，〔註2〕他從中所要汲取的是指導自己獲得最完全、最高尚、最合理的人生的精神力量。也正是從這點出發，巴金的全部作品裏有一個共同的東西，那就是他所說的：「我的路」。這條路是巴金傾其一生，在不斷地批判自我，反省自我，設計自我中，使理想的自我得以實現的過程，是巴金尋求自我的精神理想與我們民族尋求健全的國民性——理想的精神，不斷融合的過程。

由於中國封建社會在組織層次上，個人與國家之間還存在著一個強大而穩固的中間層次：宗法家族制度，在儒家學說把宗法組織與國家組織協調起來，使家庭與國家成為一對同構體的情況下，家庭被異化，人也被異化，人在現世的頭等義務不是對自我負責而是對家庭負責，中國的全部倫理道德都是建立在這個假說之下。因此，在當時的歷史條件下，要想使人獲得獨立的自我意識，自我發展，自我實現，必須率先使自我從家庭的附庸關係中分裂出來，雖然這是巴金及其同時代青年的自覺選擇，然而也成為他們矛盾痛苦的淵藪。

〔註1〕 巴金：《新年試筆》，1934 年 1 月《文學》，第 2 卷，第 1 期。

〔註2〕 英國著名哲學家羅素把十九世紀在哲學上和政治上出現的對於傳統政治思想和經濟體系的反抗分為兩種。浪漫主義的和理性主義的。他認為俄國無政府主義者表現了前者的一些最極端的形式，後者則在馬克思身上取得更深入的形式。參閱羅素：《西方哲學史》（下卷），第二十一章。

　　巴金是五四運動的產兒。在新思潮啓蒙下，他的倫理道德及其人格發生了根本的變化。他能以新的價值觀念體系去重新觀照他周圍的環境，因而所謂「孝」、「悌」行爲在他的眼裏就蛻去了美麗而高尚的色彩，露出了血與淚的罪惡，使他看到了宗法制度的荒謬、殘酷和虛僞。但是巴金又畢竟是生長在典型的大家族的宗法關係中，因而，他的成長又納入了這種家族文化規範的過程。他不能不對建立於宗法制度上的倫理觀念有所體會和承繼，只要大家庭這種社會組織形式及其經濟關係一天不消亡，建立其上的觀念、倫理原則就不會被徹底拋棄。巴金的兩個哥哥，可以說，都是家族制度的犧牲品。從個性解放，從價值觀點出發，巴金可以揭露他們「做了不必要的犧牲品」，但從感情上，面對他們不得不爲家庭做出的犧牲，巴金也不能不承認這是那個「破碎的家」的「需要」，〔註3〕也不由自主地對他們的行爲充滿同情與敬意，這就是過渡時代的矛盾生活、矛盾心理和矛盾的觀念，這矛盾的心態也不可避免地投射到了他的作品中來。

　　在《家》這部小說中，我覺得覺慧與覺新這一對對立的形象，是作者內心分裂的兩個投影，前者是新的價值觀念的承載體，作者心目中理想的人格，理想的自我；後者是傳統觀念的承載體，作者所要超越的傳統人格，也是他內心最軟弱，最怕觸動的隱秘創傷，他「靈魂的一隅」。巴金常說，他在覺新身上挖得深了，就會挖到自己，雖然我們不能簡單地把覺新與巴金劃等號，但他們之間的確有著某種內在的聯繫。

　　從作品中看，覺慧與覺新的矛盾最終是覺慧獲勝，在覺新幫助下，逃離家庭，與過去徹底告別，這個結局是毫不留情，義無反顧的。這樣，是不是就可以說作者內心的矛盾分裂最終歸於統一呢？我覺得問題並不那麼簡單，我所注意的是作者爲達到這種統一所採用的方式。

　　在小說中覺慧與覺新有一系列面對面的交鋒，覺慧與封建舊家庭的矛盾經常是以覺新爲中介的，他與封建勢力的代表祖父、叔嬸們的鬥爭基本上不是正面展開的，而是與他們的代理人覺新直接衝突。這樣覺慧與覺新的矛盾無論從作者的心理意義上，還是在小說意義上都構成了《家》的內在與外在的結構線索。在覺慧與覺新的衝突發展中，覺慧處於主動地位，他對覺新由同情理解發展到勢不兩立的態度，推動著小說矛盾逐漸激化發展到高潮，而覺慧的感情變化是通過戲劇化的手段來完成的，也就是通過人爲地激化矛

〔註3〕　參閱巴金：《紀念我的哥哥》，見《巴金文集》第10卷。

盾，把現實的平常的世界變成充滿兩極對立：好與壞，愛與憎，敵與友，善與惡的，帶有強烈的感情色彩的戲劇般的世界而達到的。鳴鳳、梅表姐、瑞珏的一具具屍體是促使覺慧一步步走向極端的刺激因素。在這戲劇性的世界裏，現實中交織著的難以廓清的複雜關係被單純化，簡單化了，價值與歷史的矛盾也就很輕易地解開了。但這並不意味著處於矛盾衝突中的作者本人解決了文化意識的整體化課題，這種有意的絕對化的手段，也就是巴金所說的，他常常把自己的愛「極力摧毀，使它變成憎恨」的寫作方式，只能說明他為之所做出的自覺的努力，而不是完成。可以說，覺慧在「死囚牢就是我的家庭，劊子手就是我的家族」的戲劇性把握方式中與舊家庭達到徹底決裂，巴金也正是要借助於這種仇恨的情緒，在批判覺新的同時，批判自己，與那個從傳統文化中成長起來的自我的感情、良心進行搏鬥，與過去徹底決裂，但這種斷裂除非在戲劇性的世界中，在現實中是難以實現的。所以覺慧與覺新的矛盾當未形成戲劇性衝突時，覺慧就不能不對覺新讓步，對他的行為也不能不給以理解與同情。覺慧的以個人為本位，要為自己把幸福爭取過來的西方價值觀念，一碰上覺新就行不通了，而陷入兩難境地，成為一個難以解開的矛盾結。這個結雖在作品中通過戲劇性手段解開了，但實際上仍固結在作者心理的深層，時時牽動著他的血脈神經。

一九四一年，巴金在闊別家鄉十八年後，第一次回到成都，他的被壓抑的對自己家庭的天然感情得到一次大爆發，結晶品就是《憩園》。非常值得注意的是，巴金在小說中的描寫與他本人感受和生活素材之間所出現的矛盾甚至相反的現象，它們反映了巴金的理性與感情的矛盾。

巴金本人對於他的這次還鄉有著十分親切的回憶：

> 傍晚，我靠著逐漸暗淡的最後的陽光的指引，走過十八年前的故居，……它們的改變了的面貌於我還是十分親切，我認識它們，就像認識我自己。——《愛爾克的燈光》

> 我走過我離開了十八年的故居。街道的面貌有了改變，房屋的面貌也有了改變。但是它們在我的眼裏仍然十分親切。我認識它們，就像見到舊友故知一樣。——《談〈憩園〉》

有意思的是，在《憩園》中，與巴金本人有著相似經歷的敘事人：黎先生對家鄉的感受和巴金恰恰相反：

> 我在外面混了十六年，最近才回到在這抗戰期間變成了「大後方」

的家鄉來，雖說這是我生長的地方，可是這裡的一切都帶著不歡迎
我的樣子，在街上我看不見一張熟面孔。

這將如何解釋？我覺得巴金本人對家庭的親切感情在《憩園》開篇就受了自
己理智的抑制，要與舊家庭徹底決裂的理性選擇，即超我在阻礙、防備巴金
把任何溫柔感情直接通過自己的影子——黎先生的渠道發洩出去，但這種被
壓抑的感情並沒有就此罷休，退入深層，而是改頭換面，化妝成寒兒，在寒
兒對父親的那種超乎「常情」的「依戀」、「原諒」、「癡心盼望父親」的感情
中，痛快地宣洩了作者一直在批判，壓抑的對家庭親緣的戀情，對家族沒落
的感傷心緒。在《愛爾克的燈光》一文中，巴金的理智在表白說：「我不會像
我的一個姑母或者嫂嫂，設法進到那所已經易了幾個主人的公館，對著園中
的花樹垂淚，慨歎著一個家族的盛衰。」但這個細節恰恰成為塑造寒兒這一
形象最動人的一筆，寒兒闖回舊居「偷」花的行動和對著花樹懷戀他父親的
場面，是巴金「動了感情」的描寫，真摯感人。的確，理性的巴金決不會允
許自己去對著舊日的花樹垂淚，但這種感情是這樣的不甘寂寞，頑強地要求
表現自己，終於憑藉著扭曲的渠道，依附於寒兒，瞞過巴金理智的監督而得
到抒發，甚至可以說，這也是巴金創作《憩園》未意識到的動力之一。

讀《憩園》時我感覺到，巴金的影子——黎先生，完全被寒兒控制住了。
寒兒像是個「精靈」，黎先生與他一見面，整個魂靈就教他勾攝去了，於是黎先
生似乎又成了寒兒的影子，跟著他走、跑、傷心、高興。可以說，黎先生不過
是作者的空殼，而寒兒才是作者的感情血肉。寒兒對父親的依戀、溫情、焦急、
憂慮這條感情線，是作者注入這篇小說中的生氣與活力，是《憩園》的命脈。
儘管巴金說，「我不喜歡他對父親那樣寬容，我倒願意他父親得到自己應得的懲
罰」，但在創作中，恰恰是這種「寬容」在統攝著他吸引著他，最大限度地激發
了他的靈感與才華，這是理性的巴金與感情的巴金的又一次矛盾。

巴金創作《憩園》時，並不完全受自己潛意識的控制，他的目的非常明
確。楊家與姚家兩條復線結構，非常清晰地傳達出作者的創作指向，觸到了
中國家族文化的顯著特徵：「養」的全部弊病和惰性本質。在這種文化組織中，
每一代人為下一代創造一份可資依賴的家業，每一代人都承擔著「養」的義
務，一代人為一代人犧牲，一代人依賴於一代人地惡性循環，而不是自我獨
立，自謀其業，這是中國家庭文化的全部「美德」和悲劇。「憩園」本身即是
這種文化的象徵物，是它的濃縮形態。巴金通過「憩園」新舊主人的命運終

將一致的暗示，著重強調了一個非常入世的主題：「財富並不『長宜子孫』，儻使不給他們一個生活技能，不向他們指示一條生活道路，『家』這個小圈子只能摧毀年輕心靈的發育成長。」〔註4〕這裡所說的「家」，不是作為血緣關係的家，而是經濟──文化關係的家，也正是從這點出發，儘管巴金在《憩園》裏對寒兒「動了感情」，但理性仍在緊緊地支配著他，使他沒有在感情的驅使下，對不事父親，與寒兒形成鮮明對照的楊家老大做出過多的指責。儘管寒兒對哥哥略有微詞，但巴金仍讓楊家老大在自己的小家中愉快地工作和生活，小說一再出現楊夢癡被趕出家門後，楊家一起看電影，一起逛公園的幸福和睦場面。有一段很能說明作者的態度，黎先生因偶然看到楊夢癡的悲慘下場，又在公園裏碰上歡歡喜喜的楊家一行人，開始心裏非常反感，但很快就捫心自問：「斷續的笑聲從他們的桌上傳過來，還是同樣的愉快的笑聲，可是它們現在並不刺痛我的心了。為什麼我不該跟著別人歡樂呢？為什麼我不該讓別人快樂呢？」巴金在談到《憩園》的創作時也說，他有意識地「不嚴厲地譴責」寒兒的哥哥「趕走父親的行為」。這是在新的價值觀念，也是西方以個人為本位的觀念影響下，理性巴金的認可，它與寒兒對父親純潔美好的感情並行不悖地形成一種對立，與感情的巴金又一次產生分裂。

家庭的包袱對於巴金來說，的確是太沉重了，雖然，他早已背叛了家庭，但實際上，感情與理智，愛與憎，義務觀念與個人意識的矛盾無時不纏繞著他的心。如果我們不把當時反封建的鬥爭神聖化，不從社會進步的角度去揭示它的意義，個人所直接面臨的是對家庭的義務與義務的擺脫：是為家庭犧牲個人，還是為自己把幸福爭取過來的鬥爭，巴金選擇的是後者。但傳統文化對巴金的規範使他只有在把自己的家庭戲劇化為「囚籠」，把親屬家族說成是「劊子手」，證明家庭經濟「養」的全部謬誤，並把自己的行動與大於家庭的社會革命聯繫在一起時，才能使自己擺脫家族義務的行動合理化。所以，我覺得，巴金的優秀作品幾乎都是以西方價值觀念規範的「我」與被中國傳統文化培養起來的我的「良心」苦苦搏鬥的結果，正像巴金所說：「為我的前途計，我似乎應該撇棄為記憶所毒害了的感情。但是在我這又是勢所不能。所以我這樣永久地顛簸於理智與感情之間，找不到一個解決的辦法。我的一切矛盾都是從這裡來的。」〔註5〕可以說，在那個過渡的時代，不論是按照傳

〔註4〕 巴金：《談〈憩園〉》，見《巴金文集》第14卷。
〔註5〕 巴金：《憶》，見1936年7月《作家》，第1卷第4號。

統文化規範自己而又不甘於此的巴金大哥，還是想從傳統文化的束縛中解放出來而又不能徹底超越它的巴金，都經歷了精神歷程的撕心裂膽的痛苦磨難，在這點上，他們是相通的。

《寒夜》是巴金的又一部家庭題材小說，婆婆與兒媳曾樹生「有我就沒有她，有她就沒有我」的激烈矛盾並不僅僅是婆媳間的人倫關係衝突，實質上反映了中西方兩種家庭觀念的衝突。婆婆一心要按中國傳統的家庭模式重新規範，實際上已打破了這個傳統、按西方家庭的某種新形式而建立的家庭（曾樹生與汪文宣僅是同居關係），要用傳統的家庭道德來要求樹生，但樹生是個接受西方文明的「新派人物」，她有自己的工作，自己的朋友，自己的生活，她不僅不是丈夫的附庸，不是在中國家庭結構中處於最底層的奴隸，而是家庭的一半，甚至大部的開支都由她承擔，她是中國傳統式家庭所缺少的分子——一個獨立的「妻」的形象，在她身上，母性與女兒性處次要地位。樹生笑的「燦爛」，身子的「豐腴並且顯得年輕而富於生命力」，喜好交際、跳舞、愛動、愛熱鬧的天性，甚至她不由自主地要以自己的美貌達到「活得痛快」的目的時，所表現出的女人的某種「軟弱」，都充滿了「妻」的魅力。她雖已做了母親，但她不像婆婆那樣，而是僅僅承擔母親的職責，讓兒子接受最好的教育，不以兒子也不以丈夫為自己的生活中心。所有這一切都是與中國的家庭模式格格不入的。中國家庭組織的和諧與秩序要求兒子服從父親，妻子服從丈夫，媳婦服從婆婆。曾樹生的獨立，對媳婦地位的僭越，無疑要破壞這種家庭結構，為婆婆所不容。她們之間的衝突絕不僅僅是因為「生活苦、環境不好」造成的，婆婆對於樹生的態度是建立在中國傳統文化心理積澱上出於「本心」的控制不住的厭惡。因此，她不止一次地說只要不和樹生生活在一起，再苦的生活也能忍受。

母親與妻子都愛著汪文宣，也都需要汪文宣愛她們，但這是來自兩個文化系統的愛。母親對汪文宣的愛體現著中國傳統文化特有的愛的方式，這是一種包容性的愛，佔有性的愛，在這種愛的氛圍中成長起來的汪文宣就永遠只能是個孩子，無法從母體中分離出去而成為新的個體，這種愛使他對母性的保護和關懷，對「溫暖」有著一種特殊的需求。母親也出於本能地懂得他的這種需求，因此自覺不自覺地以這種「愛」，作為戰勝曾樹生的唯一法寶。在作品中，汪文宣每次見到母親，她都在不辭辛苦地忙碌著與「熱」有某種聯繫的事務，她給汪文宣燒熱水洗臉，給他煮紅燒肉、燉雞吃，縫補衣服等

等，汪文宣在母親面前不自覺地仍在扮演著「溫順的孩子」的角色，他也不自覺地以母親的模式去要求妻子，渴望從妻子那兒得到這樣的愛。作品寫道，汪文宣因妻子生氣離家出走，心情煩悶喝醉了酒，正好被曾樹生碰上，樹生憐憫他，要送他回家，汪文宣頓時「感到一絲暖意，心裏也舒服多了」，於是「他孩子似地說」：「我再也不喝酒了。」到家後，「妻子便扶著丈夫走到床前，她默默地給他脫去鞋襪和外衣。他好些年沒有享過這樣的福了。他像孩子似地順從她」，巴金一再反覆強調汪文宣「孩子似地」，說明汪文宣只有在這樣的氛圍中才舒適。但曾樹生並不喜做母性的角色，她不把這出於憐憫的愛看做是愛情，她向汪文宣要求的是平等的愛，是兩個獨立人格之間的交流和感情，但實際上汪文宣做不到這點。巴金在作品中一再描寫汪文宣對曾樹生懷有一種畏懼的感覺，感到曾樹生「用她那高傲的眼光看著他」。可以說，曾樹生不能使汪文宣對於母性式的愛的依戀得到滿足。但曾樹生對汪文宣自有她的魅力，在作品中，曾樹生的美麗幾乎都是通過汪文宣的眼睛來描寫的。汪文宣一次次地覺得「她的豐滿的身子顯得比在什麼時候都更引誘人」，「她腦後燙得卷起的頭髮在他的眼裏顯得新鮮、好看」，「她的臉上帶著興奮的微笑，嘴上還是那樣的紅，眉毛還是那樣地細，臉還是那樣地白嫩」，他「癡癡地望著她的濃黑的頭髮」等等，曾樹生這些打動汪文宣的女性魅力，誘惑汪文宣的原欲移開母親的意象，但汪文宣與母親的確是聯結得過於牢固了，他既離不開母親，又不能抗拒妻子的吸引力。對母親的依戀使他由衷地原諒母親對樹生的苛刻，對妻子的愛慕又使他真心地理解妻子的苦衷，他深深地陷入中國傳統家庭文化所特有的溫情的氛圍之中，而看不到這種溫情對他自己權力的剝奪，對他自私的佔有；同時他又從西方的價值觀念出發去理解妻子、給予妻子「追求自由與幸福」的權力，而容忍妻子對他的傷害。實際上，汪文宣在感受著來自兩方面吸引力的同時，也雙倍地承受著來自兩方面的折磨。母親與妻子的絕不相容，也是她們所代表的兩種文化的不可調和，逼迫著汪文宣只能選擇一方，從而使汪文宣陷於十分窘迫的兩難境地。他對母親與妻子矛盾的調和，他對雙方的同情理解都不僅僅是出於「孝」道和維持家庭的考慮，而是他在母性與妻性的全部好處的感受中，身不由己地受著來自兩方面的誘惑，要擇善而從所做出的一次不成功的融合。從汪文宣對母親與妻子無所適從的矛盾中，也可以看出巴金本人的困惑。

這時的巴金已不像寫作《家》時那樣單純和絕對，從他對汪母與曾樹生

這兩個複雜形象的微妙把握中，我們可以感受到巴金對她們所代表的文化背景有了更為豐富多側面的瞭解和領悟。當覺慧喊著要給自己把幸福爭過來的時候，巴金讓他那麼熱烈、堅定、大膽，但對於曾樹生，巴金雖然沒有否認她爭取「自由與幸福」的權利，卻讓她說出「救出她自己」時，顯得那麼冰冷無情。《家》中的長輩是那樣的專橫，彷彿有意要破壞青年一代的幸福，而對於汪母，巴金不僅寫出她對汪文宣自私的佔有，也寫出她對汪文宣慈母的關心愛護，寫出汪文宣對母親的依戀。面對這錯綜的無法用好壞、愛憎來絕對劃分的現實，巴金那想要包容一切愛與美，摒棄一切恨與醜的藝術家的胸懷，便面臨了無從認同、無法統一的矛盾。

在今天看來，「五四」啟蒙思想家對於中國家族制度的批判，一代青年從家庭中分裂出來，走向自己，走向社會，加快了中國家族制度的解體，是古老中國在沉重的歷史蛻變中向現代化邁出的巨大的一步。現代世界的發展，生活節奏的加快，已不允許溫情脈脈的中世紀家族形式存在，它需要每一個人獨立，最大限度地發揮每一個人的創造力，從而創造出巨大的生產力。然而對於當時的中國來說，社會發展還未充分提供這樣的條件，當五四時期一代青年從家庭中分裂出來以後，他們或者還要接受家庭的經濟援助，或者面臨著朝不保夕的生活，更不用說他們的感情與舊家庭的千絲萬縷的聯繫，為世世代代的遺傳和文化薰陶而形成的心理積澱，當時他們還不能成為新的獨立的個體，這正是一個「徘徊於兩個世界之間，一個世界已經死亡，而另一個世界尚無力誕生」〔註6〕的時代，這個特定時代的精神特徵就是矛盾，它真實地體現著歷史的聯繫，歷史的嬗變，歷史的自覺與歷史的沉重。

巴金對於中國家族制度及其文化的批判，並不比五四時期啟蒙思想家站得更高，他與舊家族也許有著割捨不斷的聯繫，從感情上，心理上都無法徹底掙脫傳統文化所織成的網。但他自覺而堅強的個性，使他始終以個人本位的西方價值觀念去觀照中國的家，他寫作《家》時，完全與之認同，是他批判中國家族制度的有力武器。隨著巴金的成長，對於生活的複雜體驗，雖然他認識到了個人本位思想的侷限，但仍未否認個人爭取幸福的權力，他自覺不自覺地把個人本位思想與人類為爭取自身解放，以自身為發展目的的最終理想結合起來，既看到了它在現實的折射下，由合理變成不甚合理的一面，又矚目於未來，看到了它在現實中顯得不甚合理的一面，實際上最終是絕對

〔註6〕　約翰・杜威：《人的問題・序》，上海人民出版社，1986年版。

合理的一面。這樣，他既不能以現存道德的原則去否認個人爭取幸福的權力，也不能以爭取個人幸福的權力來完全否認現存社會的種種複雜關係對於個人權利的某些束縛和侵犯，在這種深重的矛盾中，有著一切偉大的人道主義者在現實生活中，無法徹底貫徹自己的理想信念的痛苦，它體現了巴金作為一個理想主義者的高貴的靈魂和品質。不管代表他過去歷史的全部感情、本能、良心如何反抗，佈下何樣的網，巴金始終掙扎著執著地堅持自己的理性選擇，自覺地趨向未來，正是在這不斷的痛苦磨難中，巴金自身的矛盾越來越上昇到更高的層次。

原收入《巴金與中西文化——巴金國際學術研討會論文集》，四川大學出版社，1992 年。

海灘上種花
——徐志摩對於生命本體的理想主義

談徐志摩，他的傳記作者韓石山曾說過一句深有體會的話：再沒有比研究徐志摩更容易的了，因爲他把什麼都寫了下來；也再沒有比研究徐志摩更難的了，因爲他把什麼都寫出來了，你再寫什麼？說什麼？的確，徐志摩的創作就是他生活的審美化，藝術化，包括他的詩都是對他生活體驗的記錄和抒發，以「眞」爲特點的散文更是如此，更是他自己直接告白出個自己，從中我們不僅可以直接讀到徐志摩的思想、信仰、精神氣質、情感個性，而且可以由此摸到它們的因緣由來和證據，讓我們能夠更深更實的把握徐志摩。

徐志摩的意外謝世，雖然使朋友們對他的哀悼和稱頌一時洛陽紙貴，但大家似乎太集中於讚美詩人浪漫眞誠的生活態度和他的好人緣，多少遮蔽了徐志摩的思想光芒。而另一個圈子左翼文壇雖然還看重徐志摩，茅盾爲他寫了專論，卻是從階級論的觀點出發，認爲他「是中國布爾喬亞『開山』的同時又是『末代』的詩人」，「是徹頭徹尾的一個進步的資産階級作家」。

另外來自正統的審美趣味，則認爲徐志摩輕、浮、空，淺薄無聊、華而不實。魯迅死看不上他，說他是一隻「唧唧啾啾地叫，輕飄飄地跳」的小雀兒（《「音樂」？》），討厭他那種頑童式洋洋得意的自我炫耀。周作人則說徐志摩「是天生的詩人眼，飄來飄去到處只看見紅的花，圓的月，樹林中夜叫的發癡的鳥」（《閒話的閒話之閒話》）。

今天的電視劇《人間四月天》則更是把徐志摩定位在「浪漫文人」兼「大眾情人」上了。

我覺得，徐志摩這個人和他的文已構成了一個不可分割的整體，他的風采和際遇，他的愛和他的死，經過他自己的書寫和朋友們的建構，已經使他的名字成爲隱喻，使他成爲一個文化人物，他不但在文學史上留下了自己的作品，也在中國現代歷史上留下了自己獨特的精神形象。他的散文是他對自己這一形象最直接的建構，也是我們認識徐志摩最直接的路徑。

一

徐志摩的散文創作不能算豐厚，他給我們留下了六部散文集：《落葉》、《巴黎的鱗爪》、《自剖》、《秋》、《志摩日記》、《愛眉小箚》，另有一些集外散文、譯文，大約近 100 萬字。這些散文貫穿著一種強烈的精神，就是對理想的追求。

徐志摩作爲一個理想主義者，更確切地說，是對於生命本體的理想主義，這首先表現在他對於人生的一種單純的信念和態度。

他的散文《海灘上種花》從朋友爲他畫的一個賀年卡說起，有個小孩子在海邊沙灘上赤著腳，一隻手拿著一朵花，正在使勁往沙灘裏栽，另一隻手裏提著一把澆花的水壺，壺裏的水一滴滴地往下掉著，遠景是大海翻動著的波瀾。這幅畫是朋友對他的比喻，也是他的自況。他說在海灘上種花，對於小孩來說，這一番的熱心肯定是白費了；對於花來說，落在海灘上也是一種絕望的境地。這是此幅畫的一層意思；另外還有深層的意蘊是，在我們看來海灘上種花是傻氣，但在那小孩自己卻不覺得。他的思想是單純的，信仰也是單純的。他只知道花是可愛的，可愛的東西應得幫助它生長；他平常看見花草都是從土地裏長出來，爲什麼海灘上不能長花他沒有想到，也不必想到。他知道的祇是拿花來栽，拿水去澆，只要那花在地上站直了他就喜歡，他就樂，他就會唱他的歌來讚美這美麗的生命，以後花的命運怎樣，他全管不著。他能把花暫時栽了起來便是他的成功，此外以後怎麼樣不是他的事情了。這裡有一種單純和潔淨。他認爲，這是個象徵，這個象徵不僅美，而且有力量；單純的信仰和天眞是靈性，是精力和勇敢，是一切的泉源。我們要不怕做傻瓜，儘量在這人道的海灘邊種你的鮮花，花也許會消滅，但這種花的精神是不爛的！

徐志摩盡他短短生命的全部努力就是要把理想之花種在我們民族文化的沙灘上，因爲他認爲我們民族文化是一個喘著氣的半死的文化，我們的詩人不是自憐自己身世，就是計算他未來的白髮。於是他問，爲什麼如此頹唐？他覺得，恐怕不僅是詩文呻吟病傳染的結果，怕是我們民族的一個症候。在我們國家任

何形式的理想主義即使能夠出現，也不僅不能被接受，而且必然遭到誤解、嘲笑和挖苦。(《藝術與人生》) 從此可以看出，徐志摩不是傻子，不是那個孩子，也不膚淺。他很清楚他所高舉的理想主義旗幟在中國的命運，他所必然會遭到的輕視，但他就是要在海灘上種花，而且認為只要暫時栽了起來就是他的成功。面對人們對他的不屑，徐志摩在《就使打破了頭，也還要保持我們靈魂的自由》中堅決地喊出「無理想的民族必亡」這一悲憤的真言。

二

　　說徐志摩是一個對於生命本體的理想主義者，還表現在他對理想人格的追求，特別推崇個性的價值和意義。他在《話》中說：

> 我們的一生不成材不礙事：材是有用的意思；不成器也不礙事，器也是有用的意思。生活卻不可不成品，不成格，品格就是個性的外現，是對於生命本體，不是對於其餘的標準，例如社會家庭——直接擔負的責任。

所以他說自己是「一個不可教訓的個人主義者」，他把生命本體和大自然看作是我們的「兩位大教授」，說「自然最大的教訓」就在「凡物各盡其性」的現象，玫瑰是玫瑰，海棠是海棠，魚是魚，鳥是鳥，各有各的特性，各有各的效用，各有各的意義。花的責任就在集中它春來所吸收的陽光雨露的精神，開成色香兩絕的好花，精力完了便自落地成泥，圓滿功德，明年再來過。人也是如此，所有生命祇是個性的表現，只要在有生的期間內，將天賦可能的個性儘量實現，就是造化旨意的完成。每一朵花實現它可能的色香，各個人實現它可能的色香。

　　徐志摩的講個性，不是特性，性格行為上的怪僻、新奇，他認為：「這是變性，不是個性，真純的個性是心靈的權力能夠統制與調和身體、理智、情感、精神，種種造成人格的機能以後自然流露的狀態。」(《話》) 使天賦我們靈肉兩部的努力，盡性的發展，趨向最後的平衡與和諧，無論是過於發展靈或肉都不是理想的生命狀態。

　　儘管徐志摩深受 19 世紀英國浪漫派的影響，卞之琳說「徐志摩在身體上、思想上、感情上，好動不好靜，海內外奔波『雲遊』，但是一落到英國，英國的十九世紀浪漫派詩境，他的思想感情發而為詩，就從沒有能超出這個籠子。……他的詩思、詩藝幾乎沒有越出過十九世紀英國浪漫派雷池一步。」(《徐

志摩詩重讀志感》）徐志摩對浪漫派有他自己獨特的理解，他說，「在文學上，最極端的浪漫派作家往往暗合古典派的模型」。（《守舊與『玩』舊》）這是他在浪漫派中看到的別人沒有看到的東西。所以，這也並不奇怪，徐志摩的人格理想楷模不是偏重感情的浪漫派，而是在靈與肉的對立發展中達到了平衡與和諧狀態的歌德。他在《列寧忌日──談革命》中說歌德「幾近了那一個最後的境界：認識、實現、圓滿。此外都差遠了，但這少數人曾經走到或是走近那境界的事實，已經足夠建設一個人類努力永久的靈感，在這流動的生動的現象裏懸著一個不變更不晦色的目標。」他竭力鼓動每一個人都為自己的人生樹立起一個理想，他認為：「理想就是我們的信仰，努力的標準，我們用想像力為我們自己懸凝一個理想的人格，同時運用理智的機能，認定了目標努力去實現那理想。」

　　所以，徐志摩將自我形象定位於「朝山人」。他寫過一首詩《無題》，趙景深回憶說，徐志摩曾談過自己最喜歡這首詩。該詩寫的就是一個朝山人，如何在荒天曠野中，在狼嗥、狐鳴、鷹嘯，蝮蛇纏繞的黑夜裏，面對「冥盲的前程」，戰勝荊刺的傷痛，衝破一切的恐怖、遲疑、畏縮、苦痛，終於如願以償：「你那最想望的高峰，亦已湧現在當前，蓮苞似的玲瓏，在藍天裏，在月華中，濃豔，崇高，──朝山人，這異象便是你跋涉的酬勞！」徐志摩的人生態度都濃縮在這首詩，這個朝山人的形象中。就像《過客》是魯迅形象的象徵一樣，他們代表了兩種不同的人生境界和態度。魯迅根本不相信未來會有黃金的世界，光明的前途，認定人生的終點不過是墳，但他還要走下去，決不回頭。徐志摩是相信只要你朝著你「最想望的高峰」，不怕捨命，決心勇敢地前衝，就一定會得到「靈感的贊許，最恩寵的贈與」，作為你「跋涉的酬勞」。類似的詩思還出現在《嬰兒》中，那個產婦能夠忍受「絞痛的慘酷」，因為她知道，「這苦痛是嬰兒要求出世的徵候」，「這忍耐是有結果的」，所以她「在一個完全，美麗的嬰兒出世的盼望中，最銳利，最沉酣的痛感逼成了最銳利最沉酣的快感」。

　　徐志摩的短短的一生，正是朝著自己「最想望的高峰」前衝的一生，他就像朝山人一樣，不斷地頂禮膜拜可稱為人生「止境」的高峰，尤其是利用一切機會拜見西歐文豪，而且每見必寫成熱情洋溢的文字，如泰戈爾、曼殊菲兒（曼舒非爾德）、哈代、羅素等，以至為人所詬病，創造社諷刺他「拜祖宗」，曼殊菲兒去世，徐志摩到巴黎她的墳上哭弔，以詩為祭文，魯迅不屑地說只有大文

豪才有資格哭洋女墳。徐志摩不僅對此不予理睬，還在《謁見哈代的一個下午》中聲稱「我不諱我的『英雄崇拜』」。「山是有高的，人是有不凡的！我見曼殊斐兒，不過二十分鐘的模樣的談話，但我怎麼能形容我那時在美的神奇的啟示中的全生震蕩？」「自此我益發堅持我英雄崇拜的勢利，在我有力量能爬的時候，總不教放過一個『登高』的機會」。徐志摩的拜謁名人，就是像他所說的要給自己「懸凝一個理想的人格」，用現代的話說，就是為自己製造一個神話。趙毅衡曾積極評價這種精神，認為「為自己製造神話並非對自己說謊，神話一旦站住腳，就能創造現實。這就是理想在人生中的能動力量。正像徐志摩所說的：「人類是靠理想活著的」（《關於蘇俄仇友問題討論前言》）。

徐志摩對人生抱積極理想的態度，不是出於無知，淺薄（在不少人的心目中，似乎只有悲觀才有緣與深刻相通），而是對於現代潮流的一種自覺的抵制和抗爭。他認為我們都是「過分文明的文明人」，「人生從沒有受過現代這樣普遍的咒詛，從不曾經過現代這樣荒涼的恐怖，從不曾嘗味過現代這樣惡毒的痛苦，從不曾發現過現代這樣的厭世與懷疑。這是一個重候。」（《青年運動》）在現代的精神界「悲觀是現代的時髦；懷疑是知識階級的護照，我們寧可把人類看作是一堆自私的肉欲，把人道貶入獸道，把宇宙看作一團的黑氣，把天良與德性認作作偽與夢，把高尚的精神析成心理分析的動機」。他坦言，「我也是不很敢相信牧師與塾師與主張精神生活的哲學家的勸世談的一個……但我卻也相信這愁雲與慘霧並不是永沒有散開的日子，溫暖的陽光也不是永遠辭別了人間。」「除了血紅色的一堆自私的肉欲，人們並不是沒有更高尚的元素了！」（《一條金色的光痕·序》）所以他諄諄告誡，「人格是一個不可錯誤的實在，荒歉是一件大事」，他激憤地說：「但我們是餓慣了的，只認鳩形與鵠面是人生本來的面目，永遠忘卻了真健康的顏色與彩澤。標準的低降是一種可恥的墮落。」（《泰戈爾》）

三

綜觀徐志摩短短的一生，他對自己生命本體理想主義的追求，主要表現在藝術與愛這兩大人生的場域。在他看來，他要追求和實現的是最理想最聰明的生命形態：生活即藝術，藝術即生活。

徐志摩從英國康橋回國不久，第一次在知識界亮相是在清華高等科禮堂，被梁實秋代表清華文學社請來做講演。據說，他是以牛津的方式，用英

語照本宣科。儘管聽眾都是慕名而來，但他們還是無能接受，紛紛溜走，講演是失敗了。後來這次講演的稿子仍以英文的形式發表於創造季刊（1923 年 5 月 2 卷 1 期）。雖然這篇文章被梁實秋說成是普及性的，沒有多少學術的意味，實在沒有必要採取「牛津的方式」，但實際上對於認識徐志摩的人生信仰卻是非常重要。徐志摩一再表白的康橋讓他「通竅」，睜開眼睛，獲得自我意識的那點思想，就集中在他所宣讀的這篇文章裏，徐志摩本人是非常看重的。該文闡發的基本上是唯美主義者佩特的著名文章《文藝復興‧結論》中的精神。1925 年《京報副刊》刊出征求「青年必讀書」的啓事，徐志摩受孫伏園之約開了 10 部讓他生平受益的書單，其中沒有和他關係最密切的泰戈爾、羅素，但是有佩特的《文藝復興》，其他則是《莊子》、《史記》、陀思妥耶夫斯基的《罪與罰》、哈代《無名的裘德》、尼采《悲劇的誕生》、柏拉圖《理想國》、盧梭《懺悔錄》、歌德《浮士德》、劉易斯《歌德評傳》，可見他開書單並非應景，均是他「最想望的高峰」。

徐志摩在《藝術與人生》中，把佩特在《文藝復興‧結論》中的觀點奉爲生活的原則，衡量自己一生的尺度。佩特認爲我們不僅生活在「事物的世界」中，更生活在「由印象組成的世界」中，每一個印象實際上存在的祇是一瞬間，我們生命中眞實的東西就是經過精練，對那些逝去的無數瞬間而保留下來的印象。生命的成功就是要使無數的瞬間產生強烈的熱情、見解或激動，能保持這種心醉神迷的狀態，使這種強烈的、寶石般的火焰一直燃燒著。我們都是被判了死刑的罪人，我們的生活就是一個不定的緩刑期，我們有一個短暫的期間，然後我們所呆的這塊地方就不再有我們了。有的人把這段時間沒精打采地花費掉，有的人把它花費在熱烈的情感中；最聰明的人，是把它花費在藝術和詩歌上。使你的知覺加快和增多，這種智慧最多是存在於詩的熱情中，美的追求中，以及對藝術本身的愛好中。因爲，它們給予你的瞬間以最高的質量。佩特的爲藝術而藝術實際上是爲生活而藝術，把生活本身看作是一件藝術品，從事藝術是一種最聰明的生活。

徐志摩說，我們凡俗的身體、頭腦和心臟都像是藝術家繪畫或雕塑的主題和場景。我們的一刀一筆，可能把原材料轉變成美的傑作，也可能把它糟蹋了。在他心目中像歌德這樣偉大的一生，完全可以被視爲一件成功的藝術品，一件傑作。也正爲此徐志摩斷言：「人生豐富藝術必繁榮」，「人生的貧乏必然導致藝術的貧乏」，「豐滿美好的人生自發地會綻放出實體的美，就像一

棵充滿活力的樹必將豐盛多產，表現在思想上的碩果那就是藝術，表現在行動上的結晶就是值得記憶的行為。他認為，中國人從小就開始接受視覺和意識上的訓練，以便應付適應實用的平淡的生活，合乎禮節，這種訓練不為人們開拓偉大生活的神秘迷人的前景，而是無休止地造就著傑出的庸才，這是中國教育最大的失敗，也招致了真正人格的死亡。因而中國文明是沒有靈魂的文明，至少是沒有意識到靈魂的存在，既不懂宗教，也不懂愛，更不會進行任何精神的探險。正如佩特所說，沒有精神上對人生本身的真正賞識，對崇高的人類特性就無所認識；我們沒有藝術，因為我們沒有生活，我們沒有生活，也就沒有藝術。藝術與人生是一致的。因而徐志摩認為，我們中國人雖然是一個有善德有品行的民族，但是我們卻從來沒有完全認識自己，表達自己，所以他鼓動大家，「要豐富、擴大、繁衍、激化你們的生活，最主要的要賦予它精神上的意義，這樣藝術就會隨之而來了。」（《藝術與人生》）

徐志摩本人的生活和藝術正是這樣的一個統一體。他把自己的生活是當作一件藝術品，一個藝術問題來對待，同時也通過賦予自己的生活以精神上的意義來成就自己的藝術。徐志摩最精彩的創作都是他最精彩的生活和感情的記錄和表達。徐志摩曾說過「對表達的追求總會帶來自我揭示和理解，常常會使自己也感到吃驚。」（《藝術與人生》）沒有他與林徽因和陸小曼的戀情，也就沒有詩人徐志摩。由此我們也可以知道徐志摩為什麼最終背叛父親的期望，也改變了自己的初衷而選擇了文學的道路，因為按佩特看來，最聰明的人應該在藝術和歌聲中度過一生。它能夠給生活帶來最高的品質。

四

徐志摩曾經說自己「我這一生的周折，大都尋得出感情的線索」。可以說，愛就是徐志摩的生命，是他認為的自己生命的最高成就與光彩。愛是他的天性，也是他的信念，一種自覺追求的生命藝術，這與生命即藝術，藝術即生命來源於同一思想，他追求的生活藝術化，包括詩，也包括戀愛。

徐志摩與林徽因、陸小曼的戀愛故事大家都已耳熟能詳，我想談的是詩人用自己的一生和書寫所構建成的一種可以名之為「絕對的戀愛」，這是他能夠作為一種象徵存在的獨特意義和價值。

梁實秋曾經說過：「我們客觀地看，無所文飾，亦無所顧忌，志摩的理想實際即等於是與他所愛的一個美貌女子自由的結合。和一個心愛的美貌女子

自由的結合，乃是一個最平凡的希望，隨便哪一個男子都有這樣的想頭……，但是如果像志摩那樣把這種追求和結合視爲『生命之曙光，不世之榮業』那樣的誇張，可就不平凡了。志摩的單純的信仰，換個說法，即是『浪漫的愛』。」（《談徐志摩》）梁實秋點破了徐志摩理想的平凡性，也點出了徐志摩的不平凡性，即他具有爲最平凡的願望賦予精神上的意義的能力。徐志摩爲愛賦予的精神的意義，同樣可以從英國浪漫詩人及其流變佩特的思想中找到源頭，或者說他們是同屬一個精神的譜系。

在這個精神譜系中，徐志摩還對義大利作家丹農雪烏（鄧南遮）非常感興趣，他曾爲他寫過 6 篇相當系統的評論文字：《義大利與丹農雪烏》、《丹農雪烏的青年時期》、《丹農雪烏的作品》、《丹農雪烏的小說》、《丹農雪烏的戲劇》等，從中可以看出，他是把丹農雪烏作爲了佩特思想的實現者，或者說是示例。他評價丹農雪烏的一生說：「戀愛的熱情永遠是他的職業，他的科學，他的宇宙；不僅肉體的戀愛，也不僅是由肉體所發現精神的愛情，最是迷蠱他的，他最不能解決的，他最以爲神奇的，是一種我們可以姑且稱爲絕對的戀愛，是一種超肉體超精神的要求，幾乎是一個玄學的構想。」（〈丹農雪烏的作品〉）這段話完全可以原封不動地挪用到徐志摩的身上。

從徐志摩對鄧南遮、勃郎寧夫人以及他自己的直接書寫，大概可以概括出徐志摩「絕對的戀愛」的內涵。

一是把愛的價值提高到至高無上的位置。在這方面毋庸多論，徐志摩創作了相當多的名言，至今仍在廣泛流傳。如：「戀愛是生命的中心與精華，戀愛的成功就是生命的成功，戀愛的失敗是生命的失敗。」（《愛眉小箚》1925 年 8 月 14 日）愛是實現生命之唯一途徑。「愛雖然最不嚴肅，但卻是萬事中最最意義深刻的。」「愛就像宗教一樣，是超越，是純化，由於被那種神秘的力量所純化，人凡俗的眼睛就能看見屬於精神領域的圖景，這種圖景是實際眼光通常無法看到的。」（《藝術與人生》）所以他和陸小曼的戀愛雖然違背了道德和法律，但徐志摩卻理直氣壯，認爲「眞愛不是罪」，甚至一再鼓動陸小曼「在必要時我們得以身殉，與烈士們愛國，宗教家殉道，同是一個意思。」只有相互獻出「絕對的全部」，「那才當得起一個愛字。」（《愛眉小箚》1925 年 8 月 19 日）正是在這個意義上，徐志摩認爲「愛比其他任何感情更深地紮根於土地上，因此它的頭像聖樹那樣高高聳入天堂。」（《藝術與人生》）

再是強調愛與生命與藝術的統一。徐志摩曾評價鄧南遮說，在他生命即

是戀愛，戀愛即是藝術，他展覽給我們看的是肉慾的止境，戀愛的止境，幾於藝術自身的止境。這是因為生活即是感覺的活動，沒有敏銳的感覺，生活便是空白。偉大的激情能給我們帶來蘇醒的生活感，佩特所說的讓生命充滿像熾烈的火焰燃燒的「剎那」與鄧南遮的「永遠沉醉在熱情裏」的訓條是一個意思。只有戀愛的經驗能給我們最鋒利的刺激的剎那間，愛是最有生氣最有潛力的創造源泉。

徐志摩高度評價美貌在戀愛中的意義。這也是他從以佩特為代表的唯美主義思潮中獲得的力量。因為美貌在我們民族的傳統文化涵義中都有一種致命的危險性，如：傾國傾城、美女蛇、英雄難過美人關，我們民族文化是不賦予美以正面的價值意義的。但西方文化傳統，特別是唯美主義觀念，都認為從女性的神秘中能夠領略最純粹的美的實在，因為女性是天生的藝術的材料，是藝術家應該集中地觀察的對象。徐志摩就在《藝術與人生》中，以佩特的觀點為美做翻案文章。他說，如果我們能在西方歷史中學點什麼的話，我們必須認真注意希臘文化和復興精神。在他看來，希臘文化最光輝的成就，不是政治，更不是科學和玄學，而是發現了人身體的尊嚴和美。沒有任何民族像希臘人那樣珍重美，美像天才或高貴的地位一樣，成為一種榮譽。對美的普遍尊重如此強烈，致使斯巴達的婦女們在她們的臥室裏放上一張傳說中的美男子像，希望她們生下的孩子也美貌無比。崇拜美是一種健全的智慧，美的敏感比強烈的理智或道德的品性對人生的意義更重要，更富有成效。我們的審美直覺比起我們含糊其詞難以捉摸的道德善感來，是一個安全得多，可靠得多的最終標準。達到善的最好方法就是通過美。美對於實現好的生活的貢獻大於理智和道德的品性，因為它能夠極其和諧地將心靈各成分融合一體。希臘文上等人的意思是「美麗的善」，這點意味深長。所以，徐志摩不僅毫不掩飾自己對美麗女人的追求，而且作為他絕對的戀愛的一個不可缺少的重要因素。這也就是梁實秋所說，徐志摩與一個美貌的女子自由結合的夢想之玄學建構。

徐志摩所謂「絕對的戀愛」要求的是愛的完全性、絕對性和不可變性。他在 1925 年 8 月 19 日《愛眉小箚》裏直白地向陸小曼籲求：「我要的是你的絕對的全部──因為我獻給你的也是絕對的全部，那才當得起一個愛字。」「在兩情的交流中，給與受再沒有分界；……因為戀情不是像金子似的硬性，它是水流與水流的交抱」。認為「愛是人生最偉大的一件事實，如何少得了一個

完全，一定得整個換整個，整個化入整個，像糖化在水裏，才是理想的事業，有了那一天，這一生也就有交代了。」

徐志摩的生活充滿了他對「絕對的戀愛」的追求。他為自己樹立的人間愛的榜樣，就像他為自己樹立人格的榜樣歌德一樣，是勃郎寧夫婦。他翻譯過白朗寧夫人的情詩，也曾專門寫文章詳細評介《白朗寧夫人的情詩》，從中我們可以看出，他是把白朗寧夫婦的戀愛和結婚作為自己，也是人類社會「一個永久的榜樣與靈感」的。他說，他們的結合「是人類一個永久的紀念」「一次不可磨滅的光明的記錄」。他們的婚姻和他們的戀愛一樣「為蹣跚的人類立下了一個健全的榜樣」，白朗寧在這段情史中所表現的品格是男性的高尚與華貴，白夫人是女性的堅貞與優美與靈感。他們完全實現了配偶的理想，完全實現了「這地面上可能的幸福」，「在人類進化史上劃高一道水平線」。如果說，鄧南遮用創作顯示了戀愛的止境，藝術的止境，白朗寧夫婦就是人間戀愛的止境，「絕對的戀愛」的實例，他們的情詩與情書也是藝術的止境。

徐志摩就是把白朗寧夫婦的戀愛與結婚的生活作為了自己愛的榜樣，並要以自己的戀愛與結婚的行為實現這樣的理想，「絕對的戀愛」。在《愛眉小箚》中，他一再提醒陸小曼，讓她意識到「你我從今起對愛的生活負有做到他十全的義務」，他鼓勵小曼「世上並不是沒有愛，但大多是不純粹的，有漏洞的，那就不值錢，平常，淺薄，我們是有志氣的決不能放鬆一屑屑。我們得來一個真純的榜樣。」「做到一般人做不到的事，實現一般人夢想的境界」。徐志摩在與陸小曼的戀愛中投入了寶石般燃燒的火熱激情，當有夫之婦的陸小曼最終接受了徐的愛，他寫道：

> 我感謝上蒼，因為你已接受了我；這來我的靈性有了永久的寄託，我的生命有了最光榮的起點，我這一輩子再不能想望關於我自身更大的事情發現：我一天有你的愛，我的命就有根，我就是精神上的大富翁。——1925 年 8 月 14 日

> 眉，我是太癡了，自頂至踵全是愛，你得明白我……，得永遠用你的柔情包住我這一團的熱情，決不可有一絲的漏縫，因為那時就有爆裂的危險。——1925 年 8 月 16 日

我想，他的內心一定還夢想像白朗寧夫婦那樣把這理想的愛記錄下來，成就一部愛情的傑作。因而他一再督促小曼寫日記，他自己更聲明在這冊《愛眉小箚》裏，「除了登記因愛而流出的思想外，我也決不願夾雜一些不值得的成

分」。《愛眉小箚》是他用全部的情感和才華而成就的「絕對的戀愛」的宣言，其文字流利美豔，是他別的散文所不能比的。

經過五四新文化運動的洗禮，像徐志摩這樣別戀不應該是什麼新鮮事。如魯迅、郭沫若、郁達夫、吳宓……都有類似的經歷，但沒有誰像徐志摩這樣唱愛的高調，大書特書。他的確是把愛作為了人生的最高事業，也以他的愛和對愛的書寫，為愛賦予了最高的絕對的意義。

但徐志摩最終的婚姻顯然徹底消解了他所建構的「絕對的戀愛」的理念，反而成為「絕對的戀愛」之不可能的一個證據。本來經過種種的磨難結婚以後，徐志摩是要續寫他的愛眉小箚，做成「結婚的愛」的。在徐志摩的想像中，結婚的愛應該天天都是蜜月中的蜜性的日子。當他把小曼帶離北京，和她一起坐在車上，「回身看看，挨著你坐著的是你這一輩子的成績，歸宿」，不由得洋洋得意，口出狂言。他說，《愛眉小箚》那是他「在苦悶的齒牙間過日子」的記錄，「是一整本嘔心血的日記」，「現在情景不同，不僅臉上笑容多，心花也常常開著的。我們平常太容易訴愁訴苦了，難得快活時，倒反不留痕迹。我正因為珍視我這幾世修來的幸運，從苦惱的人生中掙出了頭，比做一品官，發百萬財，乃至身後上天堂，都來得寶貴，我如何能噤默。人說詩文窮而後工……，我卻老大的不信，我要做個樣兒給他們看看──快活人也盡有有出息的。」（《眉軒瑣語》1926 年 8 月）

這就是徐志摩寫作《眉軒瑣語》的初衷。但很快現實生活就對這個戀愛的理想主義者開了個殘酷的玩笑。只有一年多點他就體會到：「愛是建設在相互的忍耐與犧牲上面的」，很快開始在這部本想記錄「蜜性生活」的日記中歎氣：「曼的身體最叫我愁。一天二十四小時，她沒有小半天完全舒服，我沒有小半天完全定心。給我勇氣，給我力量，天！」（《眉軒瑣語》1927 年 1 月 1 日，據徐志摩全集注釋，應為 1928 年 1 月 23 日）幾天後又語出驚人：「愛的出發點不定是身體，但愛到了身體就到了頂點。厭惡的出發點也不一定是身體，但厭惡到了身體也就到了頂點。」（《眉軒瑣語》1 月 6 日，應為 1 月 28 日）

小曼的母親曾經說過，「志摩害了小曼，小曼也害了志摩」，這句話，應該是限定在結婚後，結婚前應該說是徐志摩成全了陸小曼，陸小曼也成全了徐志摩。他們追求愛的理想儘管最終不如人意，但我相信，徐志摩不會因為自己婚姻的失敗而不再相信「絕對的戀愛」，對於徐志摩來說，只要人間有勃郎寧夫婦的理想之愛存在，就會像他所說，「這少數人曾經走到或是走近那境

界的事實，已經足夠建設一個人類努力永久的靈感，懸凝一個『絕對的戀愛』的目標。」

在這個意義上徐志摩是成功的，他為我們民族文化懸凝起「絕對的戀愛」的精神，像他在《海灘上種花》中所說，「他能把花暫時栽了起來便是他的成功」。徐志摩與陸小曼的戀愛及他們為愛所豐富、所繁衍、所激揚的文字，他們對愛所賦予的精神意義和最高價值，在我們民族現代文化史和精神史上標舉了一種理想精神，留下了自己獨特的精神形象，樹立起永遠讓後人瞻仰和稱羨的一種理想而健全的愛的境界。反過來說，徐志摩的創作也表明了他對生活和愛的覺悟，他的生活和藝術的確是他所追求的統一體。

總的來說，徐志摩對於生命本體的理想主義信念，胡適曾總結說，就是愛、自由與美。我還要加上一種就是藝術。愛和藝術是支撐徐志摩人生理想實現的兩大領域，自由與美是愛和藝術的靈魂與境界，就像詩人在《清風吹斷春朝夢》中所謳歌的那樣，「詩心，戀魂，理想的彩疊」。徐志摩也正是在這生命的兩大領域去追求，去實驗一個人類理想的神聖境界，使自己的生命迸發出耀眼的光芒，成就了中國人生命史上的一次「光明的記錄」。

五

徐志摩並不僅僅是一個祇會談戀愛和藝術的象牙塔中人，他一生雖然沒有投入實際的政治活動，但對政治有著相當濃厚的興趣。他在相當一個時期受到左翼文壇批判的原因，就是因為他對政治有著太多的發言。如茅盾所說，「他是一個詩人，但是他的政治意識非常濃烈。」需要說明的是，徐志摩的所謂政治與一般的理解並不相同，也屬於生命的範疇。他在《政治生活與王家三阿嫂》中引用亞里斯多德的話：「人是一個政治的動物，好比麻雀會得做窩，螞蟻會得造橋，人會得造社會，建設政治，這是一個有名的『人的定義』」。他稱頌英國人的政治不但與日常生活有極切極顯的關係，甚至可以說政治便是他們的生活。在徐志摩看來政治不像一種信仰，一種集團的活動那麼嚴重，它就是人之本性的一種習性，是他們的生活，是他們共同的職業，是他們閒談的資料，是他們有趣的訓練。他理想的政治是「像從前的雅典，或是現在的英國一樣」。

徐志摩在英國雖然棄政治從文學，但實際上他也從英國獲得了自己的政治意識、政治理想和現實政治的生活與操練，成為英式民主的熱烈擁護者。他積極參加各種社會活動，特別需要一提，他是康橋大學邪學會的積極分子。

其主要活動就是每周演講、討論或辯論。內容基本上是屬於反叛社會和傳統的「洪水猛獸」,「異端邪說」,這也是該團體命名的由來。所以徐志摩回國以後,到處演講、組織新月社,能把《晨報副刊》辦得那麼有聲有色,在政治社會問題上左右開弓,銳不可當,都來自於他從邪學會獲得的「不承認已成的一切,不承認現實,不承認現有的社會、政治、法律、家庭、宗教、娛樂、教育,我們要一切都重新來過」的精神(《青年活動》),得益於他在英國的操練,也可以說是他留學生活的一種延續。

徐志摩開展政治活動最具影響的,是他任晨報主編後所主持的關於「蘇俄仇友問題」的討論。1925 年 10 月 6 日晨報《社會周刊》第一期刊出了陳啓修文:《帝國主義有白色與赤色之別嗎?》。據說此人是共產黨的同路人,該文針對著當時中國知識界有人說蘇聯是帝國主義這一論點,起而爲蘇聯辯護。文章認爲以蘇聯的工業、資本而論,決無力量用資本或商品侵略他國的可能,指責赤色的蘇聯爲赤色的帝國主義牛頭不對馬嘴。陳啓修的文章引起多人的反響,首先是志摩的朋友,清華政治學教授張悉若的文章,題爲《蘇俄究竟是不是我們的朋友》,接踵而來的是各方作者的大量稿件,擁共聯俄和反共排俄的兩樣都有。共產主義和蘇俄問題當時是個熱門話題,所以《晨報》一時熱鬧非凡。作爲主編,徐志摩不便強調自己的觀點,但在他的選稿和所下的按語中,還是可以感覺到他的反共立場。現在看來,徐志摩的政治嗅覺相當敏感,他在張奚若文章前附加了一大段「前言——記者的聲明」說:「這回的問題,說狹一點,是中俄外交問題;說大一點是中國將來國運問題,包括國民生活全部可能的變態。」在當時無論國民黨,還是共產黨都沒有取得統治全國的政權,蘇聯也還沒有產生決定性影響的時候,徐志摩的這段話不能不說是一種大膽的預見。

1925 年發生的關於仇友問題的公開討論,決不是偶然的。孫中山在他革命生涯的各個不同時期幾乎向所有先進國家懇求過援助,十月革命後,他就致力於與列寧黨的結盟,希望他們能從軍事上幫助他成爲北京的總統。特別是 1922 年他被陳炯明擊敗以後,對蘇聯寄予了更大的希望。

在蘇聯世界革命戰略中,爲了與強大的資本主義世界相抗衡,列寧組建了第三國際,或稱共產國際,把莫斯科作爲了世界革命的總參謀部,他的一個重要策略就是要離間資本主義大國與它們的殖民地,從而削弱前者的基礎。他認爲,共產國際、宗主國及其殖民地的共產黨,應將這一解放鬥爭當

作革命的準備階段，支持資產階級，建立統一戰線，最終為下一階段打倒資產階級，建立社會主義國家做準備。共產國際精心製定了這一基本方針，並在能夠插足的每個殖民地派代表，進行傳播。中國雖不是殖民地，仍被納入這個方案。這樣，蘇聯的使者在中國擔負著雙重的使命：既要幫助開創共產主義運動，同時又要積極發現值得蘇聯和共產國際支持的民族革命組織。他們經過若干年的考察，直到 1923 年孫中山所資助的軍隊收復廣州不久，才做出了明確的決定，要在資金上支援孫中山和國民黨。

由於孫中山不同意國民黨和共產黨結盟，共產國際代表便勸說共產黨委曲求全，以個人身份加入國民黨。同時也針對國民黨內部反對共產黨的傾向表明蘇聯的援助要以共產黨人繼續留在國民黨內為前提。但兩黨之間始終存在著激烈的矛盾和鬥爭，1925 年 3 月 12 日孫中山逝世，特別是五卅慘案，省港大罷工和大封鎖，上海與廣州的工人受到了鍛煉，配有武裝糾察隊並由共產黨組織起來的罷工工人成為革命的重要力量，這使國民黨對共產黨的提防和恐懼前所未有地高漲。國民黨內部兩極分化愈加嚴重，1925 年 8 月 20 日反革命分子暗殺了「聯俄」政策的熱情支持者廖仲愷。1925 年 11 月，一群國民黨元老在北京召開西山會議，決定把共產黨人開除國民黨，並宣稱國民革命與階級鬥爭是不可能攜手共進的。這一決議雖然遭到廣州國民黨領導人的痛斥，根本不具有任何的約束力，但造成了國民黨內部左右派的大破裂。

由此可見，《晨報副刊》關於蘇俄仇友赤白的大爭論不是偶然的，正是在國共兩黨的矛盾即將爆發前的危機關頭，國民黨內部尖銳的對立在黨外和知識界的表現。反映了當時社會的兩種具有代表性的情緒和觀點。徐志摩雖然當時沒有參加論戰，但他對這個問題也是如鯁在喉，不吐不快。於這場論辯前後，發表了不少反共言論。

徐志摩對共產黨的態度並不是一成不變的，在美國時期，他因為看了一部小說，講芝加哥的一個肉廠，用小孩看機器，結果一個幼童不小心把自己的小手臂絞了進去，做了肉餡。據講那一個星期，至少有幾萬人分嘗了小孩的臂膀。這讓徐志摩仇恨資本家，而同情社會主義。他說，早期社會主義中的人道主義、慈善主義以及烏托邦主義很合我的胃口，所以下決心研究社會主義，甚至有一段時間就被人稱作布爾什維克。到了英國，他對勞工的同情更加分明，直到回國他都自稱是個激烈派，一個社會主義者。很可能導致徐志摩的態度發生根本性的轉變與羅素相似。1923 年徐志摩因為與陸小曼的戀

愛鬧得滿城風雨,「不得已決定去歐洲旅行,避避風頭」,途中趁便遊覽了莫斯科。他似乎也正應了羅素的那句話:余信共產主義而赴俄,但既見俄而不復信共產主義也。雖然徐志摩曾自稱,他的膽子早幾年大得多,羅素批評蘇維埃,他就反批羅素,但實際上,徐志摩對社會主義本談不上信仰,他的變化也反覆無常。早在英國時期,他就曾為羅素遊俄後寫的《布爾什維克主義的理論和實踐》一書寫過書評,他後來的反共言論基本上發揮的是羅素這本書中的觀點。比如羅素說,他抗拒布爾什維克主義有兩個主要原因:

其一,採布爾什維克法以登共產主義,人類須付之代價過巨;

其二,就使付價矣,而謂布爾什維克所昌言能得之結果可一蹴而幾,吾不信也。(參閱《羅素遊俄記書後》)

徐志摩後來寫的《列寧忌日──談革命》、《歐遊漫錄》等文章所持的反共觀點與羅素同出一轍。他同樣抨擊蘇聯的殘酷與不人道,他說「這裡沒有人道的喜色,有的是偉大的恐怖與黑暗,慘酷,虛無的暗示。」「執行大劫的使者,不是安琪兒,也不是魔鬼,還是人類自己。莫斯科就彷彿負有那樣的使命。他們相信天堂是有的,可以實現的,但在現世界與那天堂的中間欲隔著一座海,一座血污海,人類泅得過這血海,才能登彼岸,他們決定先實現那血海。」(《歐遊漫錄·血》)

他也同樣抨擊共產主義理論的烏托邦性質,他說:「俄國革命不是馬克思學說所推定的革命,……共產革命是盲從一種根據不完全靠得住的學理,……在幻想中想望一個永遠不可能的境界,這是迂執。……青年人不要輕易謳歌俄國革命,要知道俄國革命是人類史上最慘刻苦痛的一件事實,有俄國人的英雄性才能忍耐到今天這日子的。」(《列寧忌日──談革命》)

1926 年 7 月胡適到歐洲遊歷,也途經蘇聯,在莫斯科做了三天的實地考察,後來給張慰慈寫了 3 封長信報導他在蘇俄的見聞及自己的思考。他與徐志摩的感想截然相反,作為一個實驗主義者,胡適認為,實驗必須有一個假定的計劃(理想)做方針,還要想出種種方法來使這個計劃可以見於實施,在這個意義上,蘇俄的理想也許是他們這些愛自由的人不能完全贊同,但對於蘇俄大規模的政治實驗,不能不十分頂禮佩服,他的所見已足以使他「心悅誠服地承認這是一個有理想,有計劃,有方法的大政治試驗」,至少應該承認蘇俄有作這種政治實驗的權利。「在世界政治史上,從不曾有過這樣大規模的『烏托邦』計劃居然有實地實驗的機會。」特別是蘇聯所公佈的教育統計

數位讓胡適驚歎，認為「蘇俄雖是狄克推多（專制），但他們卻真是用力辦新教育，努力造成一個社會主義的新時代。依此趨勢認真做去，將來可以由狄克推多過渡到社會主義的民治制度。」胡適的信函雖然刊登在徐志摩主持的《晨報副刊》上，但發表時徐加了一個比胡適文長得多的按語進行批駁，毫不顧及胡適的威望和他們之間的友誼。針對胡適對蘇俄政治實驗的肯定，徐志摩提出，我們應得研究蘇俄所懸的那個「烏托邦理想」，在學理上有無充分根據，在事實上有無實現的可能；其次，認清了他們的目標，進一步研究，他們的方法對不對，這過程中所包含的犧牲的值得與否；再次，每種政治實驗都有它的特殊背景，蘇俄是否有普遍適應性？更不留情地批評胡適根據教育統計數位得出「美國式的樂觀」的結論，徐志摩挖苦說，「數目是不說瞎話的，但說瞎話的人可以造數位」。認為蘇俄教育幾乎完全是所謂「主義教育」，「黨化教育」。（參閱 1926 年 9 月 11 日《晨報副刊》）

徐志摩的反對黨化教育又引起了張象鼎的反對，他認為，「黨化教育」便是最新的教育，這不是限於教育範圍內的問題，實是政治的問題，如果你贊成「政黨制度」，贊成凡一政黨，都應該確信本黨的政策為好政策，而努力其實現，那你便不能不贊成「黨化教育」。同樣，徐志摩也加了很長的編者按，闡明自己的觀點：蘇俄是中世紀政治的一個反響。它的新政治是一種新宗教，如中世紀有異端這個巧妙的觀念，現代的蘇俄也發明一個不相讓的名兒：『反革命』；它有幾個前提不容你疑問的，如上帝與聖母，共產主義的階級說；你沒有選擇的權利，你只能依，不能異。我個人懷疑共產主義，懷疑黨化教育，就為顧戀一點點的私人自由。無怪張象鼎把徐志摩稱作是「『反赤化』的軍隊的總指揮」，「勇敢地站在『反赤化』的戰線上」。（參閱 1926 年 9 月 20 日《晨報副刊》）

徐志摩打著「自由」的旗號攻擊蘇聯，這是不奇怪的，因為自由主義是根據個人主義關於人與社會的理論而來的，它不但和社會主義理論，而且也與嚴謹的社會理論有基本衝突。從歷史上看，自由主義是在中產階級社會所發展出的最高形式的思想，並且與資本主義息息相關。但徐志摩接受自由的思想，並不接受資本主義社會，所以他所信奉的自由，也不是一種政治立場，從根本上說，是以生命為一切出發點的立場。對於徐志摩來說，不管信奉什麼主義，走什麼道路，「不論是誰，不論是什麼力量，只要他能替我們移去壓在我們靈性的一塊昏沉，能給我們一種新的自我意識，能啓發我們潛伏的天才與力量，來做真的創造的工作，建設真的人的生活與活的文化──不論是

誰，我們都拜倒。列寧、基督、甘地、耶穌教、共產黨、三民主義。」（《列寧忌日——談革命》）

　　徐志摩所眞正服膺的是羅素以「生命的樂趣」爲條件的「好社會」，他寫了《羅素與中國》、《羅素又來說話了》、《羅素與幼稚教育》，並翻譯了羅素的《教育裏的自由》竭力鼓吹羅素的思想主張。他闡發說，只要具有四種條件，人生便是光明的，社會就是好社會：

1、生命的樂趣。所謂生命的樂趣就是天然的，單純生活的幸福，本能的快樂，身體的健康是生命的樂趣的第一個條件。

2、友誼的情感。

3、愛美與欣賞藝術的能力。

4、愛純粹的學問與知識。純粹的知識是指純粹的科學，而不是科學的應用。美國純粹的科學最不發達，應用科學最發達的所在是美國。

　　徐志摩認爲，這四個條件只要能推及平民，天下就會太平，人生就有顏色。也正是從生命的原則出發，他不僅反對蘇聯，也反對美國所代表的工業主義的資本主義社會。他說，工業主義的大目標是「成功」，本質是競爭，競爭所要求的是「捷效」。成功，競爭，捷效所合成的心理或人生觀，便是造成工業主義，日趨自殺的現象，使人道日趨機械化的原因。我們要回復生命的自然與樂趣，只有一個方法，就在打破經濟社會競爭的基礎，消滅成功與捷效的迷信。他認爲自由的戰爭（爲自由而戰）不是單靠經濟制度的變遷就可以取勝的，不能讓機械主義侵入使生命值得一活的範圍，即藝術與思想，友誼與情愛，單純的享樂，這些保存生活價值的元素。人生最可珍的事物，都是有藉於一種自尊，一種自決。（參閱《教育裏的自由》）由此我們可以理解，徐志摩在他起草的《新月》發刊詞中，爲什麼提出了「不妨礙健康」，「不折辱尊嚴」的兩大原則，他的眞正涵義是什麼。這兩大原則正是從生命出發而強調的「人生的尊嚴與健康」。徐志摩說它是「我們不曾發見更簡賅的信仰的象徵」，他說，「我們要充分的發揮這一雙偉大的原則——尊嚴與健康。尊嚴，它的聲音可以喚回在歧路上彷徨的人生。健康，它的力量可以消滅一切侵蝕思想與生活的病菌。」（《〈新月〉的態度》）

　　徐志摩從生命出發，不僅爲個體，也爲社會高懸了一個如天般高的理想，所以，徐志摩總是想飛，他也寫了不少想飛的散文和詩歌。他在散文《想飛》中寫道：

> 人類最大的使命，是製造翅膀，最大的成功是飛！理想的極度，想
> 像的止境，從人到神！詩是翅膀上出世的；哲理是在空中盤旋的。
> 飛：超脫一切，籠蓋一切，掃蕩一切，吞吐一切。

他想凌空去看一個明白，認為「這才是做人的趣味，做人的權威，做人的交
代。」徐志摩也總是把自己的歸宿想像成飛到天上去。他在《愛的靈感》這
首長詩中讓女主人公在彌留之際喃喃地說道：

> 現在我
> 眞眞可以死了，我要你
> 這樣抱著我直到我去，
> 直到我的眼睛再在不睜開，
> 直到我飛，飛，飛去太空，
> 散成沙，散成光，散成風，
> 阿苦痛，但苦痛是短的，
> 是暫時的，快樂是長的，
> 愛是不死的：
> 我，我要睡。

徐志摩的這種想凌空飛翔的欲望及其命運，被李歐梵闡釋為古希臘神話中伊
卡洛斯式綜合症「高升」性格的例子，伊卡洛斯是希臘神話中發明家代達羅
斯的兒子，因插上蠟製的翅膀飛得太高，被太陽的熱度烤化墜落而死。徐志
摩的命運也的確相似，這是不是又一次證明了理想主義者的悲劇？徐志摩對
於伊卡魯斯的命運是心知肚明的，所以他在《想飛》這篇散文的結尾，神差
鬼使地描寫了一段類似讖言的話，想不到竟然應驗。

> 天上那一點子黑的已經迫近在我頭頂，形成了一架鳥形的機器，忽
> 的機沿一側，一球光直往下注，硼的一聲炸響──炸碎了我在飛行
> 中的幻想，青天裏平添了幾堆破碎的浮雲。

這也許是徐志摩對自己對理想主義者命運的預言，他本人深知伊卡洛斯注定
的悲劇命運，但他並不絕望，並給予高度的評價。他把伊卡洛斯推舉為「人
類飛行史里第一個英雄，第一次犧牲。」他在人類的進化史中看到了伊卡洛
斯「不死的靈魂，回來投生又投生」。徐志摩說自己決不是那童騃性的樂觀主
義者，他說：「我是曾經遭受失望的打擊，我的頭是流著血，但我的脖子還是
硬的；我不能讓絕望的重量壓住我的呼吸，不能讓悲觀的慢性病侵蝕我的精

神，更不能讓厭世的惡質染黑我的血液。」因為「我是一個生命的信徒，起初是的，今天還是的，將來我敢說也是的。」他表白「我絕不來指著黑影說這是陽光，指著雲霧說這是青天，指著分明的惡說這是善；我並不否認黑影，雲霧與惡，我祇是不懷疑陽光與青天與善的實在。」因而他相信「真的理想主義者是受得住眼看他往常保持著的理想煨成灰，碎成斷片，在這灰這斷片這泥的底裏，他再來發現它更偉大更光明的理想。我就是這樣的一個。」（《「迎上前去」》）如果我們都能夠像徐志摩那樣保持我們心中的理想，那就是他的，也是人類理想主義的不死的靈魂，回來投生又投生。

2004 年 3 月

俞平伯、朱自清《槳聲燈影裏的秦淮河》中的敘述者

敘述者不僅在小說這一藝術體裁中，而且在散文中也起著十分重要的作用。在某一特定人物的某一特定的觀察角度、經驗、印象和評價下，作者所創造的虛構世界會不期然而然地獲得某種「統一的觀點」，獲得藝術的審美效果所不可缺的「關聯」和「整體性」。特別在篇幅不長的散文中，敘述者在文本中所展現出的音容笑貌，直接決定著文章的風格和語調，因此，對於敘述者的把握不僅對於作者來說是一個至關重要的問題，即使對於讀者、欣賞者來說，也是他要進入作者的藝術境界的前提。對俞平伯、朱自清《槳聲燈影裏的秦淮河》這兩篇同名散文的欣賞評論性文字已有不少，前人也確實「品」出了這兩篇散文微妙的不同味道，但它們各具一格的「味」是怎樣產生的？如果我們從敘述者的角度來觀察分析，也許會為把握其藝術魅力提供一個新的角度。

俞平伯的《槳聲燈影裏的秦淮河》中的敘述者不僅是一個第一次遊覽秦淮河的文人，更重要的是一個喝得具有了一定程度醉意的遊客。他醉得恰到好處，說醉又略有一點理智，說不醉又有了幾分「醺嬉」，甚至體驗到了一種平時所少有的抑制不住的如「火種的微炎」的「『欲』的胎動」，可以說，似醉非醉，似狂未狂，似盡意又猶未隨。通篇都浸在一種「怪陌生、怪異樣的朦朧之中」，「輕暈著的」「離合的神光之下。」

敘述者的微醺的醉意，作者不僅以明筆點到：「以歪歪的腳步，踅上夫子廟前停泊著畫舫」，「懶洋洋躺到藤椅上去了」。更可貴的是，作者於行文中創造了一種人近醉時所常有的亢奮而突兀的語調：文章開篇如脫口而出：「我們

消受到秦淮河上的燈影，當圓月猶皎的仲夏之夜」，使人立刻會想到人在醉時特有的誇耀，炫示之態。儘管文章寫得朦朧，空幻，遣詞造句十分文雅，但於其中又時而夾雜著「哦！」，「看！」，「嚇」等一驚一詫的感歎詞，以及如「嚇哈的」、「撲冬地」「丁冬而郎當」等與雅文極不相稱的粗野的象聲詞，非常活靈活現地描寫了人於醉裏夢裏時而頓然一醒，時而酒後失言的憨癡舉動。更為難得的是，作者不僅傳達出敘述者外在的似醉非醉的言行音貌，還展現了他微漾在心裏的醉與醒。

　　酒與色是難分家的，更何況在所謂「六朝金粉氣」的銷金窟。敘述者一坐上蕩漾在河中的小燈舫，就立即感到「熱」，「情景裏頗朦朧的，滋味是怪羞澀的」，看同伴佩弦呢？——「太頻繁地搖動我的黑紙扇」。一個反問「胖子是這個樣怯熱法嗎？」於此埋下了頗有些狡黠，曖昧的伏筆。槳聲燈影裏的秦淮河，處處閃動著誘惑。要看：夕陽，河上妝成一抹胭脂的薄媚，就不能不使敘述者想到清溪的姐妹們臉上的殘脂；要聽：「淒厲而繁的弦索，顫岔而澀的歌喉」，笑語聲，竹牌響，就不能不使敘述者「怦怦而內熱」，「感到火樣的溫煦了」；要呼吸：「茉莉的香，白蘭花的香，脂粉的香，紗衣裳的香」就不能不使敘述者迷上秦淮河姑娘們的靚妝。儘管是個老夫子，敘述者卻也坦率地承認自己醉了。但「醉不以澀味的酒，以微漾著，輕暈著的夜的風華」，是隨酒醉而來的心醉，是隨理性放鬆後的「欲的微炎」。

　　敘述者的醉使他體驗到了秦淮河上所飄蕩的一種特殊的柔膩、香甜的誘惑，但也僅此而已。雖「自認有欲的微炎」，但歌女們的艇子來時又止不住羞澀地躲開了」，甚至在被糾纏時不惜以無禮強硬做慌亂的拒絕。兩個老夫子雖醉了，但倫理道德還緊緊把著理智的大門，使他們不能與秦淮河一起洪醉。敘述者對自己行不由衷的舉動是十分清醒的。他自問：「咱們本是在旅館裏，為什麼不早早入睡，掯著牙兒，領略那『臥後清宵細細長』；而偏這樣急急忙忙跑到河上來無聊浪蕩？」但既來作無聊的浪蕩了，為什麼又不能恣意盡興？當他們眼看著歌女們的艇子「一個個地去遠了，呆呆的蹲踞著，怪無聊賴似的」，一種空空的惆悵，不足之憾油然而生。這是對有著「圓足的醉，圓足的戀、圓足的頹弛」的秦淮河的讚美，也是對不敢「圓足的醉，圓足的戀，圓足的頹弛」的自己的一點戲謔。可以說，這篇散文雖題為《槳聲燈影裏的秦淮河》，但作者的主旨卻不在此，而是極其真實而細膩坦率地描寫了自己夜泛秦淮河時的一種「當時淺淺的醉，今朝空空的惆悵」的心態。

敘述者本身的似醉非醉的心態外化於整篇文章之中，使全篇的景致都是「模糊的」，「朦朧的」，「輕暈著的」，「飄綿的」「淡薄的影兒」，人是欲醉不醉，景是「圓月欲缺未缺，欲上未上」的黃昏，景與情於「朦朧之中似乎胎孕著一個如花的幻笑」，構成了這篇散文的基調和特色。而朱自清的同名散文，雖是與俞伯半同遊而寫，甚至結構線索，意蘊都大致相似，但卻有著截然不同的表達方式。

朱自清的《槳聲燈影裏的秦淮河》中的敘述者是個清醒、冷靜的局外人，他雖與俞平伯同遊秦淮河，但始終是個超脫於秦淮河之上的觀察者，欣賞者，而不是個與秦淮河同樂共醉的遊客。他清楚地記得他遊覽的日期：「一九二三年八月的一晚」，精細地觀察著秦淮河的景致，船裏的陳設。他能夠比較出隨天色的變化而引起的水色的不同：「由碧陰陰的轉而沉沉了」，「黯淡的水光像夢一般，那偶然閃爍的光芒就是夢的眼睛了。」他能夠描摹出船上窗格雕鏤的精細，甚至桌上鑲鉗的大理石面，裏面陳設的字畫，紅木傢具都一一寫到。他的眼睛如攝影鏡頭一般，把沿岸的遠景近景盡攝無遺，使讀者恍若親臨其境。他從古至今談論著秦淮河的古今豔迹。看到橋磚的深褐色，他會想到其歷史的長久，從橋西旁破舊的房子，他會想見秦淮河往日的繁華。隨著作者的暢想，讀者不僅能夠在今日的秦淮河上暢遊，而且又可以穿梭於秦淮河的歷史長河之中，認識到秦淮河的雅麗過於他處的奇異的吸引力所在，深深地領略到那「晃蕩著薔薇色的歷史的秦淮河的滋味了」。

在文中，敘述者的清醒已到了這步田地，他對自己的每一新奇感覺總要找到答案。他一刻不停地思索著：秦淮河裏的船爲什麼比北京頤和園，比杭州的西湖，揚州的瘦西湖的船都好？因爲它不僅有空敞的艙，而且艙前也可讓人躺在籐椅上聊天，透過燈彩輻射著的黃黃的散光，朦朧的煙靄，人們可以在「黯黯的水浸裏，縷縷的明漪」中沉入夢中。秦淮河的夜爲什麼讓人感到是「薄薄的夜」？因爲「此地天裸露著的多些，故覺夜來的獨遲些」。秦淮河上泛舟的人爲什麼看上去總是「模模糊糊」，「渺渺茫茫的」？這是因爲「燈光都是黃而有暈的。黃已經不能明瞭，再加上了暈，便更不成了。燈愈多，暈就愈甚；在繁星般的黃的交錯裏，秦淮河彷彿籠上了一團光霧。光芒與霧氣騰騰的暈著，什麼都只剩下輪廓了；所以人面的詳細的曲線，便消失於我們的眼底了」。歌女們爲什麼有著誘惑客人們的力量，因爲「她們總是坐在艙前的，艙前點著石油汽燈，光亮眩人眼目：坐在下面的，自然是纖毫畢見了」。

那生澀的，尖脆的調子為什麼也能使人產生美感？因為它給人以一種「少年的，粗率不拘的感覺」，「況且多少隔開些兒聽著，因為想像與渴慕的做美，總覺更有滋味」……我們不能不歎息，敘述者的感覺太敏銳了，描寫太動人了，玩摩回味得太精細了。

朱自清在這篇散文中也記敘了被歌女糾纏的事，也剖析了自己當時的心理狀態，雖然沉入醉朦朧中的俞平伯寫到此已被大膽的糾纏所驚起，但畢竟是醉後窄醒，而朱自清對於自己的心理剖析可要清楚多了。他分析自己之所以拒絕歌女，是因為受著道德律的壓迫，而自己心裏也十分明白：「我的思力能拆穿道德律的西洋鏡，而我的感情卻終於被它壓服著」。「我雖然一面憧憬、盼望直到有如饑渴地固執著地盼望著」貼耳的妙音，但一面卻「感到了兩重的禁制：一，在通俗的意義上，接近妓者總算一種不正當的行為；二，妓是一種不健全的職業，我們對於她們，應有哀矜勿喜之心，不應賞玩的去聽她們的歌。」瞧，這是一個多麼清醒而善於思考的人，對於自己的一舉一動，一感一悟都要探究個明白。

朱自清對於秦淮河的景致描寫雖然也抓住了「像在霧裏看花，盡朦朦朧朧」的特點，但他的神志不像俞平伯那樣沉浸在朦朧之中，他是欣賞朦朧，而不是朦朧之中的一分子。他們雖同寫秦淮河，但俞平伯意不在秦淮河，而在抒發自己當時的微妙的心態，秦淮河是自己的背景，而朱自清卻是老老實實地在速寫秦淮河，認真地要抓住秦淮河的本質。他也描寫自己的心態，但卻是為了給秦淮河增色。俞平伯散文中敘述者的擬想讀者是朋友，他不拘禮節在向他們坦率地披露秦淮河對自己的刺激。朱自清散文中敘述者的擬想讀者是學生，他以高超的描寫和自己真實的體驗來講授著秦淮河的今昔，他雖然也剖析了自己的心動，但有節制，不失身份。俞平伯以抒發見長，朱自清以描寫取勝。他們都以自己的方式創造了獨特的藝術境界。

原載《中國現代文學研究叢刊》，1988 年，第 2 期

新感覺派和二三十年代好萊塢電影

　　曾經有論者斷言：「1922 年而後的小說史，即《尤里西斯》問世後的小說史，在很大程度上是電影化的想像在小說家頭腦裏發展的歷史，是小說家常常懷著既恨又愛的心情努力掌握 20 世紀的『最生動的藝術』的歷史」。〔註 1〕即使這個概括有些絕對，但隨著電影在 20 世紀成爲最流行的藝術，它對現代小說的影響卻是低估不了的。20 世紀的現代小說大師──卡夫卡、喬伊斯、吳爾芙、福克納、海明威、帕索斯和法國新小說家們都在自己的創作中，爲現代小說藝術如何能夠既吸收進電影的技巧而又不犧牲它自己的獨特力量的探索上，留下了各自的經驗和教訓。可以說，在今天若不瞭解電影藝術的種種技巧實驗和追求，也很難理解 20 世紀現代小說發展的種種技巧實驗和追求。

　　本世紀 20 年代末 30 年代初在上海文壇以其「簇新的小說的形式」而「盛極一時」，造成「一時的風尚」的新感覺派對「各種新鮮的手法」的嘗試，有研究者追根溯源到日本的新感覺派，把劉吶鷗翻譯的日本短篇小說選《色情文化》稱爲「中國新感覺派文學的始祖」，〔註 2〕也有論者進一步順藤摸瓜到日本新感覺派的源頭──保爾・穆杭（Paul Morand），更有印象主義、未來主義、表現主義和立體主義混合物的多種說法。儘管以前也有人指出過新感覺派對電影技巧的借鑒，但一般都是點到爲止，沒有對這一現象展開詳細的研究。事實上，電影對中國新感覺派的影響不僅僅限於個別的手段和技巧，而且涉及到題材內容以及現代小說的整體範式帶有根本性變化的某些特徵，顯

〔註 1〕 愛德華・茂萊：《電影化的想像──作家和電影》（中國電影出版社，1989），
　　　　 第 5 頁。
〔註 2〕 楊之華《穆時英論》，載南京《中央導報》第 1 卷，第 5 期，1940 年 8 月。

示了 20 世紀現代小說藝術實驗和發展的一種趨向。它不僅是這一流派的一個重要現象，甚至是在現代小說發展中帶有標識性的一個重要的文體現象。

女體和敘述者作爲「看」的承擔者

在 20 年代末 30 年代初，新感覺派的全盛期也正是電影「在上海市民的娛樂生活中占了最高的位置」〔註3〕時期。根據《上海研究資料續集》有關上海電影院的發展的記載：「一九二八——三二年間，電影院的生長，有非常可驚的速度。」〔註4〕因此，這一時期被標識爲「膨脹期」。1931 年 3 月 16 日《文藝新聞》創刊號就曾以大幅標題報導：《都市化與近代化的上海人之電影熱》，文章分析說，『上海在外國人的經營下，一切都傾近於都市化與近代化一般的社會人士，除跑狗、賭博、嫖妓等不正當遊冶外，極少娛樂便利，於是促成了電影愛好之速度的發展。』這股電影熱使上海電影院到 30 年代中期已成爲「每日百萬人消納之所」！〔註5〕電影的魔力和電影在上海市民生活中的地位由此可見一斑。

根據程季華主編《中國電影發展史》的描述，「中國的電影事業不是從自己攝製影片開始，而是從放映外國影片開始的。」〔註6〕這首先因爲電影放映事業相當一段時間操縱在外國人手中，從 1908 年西班牙商人雷瑪斯（A.Ramos）在上海正式修建起第一座電影院虹口大戲院，到 1925 年英美煙草公司壟斷中國電影市場，上海第一輪影院幾乎全部操縱在外國商人手中，甚至直到 1932 年後，經過「一二八」戰火的毀滅，上海剩下的影院仍大多數是外國商人經營的，這些影院都拒絕放映中國影片，專門放映外國片。其次，中國電影製造業也無力競爭，與外國影片相抗衡。第一次世界大戰結束以後，美國在電影工業的世界競爭中贏得了壟斷的地位，它在製片業和放映業所投的資金超過世界各國投資的總和，幾乎在所有國家裏至少壟斷了半數的上映節目，在世界第二大電影市場英國，美國影片所占的比例甚至達到百分之九十。〔註7〕中國也不例外，美國片「幾乎獨佔了當時和以後中國的全部銀幕」。

〔註3〕 上海通社編：《上海研究資料續集》（上海書店，1984）第 538 頁。
〔註4〕 同上，第 538 頁。
〔註5〕 同上，第 532 頁。
〔註6〕 程季華主編：《中國電影發展史》（中國電影出版社，1980）第 13 頁。
〔註7〕 參考〔法〕喬治·薩杜爾：《電影通史》第 3 卷（中國電影出版社，1982）第 539 頁。

〔註 8〕由此不難想像美國電影文化對當時上海市民生活以及對二三十年代上海特殊的文化環境的形成會起到多麼巨大的影響作用。

其時新興的好萊塢，以大企業的方式加以開拓的金礦是「性感」和百萬富翁的豪華景象，除極少數外（如卓別林的作品），「大部分影片的內容，多是大同小異，千篇一律的逃不出戀愛與情感作為故事的主題」，「極盡羅曼司、妖媚與美麗」之能事。〔註 9〕30 年代美國向中國大量傾銷的正是這類典型的好萊塢傳統片，在相當一個時期裏「握著我國電影企業最高的權威」，〔註 10〕這與 30 年代逐步發展起來的左翼電影形成尖銳的對立，就連《良友》畫報這樣的通俗雜誌也注意到其間的差異，而刊載短文《電影的兩面：麻醉的與暴露的》說，美國片把「一切麻醉的、享樂的表現方法，儘量地搬弄出來，鋪張華麗，推陳出新，極聲色之娛」；而中國片卻「大都趨向於攝製描寫人間流離顛沛，生活痛苦的影片」。〔註 11〕在中國電影發展史上，這個對立終因對茅盾《春蠶》改編成電影的評價問題，引發起著名的持續時間達兩三年之久的「硬性電影」與「軟性電影」之爭，而「軟性電影」論者的主要代表人物即新感覺派的中堅分子劉吶鷗、穆時英，以及和劉吶鷗共同主編《現代電影》，並在《無軌列車》上發表過《愛情的折扣》、《憧憬時代》等短篇小說的黃嘉謨。

在這次論爭中雙方都發表了比較系統的理論文章，涉及到文藝的本質、功能以及題材和形式等一系列的重要論題，這些無關本題略而不論，但從「軟性電影」論者所持的觀點來看，他們對美國「極聲色之娛」的影片是持接受態度的。「硬性電影」論者認為「在半殖民地的中國，歐美帝國主義的影片以文化侵略者的姿態在市場上出現，起的是麻醉、欺騙、說教、誘惑的作用」，除「色情的浪費的表演之外，什麼都沒有」。〔註 12〕而以「美的照觀態度」，主張「尋找純粹的電影事件」〔註 13〕的「軟性電影」論者恰恰相反，認為「電影是給眼睛吃的冰激淋，是給心靈坐的沙發椅」，〔註 14〕「現代觀眾已經都是

〔註 8〕 程季華主編：《中國電影發展史》（中國電影出版社，1980）第 12 頁。

〔註 9〕 壯遊：《女性控制好萊塢——她們主宰著電影題材的選擇》，載上海《晨報》，1935 年 3 月 4 日。

〔註 10〕 何珞：《電影防禦站》，《時報·電影時報》，1932 年 7 月 26 日。

〔註 11〕 《良友》畫報，第 86 期，1934 年 3 月 15 日。

〔註 12〕 唐納：《清算軟性電影論》，載上海《晨報》，1934 年 6 月 27 日。

〔註 13〕 劉吶鷗：《論取材——我們需要純粹電影作者》，《現代電影》第 1 卷第 4 期，1933 年 7 月。

〔註 14〕 嘉謨：《硬性影片與軟性影片》，載《現代電影》第 1 卷第 6 期，1933 年 12 月。

較坦白的人，他們一切都講實益，不喜歡接受偽善的說教。他們剛從人生的責任的重負裏解放出來，想在影戲院裏找尋他們片刻的享受。」〔註15〕而美國片正可以叫一般的觀眾享受短時間的聲色之娛。可見，爭論雙方雖然對美國影片的性質達成了共識：「聲色之娛」，但對此所持的態度卻根本不同。

好萊塢傳統片的一個重要特點即把女人形象通過電影的特殊技巧，特寫的分解、不斷變換的視點、俯仰的角度及風格化的模式造成一個完美無缺的產品，使女體本身成爲影片的內容和表現的對象，成爲影片被看性的內涵和色情的奇觀。好萊塢風格的魅力正是來自造成這種視覺快感的種種嫻熟技巧和令人心滿意足的控制。這也無怪「硬性電影」論者認爲這類的電影不過是「拿女人當作上海人口中的『模特兒』來吸引觀眾罷了。自然觀眾們簡單說一句，也祇是看『模特──女人──而不是看電影』。〔註16〕《無軌列車》從第四期至第六期曾連載過《影戲〔註17〕漫想》一篇長文，電影讓作者最先想到和談到的問題就是「電影和女性美」。文章說：「銀幕是女性美的發現者，是女性美的解剖臺。」甚至認爲「全世界的女性是應該感謝影戲的恩惠的，因爲影戲使她們以前埋沒著的美──肉體美，精神美，靜止美，運動美──在全世界的人們的面前伸展。」好萊塢電影對女體的發現，以及它對女體所造成的一種觀賞及快感的價值和魔力使展示女體美至少在 20 年代末 30 年代初的上海成爲一種文化時尚和潮流的重要的刺激條件之一。

新感覺派的成員在當時可以說都是影迷，是都市娛樂活動的積極參與者，穆時英曾寫過一篇短文《我的生活》描述自己「公式化了的大學生的生活」說：「星期六便到上海來看朋友，那是男朋友，看了男朋友，便去找個女朋友偷偷地去看電影，吃飯，跳舞。」〔註18〕徐霞村在一致戴望舒函中談自己「晚上的時間多半是消磨在電影院，戲院，和胡同里面」。〔註19〕施蟄存回憶他和劉吶鷗、戴望舒的一段生活時也曾談到，他們每天晚飯後就「到北四川路一帶看電影，或跳舞。一般總是先看七點鐘一場的電影，看過電影，再進舞場，玩到半夜才回家。」〔註20〕劉吶鷗更熱心於電影藝術的研究，施蟄

〔註15〕同上。
〔註16〕塵無：《電影與女人》，載《時報》1932 年 7 月 12 日。
〔註17〕電影的別稱。
〔註18〕《現代出版界》第 9 期，1933 年 2 月 1 日。
〔註19〕孔另境編：《現代作家書簡》（花城出版社，1982）第 105 頁。
〔註20〕施蟄存：《我們經營過三個書店》，見《沙上的腳迹》（遼寧教育出版社，1995）

存曾在《文藝風景‧編輯室偶記》中介紹，劉吶鷗「平常看電影的時候，每一個影片他必須看兩次，第一次是注意著全片的故事及演員的表情，第二次卻注意於每一個鏡頭的攝影藝術，這時候他是完全不留心銀幕上故事的進行的。」〔註21〕根據 1933 年 11 月 1 日《矛盾月刊》2 卷 3 期上發表的「矛盾叢輯預告」，劉吶鷗曾準備寫一本《劉吶鷗電影文論集》，也許這本書未能面世，但至少可以證明，那時劉吶鷗對電影的技巧已有相當的心得。這從他發表的一系列有關電影藝術的文章來看，也可證明這一點。

中國的新感覺派作爲好萊塢的影迷和「軟性電影」的倡導者，既是從好萊塢電影文化所造成的時尚中脫穎而出的，又是這股潮流中的一朵浪花。「趨重」對女體的新感覺也是他們創作中的顯著特徵之一。尤其是穆時英的小說，他的《Craven「A」》、《黑牡丹》、《白金的女體塑像》、《墨綠衫的小姐》、《紅色的女獵神》等基本上是以描寫女體，或者說是女性形象的性魅力爲題旨的。另外如《被當作消遣品的男子》、《某夫人》、《駱駝‧尼采主義者與女人》、《五月》、《PIERROT》等則進一步把對女體的觀賞和敘事相結合，女體成爲並列主題，或是重要的描寫對象之一。《Craven「A」》開篇即以差不多整整 4 頁的篇幅描寫女主人公 Craven「A」的肖像和體態，以對豐腴的，明媚而神秘的自然風光的恣意描摹暗示著女體的形貌，蘊藏著對女體流動而精細的感覺。著名的《白金的女體塑像》更賦予女體以美的力量，讓「反映著金屬的光」，「流線感的」白金的女體如閃光的太陽，使過著鰥夫的生活，生命已機械化了的醫師獲得了對生命的感覺和充滿生命感的世俗生活。其他的新感覺派的成員，如「追隨了穆時英而來」，「屬於新感覺主義」的黑嬰的創作竟被當時的批評家如同批評美國片一樣，說成是「除了看到一副美麗的表皮外，至於內實，大概是很空虛的」！〔註22〕劉吶鷗的《都市風景線》其中對女性的描摹也成爲他「都市風景線」裏的重要一景。如果進一步把穆時英在小說裏對女性的描摹同他在一些影評文章中對好萊塢女明星魅力的闡述對比一下，可以更確鑿地找到穆時英接受美國電影影響的證據。

穆時英曾寫過一篇系列隨感式文章《電影的散步》，從 1935 年 7 月 17 日至 28 日在上海《晨報》上連載了 8 次之多，其中就有兩篇文章《性感與

第 12 頁。

〔註21〕《文藝風景》第 1 卷第 1 期，1934 年 6 月 1 日。

〔註22〕鄭康伯：《帝國的女兒》，載《現代出版界》第 26、27、28 期合刊。

神秘主義》、《魅力解剖學》專門討論好萊塢女明星的魅力問題。他寫到:「好萊塢王國裏那些銀色的維納斯們有一種共同的,愉快的東西,這就是在她們的身上被強調了的,特徵化了的女性魅力。就是這魅力使她們成爲全世界男子的憧憬,成爲危險的存在。」〔註23〕他還分析說:「女星們的魅力都是屬於性的」,「就是一種個性美和性感的化合物」。〔註24〕穆時英對那時期當紅的女明星們熟悉得已達到如數家珍的程度。他把她們分成兩類,第一類以嘉寶(Greta Garbo)、黛德麗(Marlene Dietrich)、朗白(Carole Lombard)、克勞福(Joan Crawford)爲代表,其特點是「永遠是冷靜的,她不會向你說那些肉麻的話,她不會莫名其妙地向你笑,甚至於連看也不看你一眼。可是你卻不能離開她。你可以從她的體態,從她的聲音裏邊感覺得在她內部燃燒著的熱情」;〔註25〕另一類以梅惠絲(Mae West)、琴哈羅(Jean Harlow)、克萊拉寶(Clara Bow)、羅比范麗(Lupe Velez)爲代表,「這一類的女子是開門見山的女子,一開頭,就把一切都拿了出來,把全部女子的秘密,女子的熱情都送給了你。她們是一隻旅行箱,你高興打開來就打開來,你可以拿到一切你所需要的東西。第一次你覺得非常滿足,可是滿足了以後,你就把她們忘了」。〔註26〕穆時英把前者的特徵概括爲「隱秘地、禁欲地」;後者「赤裸裸地、放縱地」,並認爲「她們是代表著最現代的女性的魅力的兩種型的」。〔註27〕穆時英筆下的某些女性也正是按照這兩類模式塑造出來的。如《Craven「A」》的女主角余慧嫻就屬於後一種模式,被男人比作「一個短期旅行的佳地」,這與「一隻旅行箱」比喻的暗示毫無二致,其性格命運也雷同。《白金的女體塑像》中的女客屬於前一類,她始終「淡漠地、不動聲色」,「沒有感覺似地」在醫師面前做了一個「沒有羞慚,沒有道德觀念,也沒有人類的欲望似的,無機的人體塑像」,可卻在醫師的內心激起了「像整個宇宙崩潰下來似地壓到身上」的震撼。

更有意思的是,穆時英不僅在小說裏描述他的女主人公如何模做電影女明星的表情和做派,文藝家們如何在沙龍裏談論嘉寶的沙嗓子,大眾崇拜和

〔註23〕穆時英:《電影的散步・魅力解剖學》,載上海《晨報》,1935 年 7 月 19 日。
〔註24〕同上。
〔註25〕穆時英:《電影的散步・性感與神秘主義》,載上海《晨報》1935 年 7 月 17日。
〔註26〕同上。
〔註27〕穆時英:《電影的散步・魅力解剖學》,載上海《晨報》,1935 年 7 月 19 日。

弗洛依德主義，甚至他對自己小說女主人公肖像的描繪也模倣好萊塢的女明星。他曾把好萊塢女星們的特寫抽象化，得出一個「神秘主義的維納斯造像」：

> 5×3 型的臉。羽樣的長睫毛下像半夜裏在清澈的池塘裏開放的睡蓮似的半閉的大眼晎子是永遠織著看朦朧的五月的夢的！而且永遠望著遼遠的地方在等待著什麼似的。空虛的、爲了欲而消瘦的腮頰。嘴唇微微地張開著，一張鬆弛的，饑渴的嘴。〔註28〕

我們再來對照一下穆時英對自己的小說女主人公肖像的描繪：

> 一朵墨綠色的罌粟花似地，羽樣的長睫毛下柔弱得載不住自己的歌聲裏面的輕愁似地，透明的眼皮閉著，遮住了半隻天鵝絨似的黑眼珠子。
>
> ——《墨綠衫的小姐》
>
> 她繪著嘉寶型的眉，有著天鵝絨那麼溫柔的黑眼珠子，和紅膩的嘴唇，穿了白綢的襯衫，嫩黃的裙。
>
> ——《駱駝、尼采主義者與女人》
>
> 畫面上沒有眉毛，沒有嘴，沒有耳朵，只有一對半閉的大眼睛，像半夜裏在清澈的池塘裏開放的睡蓮似的。　　——《五月》

僅舉幾例不難證明，穆時英是以好萊塢那些維納斯們來設計他的女主人公形象的，甚至可以想像，也許年輕的穆時英的某種創作衝動和激情也同樣來自這些「銀色的維納斯」——用文字來表達銀幕上的維納斯的女性魅力所帶給他的「憧憬」和震撼。無獨有偶，劉吶鷗也曾以電影女明星來概括最新型、最摩登的現代女性的特徵。〔註29〕從感覺上說，新感覺派的很多小說儘管缺乏電影情節的完整性，但很容易讓人聯想起一些電影片斷，沈從文就曾說過穆時英的某些作品是「直從電影故事取材」，〔註30〕特別像劉吶鷗的《赤道下》

〔註28〕穆時英：《電影的散步·性感與神秘主義》，載上海《晨報》1935 年 7 月 17 日。

〔註29〕劉吶鷗：《現代表情美造型》，載《婦人畫報》第 18 期。在這篇文章裏，劉吶鷗認爲，在現代社會的生存競爭中，99%的男子是不能滿足征服欲的。累次的失敗使他們的心理起了一種變化，他們既喜歡施虐同時也愛被虐。於是他們需要從來所沒有的新型女子。這個新型可以拿電影明星嘉寶、克勞福爲代表，「她們的行動及感情的內動方式是大膽，直接，無羈束，但是在未發現的當兒卻自動地把它抑制著」。使男子享受到雙重的滿足，這樣的女子「在男子的心目中便現出是最美，最摩登。」

〔註30〕沈從文：《論穆時英》，見《沈從文文集》第 11 卷（花城出版社，生活·讀書·

描寫蠻荒部落的風光和土著人的習俗以及發生在其中的一對都市男女和未開化的兄妹之間，一段帶有原始性的性愛故事，非常吻合好萊塢諸如《蠻荒雙豔》、《蠻荒天堂》之類表現文明人與野蠻人之間的對立和溝通的路數以及展示奇風異俗的興趣。

也許這樣的假設過於大膽，但二三十年代的歐美電影的確深刻地改造了人們，包括作家在內的思想觀念、審美情趣、觀察事物的方式和接觸外部世界的習慣等等方面。過去一向爲我國傳統服裝所遮掩，也爲傳統的審美標準所不容的女性肉體的性感特徵，隨著對好萊塢女星們風格化的形體的接受和其觀賞價值的發現，而成爲「現代女性」、「近代都會的產物」的標誌，也成爲穆時英、劉吶鷗等新感覺派所捕捉到的「戰慄和肉的沉醉」的美的象徵，也即劉吶鷗所說的「內容的近代主義」。所以他們筆下的女性一反中國傳統的女性形象而更西化，或者說好萊塢化。「弱不禁風」被健康和「肌肉的彈力」，「楊柳細腰」被「胸前和腰邊處處豐膩的曲線」，「溫柔含蓄」被大膽和挑釁，「櫻桃小口」被「若離若合的豐膩的嘴唇」所取代。

美國女權主義者勞拉·穆爾維曾結合弗洛依德和女權主義觀點分析好萊塢傳統電影是怎樣結構影片形式，男性視覺快感如何在電影中占支配地位的。她認爲，好萊塢傳統片所構成的觀看方式和看的快感的方式給予影片以特有的結構方式，使被展示的女人在兩個層次上起作用：作爲銀幕故事中人物的色情對象和作爲觀眾廳內的觀眾的色情對象，從而使一種主動與被動的異性分工控制了敘事的結構，即把女人置於被看的位置，男人做了看的承擔者。〔註31〕這種結構影片的形式也自覺不自覺地成爲穆時英、劉吶鷗一些小說的潛層的敘事模式。從小說的表層故事看，穆時英、劉吶鷗筆下的那些具有歐風美雨特徵的女性一改爲男人所玩弄的地位而玩弄男性，爲男性所拋棄的命運而拋棄男人，如穆時英《被當作消遣品的男子》中的蓉子，無聊時把男人當作「辛辣的刺激物」；高興時把男人當作「朱古力糖似的含著」；厭煩時男人就成了被她「排泄出來的朱古力糖渣」。劉吶鷗《遊戲》裏的她，把愛和貞操給了自己的所愛，但論到婚姻時，卻要和她的所愛「愉快地相愛，愉快地分別」，去嫁給一個能爲她買六汽缸「飛撲」的富商。《兩個時間的不感

新知三聯書店香港分店聯合出版，1984）。
〔註31〕勞拉·穆爾維：《視覺快感與敘事性電影》，收入《電影與新方法》（中國廣播電視出版社，1992）第203頁。

症者》中的 H 和 T 都因未能領會女主角從來「未曾跟一個 gentlmen 一塊兒過過三個鐘頭以上」的戀愛方式，不知珍惜時間，而被女主角嗔怪：「你的時候，你不自己享用」，無可挽回地無情地遭到淘汰。但是由於這些女性都被組織在主動／看、被動／被看，女人作為被看，男人作為看的承擔者的結構模式中，這就使得她們主動地選擇和拋棄男人的行為實際上是為更深層的為了男人的目的——觀看的主動控制者的視線和享受而展示的。在這類小說的結構中，一般都只有男女兩個主人公，其他人物都屬於群像式背景襯托，男人作為主動的聚焦者、敘述者，女主人公只有在聚焦者視線的注視之下和敘述者的感覺之中才得以凸現和清晰，無論她如何行動都無能擺脫這種觀賞者的視線和被描述者的地位。所以，那些男主人公們儘管得不到這些女主人公們的愛，但他們再不像郁達夫的抒情主人公們那樣自憐和感歎，女人的放蕩和妖冶都不過是他們觀賞中的美景和奇觀，一切失落和怨仇被這種觀賞而中斷或淹沒，分手也只不過是作為「看」的聚焦行為的結束。敘述者不再有著「抒情」的功能，而是「看」的承擔者，起著描寫「看」的對象的作用。通過對聚焦對象的描寫和敘述，使女體成為敘述者本身和讀者共同的欣賞對象。

電影攝影機鏡頭對女體的解剖式分解式的展示技術也給文學的描寫方式帶來了顯著的變化。比如劉吶鷗的《遊戲》通過男主人公的視線對女主人公形象的展示：

> 他直起身子玩看著她，這一對很容易受驚的明眸，這個理智的前額，和在它上面隨風飄動的短髮，這個瘦小而隆直的希臘式的鼻子，這一個圓形的嘴型和它上下若離若合的豐膩的嘴唇，這不是近代的產物是什麼？

很明顯，這樣的描寫也只有電影特寫鏡頭和鏡頭的不斷推移，才能如此冷冰冰機械地切割展覽人的身體器官。

再比如穆時英對 Craven「A」眼睛細部的刻畫：

> 她有兩種眼珠子：抽著 Craven「A」的時候，那眼珠子是淺灰色的維也勒絨似的，從淡淡的煙霧裏，眼光淡到望不見人似地，不經意地，看著前面；照著手提袋上的鏡子擦粉的時候，舞著的時候，笑著的時候，說話的時候，她有一對狡點的耗子似的深黑眼珠子，從鏡子邊上，從舞伴的肩上，從酒杯上，靈活地瞧著人，想把每個男子的靈魂全偷了去似地。

在電影時代之前，人面對活人的描寫恐怕是不可能如此沒有距離感地描寫眼珠子色彩的變化，也不可能如此不動聲色地盯視和放大眼部細節而不受到對方對被看的察知和反應的逼視的。也很明顯，穆時英的這段描寫是出於對電影的特寫和疊印技術的搬移或說是類比。電影給人們留有的對無數影片和鏡頭的記憶，為文學帶來的一個不容忽視的變化，即作者描寫人物時，有時會自覺不自覺地不再面對活生生的人，而是對於銀屏上的影像的記憶。穆時英和劉吶鷗的某些創作可以讓我們感覺到這一點，閱讀這些作品正像我們看一張照片而不是一副畫，看一段生活的實拍錄像而不是身臨其境的感覺一樣，缺乏的也許就是本傑明（Walter Benjamjn）所說的「氣息」。這種「氣息」的經驗是建立在人與人的活生生的交流、對視、看與回看的反應能力之上和關於一個活生生的人的不期然而然的感知、回憶和聯想之中，是人的影像和相片之類性質的東西所不能具備的，因為這些機械複製品只能「記錄了我們的相貌，卻沒有把我們的凝視還給我們」。〔註32〕當然，這並不是說穆時英、劉吶鷗等的作品完全是對機械複製品的再模倣，但電影藝術的確給他們的創作留下了鮮明的烙印。沈從文曾批評穆時英的作品「於人生隔一層」，彷彿是「假的」，是「假藝術」，〔註33〕儘管有些苛刻，但也許這樣的指責正是因為穆時英筆下的一些人物缺乏一種活生生的「氣息」，而缺乏一種「真實感」所致。

都市風景和小說形式的空間化

中國新感覺派的另一個突出特徵是對都市景觀的展示。劉吶鷗非常準確地把自己唯一的短篇小說集題名為「都市風景線」，穆時英則通過他的人物之口把自己的創作角色定性成都市的「巡禮者」。這說明他們對都市的把握是自覺地從「外觀」和「現象」入手的，這樣的創作意圖使他們的小說性質內在地更接近以畫面、物象，或說是影像為「現實」的電影本質，而電影技巧又似乎是「特別適用於對一座大城市做全景式觀察的了」。〔註34〕關於這一點劉吶鷗更是心領神會，他在 1933 年 4 月發表於《現代電影》1 卷 2 期上的《Ecranesque》一文中說：「最能夠性格的地描寫著機械文明底社會的環境的，

〔註32〕 本雅明：《發達資本主義時代的抒情詩人》（三聯書店，1989）第 161 頁。
〔註33〕 沈從文：《論穆時英》，見《沈從文文集》第 11 卷（花城出版社，生活‧讀書‧新知三聯書店香港分店聯合出版，1984）。
〔註34〕 愛德華‧茂萊：《電影化的想像——作家和電影》（中國電影出版社，1989），第 137 頁。

就是電影。」甚至有論者認為，「近幾十年發展起來的沸沸揚揚的大城市生活新方式和新特點只有電影能夠記錄下來和做出靈敏的反應。」〔註35〕事實上，早期電影也確實曾經把「大都市外貌」作為重要的主題，二三十年代的電影界曾出現了相當一批以反資本主義的浪漫精神表現城市生活的影片，以電影特有的紛雜手段表現城市生活的紛雜。電影這種內容特徵和技術特性，當年已敏銳地引起不少小說家和批評家的關注。中國早期電影批評家塵無曾專門著文探討「電影和都市」的關係，認為「電影是都市的藝術」，這不僅因為「都市的物質建築」和「大量的直接消費者」，更因為「都市生活的複雜和都市情調的緊張，也恰恰適合電影的表現」。〔註36〕樓適夷在他頗染新感覺派作風的《上海狂舞曲》〔註37〕中，深有感觸地寫到：「都會風景恰如變化無絕的Film」。前面已經提到的《影戲漫想》那篇長文，除了聯想到「電影和女性美」之外，也聯想到「電影和詩」。文章說：「影戲是有文學所不到的天地的。它有許多表現方法：有 close－up 有 fade out，fade in，有 double crauk（crank），有 higo（h）speed，有 flash……利用著他們這些技巧要使詩的世界有了形象不是很容易的嗎？」劉吶鷗曾翻譯過著名的電影理論家安海姆的著作《藝術電影論》，在上海《晨報‧每日電影》上連載了三個月之多，其中主要涉及了電影的「立體在平面上的投影」、「映像與實體」、「影片底深度感覺底減少」、「空間時間的連續性底缺乏」、「非視覺的感覺世界底失滅」、「電影底製作——當作藝術手段的開麥拉與畫面」、「空間深度減少之藝術的利用」等諸方面的重要問題，其中的一些電影藝術的特徵用來概括新感覺派的小說也很恰當。劉吶鷗本人在《現代電影》上發表的《電影節奏簡論》、《開麥拉機構——位置角度機能論》、《影片藝術論》等都是有關電影藝術的特性和技巧，學術性很強的文章，這些譯作和文章不僅表明劉吶鷗對電影藝術形式已揣摩日久，深得三昧，甚至也可以說是對自己和新感覺派借鑒電影技巧，進行小說實驗的一系列技術操作的總結。

電影藝術對劉吶鷗最大的啟示是「不絕地變換著的」觀點和作為影片的生命的要素「織接（Montage）」。他的《開麥拉機構——位置角度機能論》、《影片

〔註35〕〔匈〕伊芙特‧皮洛：《世俗神話——電影的野性思維》（中國電影出版社，1991）第 78 頁。

〔註36〕塵無：《電影和都市》，載《時報》，1932 年 6 月 12 日。

〔註37〕載 1931 年 6 月 1 日——8 月 1 日《文藝新聞》第 12——22 號，因作者生病，小說未能全部刊出。

藝術論》對此作了詳細的介紹和分析。所謂「觀點」即開麥拉（攝影機）的位置，「是指當攝影的時候從一個方向對著攝影對象而停立的攝影機的一個位置而言」，〔註38〕一個開麥拉的位置就代表著一種觀點。電影藝術就是「不絕地變換著它的觀點而用流動映像和音響來表明故事的一種藝術」，〔註39〕劉吶鷗認為這種「不絕地變換著」的觀點是電影藝術「所有特質中最大的一個機能」，並將之稱為「是個革命，是一件非常重要的事」。〔註40〕而所謂織接即現在所說的蒙太奇。劉吶鷗受到蘇聯導演普道甫金（Poudoukine）的影響，認為織接使相機拍好的軟片上的「死的靜畫」「頭尾連接而統歸在一個有秩序的統一的節奏之中」，「由在不同的瞬間裏，在種種的地方攝來的景況而構成並『創造』出一種新的與現實的時間和空間毫沒關係的影戲時間和空間，即『被攝了的現實』」，「是詩人的語，文章的文體，導演者『畫面的』的言語」。織接可以使前面所說的「開麥拉」獲得「靈魂之主」，它們之間結合的瞬間「能夠使物變換其本質的內容，確保其新的價值，給影片以從前所沒有的意義」。所以，這種新藝術賦予了人們一種「視覺的教養」，「它使我們的眼睛有學問，提高我們的『看』的技術，教我們以在一瞬間而理解幕面的象徵的意義」。〔註41〕的確，中國的新感覺派正是借鑒了電影藝術的特質，利用了電影給以他們和人們的「視覺的教養」，以「不絕地」「變換著」的「流動映像」，織接「人生的斷片」，「表明故事」而非敘述故事促成了小說文體的又一次「革命」，使一向以時間和連續性為敘述基礎的小說形式空間化。

小說的「空間形式」概念最早是由美國學者約瑟夫·弗蘭克提出，並由諸多學者進一步充實、發展和完善的。由於這個概念能夠為解釋現代小說的敘事技巧和認識現代小說的意義提供合適的理論框架而倍受關注，甚至有論者認為，在「為理解偉大的藝術作品而創造出新的可能性」方面，「沒有哪一個批評概念能夠比它提供更多的東西」。〔註42〕「空間形式」概念之所以如此重要，因為它打破了本世紀初興起的小說實驗的文體技巧使評論者「驚慌失

〔註38〕劉吶鷗：《開麥拉機構——位置角度機能論》，載《現代電影》1卷7期，1934年6月15日。
〔註39〕同上。
〔註40〕同上。
〔註41〕有關「織接」的引文均見劉吶鷗：《影片藝術論》，載《電影周報》，1932年7月1日至10月8日第2、3、6、7、8、9、10、15期。
〔註42〕秦林芳編譯：《現代小說中的空間形式》（北京大學出版社，1991）第101頁。

措」，引起批評危機的尷尬局面，完成了小說理論從建立在巴爾扎克、狄更斯基礎之上的現實主義批評範型向現代主義批評範型的轉移。羅傑·夏塔克曾經指出：「20世紀強調的是與早期變化的藝術相對立的並置的藝術。」〔註43〕「空間形式」概念正符合20世紀一個新近時期的文學藝術的特徵，也是認識中國新感覺派所創造的一種「新奇的」小說類型的合適術語。

小說形式的空間化在本質上是與小說敘述的和連續的趨勢相牴觸，甚至也是和字詞排列在時間上的連續性相牴觸的。如何獲得小說的空間形式？它的技巧就是「破碎」，「破碎──它導致了所謂的『空間形式』──已經引起了批評家們的絕大部分的注意」。〔註44〕「破碎」首先是情節的破碎，「它的終極形式是生活的片斷」，〔註45〕而其呈現又最適合被作為「不絕地」「變換著」的「流動映像」來描述的。在這方面，電影以它的特長為小說形式的「革命」提供了可資模倣的榜樣。劉吶鷗翻譯的安海姆的《藝術電影論》裏專門談到電影「空間時間的連續性底缺乏」問題。文章分析說，「在現實裏並沒有時間或空間的飛躍。時間和空間有著連續性」，「電影上就不是這樣。被攝在片上的時間的斷片可以由任意之點切斷。它可以馬上接上完全在兩樣的時間內發生的一場景。空間的連續性也是同樣可以被中斷。」而且，在電影裏「全場所底同時發生的事象均可以簡單地用構成的畫面排成前後關係來表明，使人們由動作的內容知道它的同時性。最原始的方法是利用對白或插入字幕那樣的說明文字」。〔註46〕電影中表示時間和空間轉換過程的諸多技巧，很明顯地啟發了新感覺派的創作。且不說劉吶鷗的《A Lady to keep You Company》，被施蟄存稱為「小說型的短腳本」，還有葉靈鳳的《流行性感冒》、禾金的《造型動力學》都把小說寫成了分鏡頭腳本以遠景、近景、特寫、字幕等等畫面形式的呈現來不斷的打碎敘述情節的時間流程，以電影化的影像系列取代小說對故事情節的敘述。穆時英的《夜總會裏的五個人》、《上海的狐步舞》等也幾乎可以說是不標鏡頭的分鏡頭腳本。其每一段落都可視為一個鏡頭，或系列畫面。《夜總會裏的五個人》〔註47〕全文共排列了491行，其中1至2行

〔註43〕同上，第70頁。
〔註44〕同上，第130頁。
〔註45〕同上，第165頁。
〔註46〕安海姆著、劉吶鷗譯：《藝術電影論》，上海《晨報》，1935年5月15──16日。
〔註47〕根據現代書局《公墓》初版本。

為一段的就有 366 行，占全文行數的 75%，而其他段落又大部分是由占 3 行的段落組成。段落的密佈和小型化直接說明了小說文本的片斷性和零碎性，而事實上，即使是較長段落也往往是由密集的零散性的畫面系列聚集而成的，比如經常被論者引用的《上海的狐步舞》中對舞會場面的表現：

> 蔚藍的黃昏籠罩著全場，一隻 saxophone 正伸長了脖子，張著大嘴，嗚嗚地衝著他們嚷。當中那片光滑的地板上，飄動的裙子，飄動的袍角，精緻的鞋跟，鞋跟，鞋跟，鞋跟，鞋跟。蓬鬆的頭髮和男子的臉。男子的襯衫的白領和女子的笑臉。伸著的胳膊，翡翠墜子拖到肩上。整齊的圓桌子隊伍，椅子卻是零亂的。

在這一小段中，除第一句是完整的描寫性句子外，其他大都僅僅是由定語和主語、形容詞和名詞組成的，是缺少謂語和賓語的省略句。這種不連續句法本身就造成了描寫的中斷，而產生類似攝影機鏡頭的不斷疊印顯現，變換無窮的萬花筒式的空間效果。這樣，典型的空間形式小說不再由故事或人物的發展變化的內容組成，而由無數個畫面、場景的碎片構成。穆時英在《白金的女體塑像·自序》中就是這樣描述自己的創作：「人間的歡樂，悲哀，煩惱，幻想，希望全萬花筒似地聚散起來，播搖起來。在筆下就漏出了收在這本集子裏邊的，八篇沒有統一的風格的作品。」

空間小說情節「破碎」的另一特徵是以場景的呈現代替敘述，或說是阻礙敘述的向前的歷時發展。這類的小說往往祇是由幾個大的場景構成，而棄絕了場景與場景之間的連貫性的敘述程式。儘管從場景到場景的跳躍變換上，讀者可以猜測到情節的發展和人物的變化，但這種發展和變化游離於敘述過程之外，作者通過對典型的可以作為標識性場景的選擇和呈現，使小說具備了電影「永遠的現在式」的特徵。當然，這並不意味著不再描寫往事，而是把往事也化為場景，像電影的閃回鏡頭一樣，倒退到彼時彼地，以獲得現在時場景的直接性。這樣的表現方法並不簡單地等同於一般小說的倒敘，因為他不再用一大段首尾連貫的回敘來交代往事，而是不斷地切出切入，造成場景或場面的間隔效果和非連續性。它的最明顯的功效即打斷一個故事的時間流，而使觀眾把注意力集中到一個相對靜止的時間領域內各種關係的相互作用上。比如穆時英的《街景》，整個小說由系列的街景的場面組成，一類是發生在現在的街景，一類是作為現在的街景之一——一個老乞丐頭腦中所浮現的他經歷過的那些「街景」，作者把現在的街景和過去的街景類比電影技

巧交叉剪輯在一起從而造成情節的不斷中止而片斷性地反覆強化了一個鄉下人發財夢的破滅，有家歸不了的悲劇。徐霞村的《MODERN GIRL》〔註 48〕也通過敘述者對被譽爲「現代姑娘」幾次會面場景的回憶，以具有相同性質行爲的並列和重複，創造出關於一個所謂「現代姑娘」不過是「會作新詩」、「法郎士的愛好者」，以此去獲得男性的好感，騙取錢財的印象。這種由諸多場景交叉切割，省略敘述過程，有意地使情節支離破碎的小說是電影化的想像帶給小說敘事方法的一個顯著變化，也是新感覺派極其受影響的一大批創作的突出現象之一。它使前一階段作爲現代小說技巧革新標誌的「倒敘」手法，進一步複雜化，或者說遭到淘汰。

小說情節的破碎勢必給小說的結構帶來新的特點。戈特弗里德・本曾使用了一個桔子的比喻來說明取消了時間順序的空間化小說的結構：「是像一個桔子一樣來建構的。一個桔子由數目眾多的瓣、水果的單個的斷片、薄片諸如此類的東西組成，它們都相互緊挨著，具有同等的價值。」〔註 49〕戴維・米切爾森進一步闡明說，這個「由許多相似的瓣組成的桔子」，「並不四處發散，而是集中在唯一的主題（核）上」。〔註 50〕在這裡，構成空間化小說情節的「生活斷片」即相當於桔子瓣，它們的結構方式也是夏塔克所提出的「並置」原則，即不分主次、先後或因果的關係並列地置放在一起，文體的整體感依靠各種意象、暗示、象徵和各個片斷間的前後參照和空間編織而獲得。所以「事件的安排顯然也不受發展原則的支配。書中的各章是一些塊塊」，「它們唯一的接觸點」〔註 51〕就是主題。這種結構模式在穆時英的《夜總會裏的五個人》、《上海的狐步舞》中最爲典型。

《夜總會裏的五個人》共分四部分，實際上展現了七個場景。在第一部分裏作者並置了五個場景：近代商人胡均益在金業交易所眼看著標金的跌風把八十萬家產吹得無影無蹤；大學生鄭萍眼睜睜看著自己的心上人跟著別人走了；曾經美麗得「頂抖的」黃黛西突然意識到自己的青春不再而痛苦不堪；學者季潔百思不解「你是什麼？我是什麼？什麼是你？什麼是我？的問題」；一等書記繆宗旦接到撤職書，感到「地球的末日到啦」的絕望。這五個場景

〔註 48〕 載《新文藝》，1 卷 3 期。
〔註 49〕 秦林芳編譯：《現代小說中的空間形式》（北京大學出版社，1991）第 142 頁。
〔註 50〕 同上。
〔註 51〕 同上，第 144 頁。

相互間毫無聯繫，作者也有意用空一行的版式來強化這種間隔，但為了將它們組織成一體，作者在這一部分以醒目的標題：「五個從生活裏跌下來的人」標誌出這五個人不同命運的生活斷片的共同性質，以「同類並置」的結構取得了相互的關聯。同時作者又在每一場景前，借鑒電影表示同時性的最原始的方法，類似螢幕上的字幕一樣，標出時間，為發生在不同地點不同人物，但同一時間的事件獲得一個外在的接觸點。值得注意的是，作者在前四個場景寫的是確切的日期：「一九三二年四月六日星期六下午」，而第五個場景標出的卻是個不定日期：「一九×年——星期六下午」，這個不定日期暗示了下面發生的事件的虛擬性，甚至也顛覆了前四個事件的真實性，但突出了星期六下午的特別指認，而使這五個場景具有了一種概括性，它意味著儘管前面所標出的具體時間也許是虛擬的，但「星期六下午」是特別的，在星期六下午發生下面的種種事情是經常性的，這幾個片斷不過是信手拈來的幾個現象而已，正像前面信手標出的日期一樣。為了突出星期六的特殊性，作者不惜以一節的篇幅，通過報紙標題、各大建築物、霓虹燈廣告以及具有代表性畫面的疊印造成星期六的氣氛，以開列節目單的方式加強星期六已經程式化的印象，甚至不忌諱直白而抽象地概括出星期六的性質：「星期六的晚上，是沒有理性的日子。/星期六的晚上，是法官也想犯罪的日子。/星期六的晚上，是上帝進監獄的日子。」所以，在這不正常的一天發生任何事情都是正常的，甚至就像週而復始的星期六一樣是反覆不已，接連不斷的。

接著作者描寫了這「五個從生活裏跌下來的人」會聚在夜總會通宵達旦，狂飲瘋舞，最終胡均益開槍自殺的場景和剩下來的四個人為胡均益送殯的場景。儘管後兩個場景以空間的形式展現了情節的發展，但顯然這不是作者的興趣所在，在接近尾聲之處，作者用了一個「爆了的氣球」的意象，反反覆覆以細節、以感慨、以敘述者的突然插話，重複了七次之多，而成為一種象徵，使整個小說的斷片、情節、人物等都獲得了聚焦的主題中心點：杯盤狼藉散了的舞會「像一隻爆了的氣球」，開槍自殺的胡均益是「一隻爆了的氣球」，而面臨絕望境地的失戀者鄭萍、失業者繆宗旦、失去青春的黃黛西、失去人生信仰的季潔，他們的希望和幻想難道不也成了「爆了的氣球」嗎？這「爆了的氣球」的意象正是這五個人所代表的都市的生活、都市的人生，甚至可以說是不斷膨脹的都市的欲望的預言。黃黛西說：「我隨便跑那去，青春總不會回來的。」鄭萍說：「我隨便跑那去，妮娜總不會回來的。」胡均益說：

「我隨便跑那去，八十萬家產總不會回來的。」都市人無可奈何的命運，正深藏在這無可挽回，「No one can help！」的絕望和悲哀之中。通過不同人的生活片斷的並置，以及意象、象徵、短語的暗示和明喻，作者為都市生活創造了統一的印象和一幅末世的景觀。

《上海的狐步舞》的結構更是縱橫交錯，既建立在「天堂與地獄」的異類並置的空間對立之上，又有著同類並置的對應關係。燈紅酒綠的舞場、飯店、旅館和建築這些舞場、飯店、旅館的工地形成對立；街頭娼妓和花天酒地裏的淫亂相呼應，發生在林肯路的直接謀殺和建築工地的間接謀殺相關聯，從這些生活片斷的對比和對應中可很自然地過渡到小說的主題：「上海，造在地獄上的天堂」。但所謂「天堂」僅指物質環境而言，就人來說，只有生活在地獄中和該下地獄的人們。

通過主題或一系列相互關聯的廣泛的意象網路而建立的空間結構形式的小說意味著「發展的缺乏」，因而「敘述中的『於是』就萎縮成簡單的『和』」，〔註52〕使「文本具備了一種反敘述的近乎固定的性質」，〔註53〕帶有靜止特徵的「個人肖像」和「社會畫面」就成為它經常性的主題。劉吶鷗、穆時英的作品正是以「都市風景」為主題的，所以儘管他們的小說也有情節、人物和情緒，但不管是人物還是情節或是情緒都不是他們的目的所在，這樣，他們的情節缺乏過程和連續性，他們的人物缺乏性格和立體感，他們的情緒缺乏微妙和感染力，一切都僅僅是組成「都市風景」的一個片斷、場景或現象。劉吶鷗的短篇小說集《都市風景線》甚至可以作為具有空間形式特徵的長篇小說來讀，每一個短篇都是這幅社會長卷的一個畫面、片斷和現象，共同構成了這部「都市風景線」。他們的部分小說不僅與注重情節和人物，以全知全能觀點敘事的傳統小說相距甚遠，甚至同完成了中國小說敘事模式的轉變，著眼於表現人物的情緒、感受、注重敘事觀點的統一和人物心理為結構中心的五四小說也大有不同，在這裡，作者的敘述大都為對每一畫面、場景的描寫所取代，敘述者的視點、情緒已不再成為文本的統一的來源，反而被中斷和打碎；以歷時性的情節或心理的發展變化為基礎的時間流被不同時空的生活片斷的空間編織所代替。所有這些特點足以表明米克‧巴爾（MiekeBal）在《敘述學：敘事理論導論》中的所說，以「空間聯繫取代了時間順序聯繫」，

〔註52〕秦林芳編譯：《現代小說中的空間形式》（北京大學出版社，1991）第143頁。
〔註53〕同上，第156頁。

「事件只依據空間或其他準則（比如聯想）來結構的話，那麼這一本文就不再適合本書導言中所提出的敘述界說」。〔註54〕也就是說，空間形式的小說並不很適於套用一般小說敘述學的理論。

但是，「空間形式」小說如萬花筒的片斷和破碎的性質以及結構編織特點卻與電影多樣可變的觀點、圖像本性和蒙太奇處理鏡頭的聯結、段落的轉換的技巧存在著一種對應或同源關係。在劉吶鷗看來，「除了些形式上及技術上的差別之外，文學和影片在組織法上簡直可稱為兄弟。」〔註55〕本來「空間形式」小說是建立在對普魯斯特、喬伊斯、福克納等所創造的現代主義小說範型的分析之上而形成的一個新的批評概念。這些意識流大師儘管大量借鑒了電影技巧，但「他們所開發的經驗領域大都是哪怕最靈巧的攝影師也無法進入的」〔註56〕精神之巨大的空間。他們以文字的圖像、暗喻、象徵以及相互的關係，通過對照、幷列、編織等類似電影蒙太奇的剪輯手法表現人的思維活動和心理活動，在這方面也許受到弗洛依德的啟示：「將思想變為視象」，〔註57〕使心理感知作為事物的攝影圖像來描述，從而創造出既吸收進電影的技巧又不犧牲深入剖析人的精神意識，發揮無以倫比的語言力量的現代小說範型，把電影化的想像和技巧融會在本質上是文字的表現形式之中和文學地把握生活的方式之中。但劉吶鷗穆時英等只淺嘗輒止於從外部的視點捕捉某些五光十色的社會現象的斷片，也許他們在某些零碎畫面的描寫上沒有喪失文字的感覺力，但從整體上看，他們的小說缺乏語言文字特有的分析力，內涵力，和理性的力量，造成「深度感覺底減少」。這樣，他們的創作難以滿足知識份子層對人類的精神和行為的深度探求；而他們對情節、人物的忽視也不能滿足一般讀者層娛樂消遣的要求，只能以「新奇」的形式引起一時的驚詫和轟動效應。但他們對文體形式的探求畢竟創造了小說文體的一種新的類型，為小說文體在現代的發展顯示了一條新路而與西方現代小說實驗的一個方面聯繫在一起。

〔註54〕〔荷〕米克・巴爾：《敘述學：敘事理論導論》（中國社會科學出版社，1995）第76頁。

〔註55〕劉吶鷗：《影片藝術論》，載《電影週報》，1932年7月1日至10月8日第2、3、6、7、8、9、10、15期。

〔註56〕愛德華・茂萊：《電影化的想像——作家和電影》（中國電影出版社，1989），第302頁。

〔註57〕弗洛依德：《精神分析引論》（商務印書館，1984）第132頁。

　　中國新感覺派與電影的密切關係還突出地表現在以快速的節奏表現現代都市生活，嚴家炎先生對此早有論及，他精闢地指出，中國新感覺派小說「有異常快速的節奏，電影鏡頭般跳躍的結構，在讀者面前展現出眼花繚亂的場面，以顯示人物半瘋狂的精神狀態，所有這些，都具有現代主義的特點。」〔註58〕中國新感覺派之異常重視節奏的問題是因為他們體會到「現代生活是時時刻刻在速度著」，〔註59〕現代人的精神「是饑餓著速度、行動、戰慄和衝動的」。〔註60〕劉吶鷗認為，電影作為一門新興的藝術，所以能夠在現代藝術中占著「絕對地支配著」的位置，就因為「它克服了時間」，於是「電影的造型」便代替了一切「靜的造型」，「節奏是電影的生命」，〔註61〕也是新感覺派為創造現代小說形式從電影藝術中輸入的活力。

　　劉吶鷗非常認真地研究了電影的節奏問題，他曾在 1932 年 7 月 1 日至 10 月 8 日連載於《電影周報》的長文《影片藝術論》，專門介紹「絕對影片」的作者及其特色一節中，特別談到電影是「視覺的節奏」問題，認為「把現代用視覺的手段組織成為有節奏的東西」是「絕對影片」的成功之一。他還在另一篇文章中分析說，「節奏是有三個要因的，一是影像 Image 的映寫長度。二是場面的交叉和動作動機 motif 的交叉。三是被寫物，演技、背景等的移動。」〔註62〕這三個要因可以說都被中國新感覺派在紙面上橫移了過去。劉吶鷗認為，就電影影像的長度來說，「大約在一定的膠片長度內如果鏡頭的數目少（時間長，音調弱）的時候，全體的氛圍氣是靜的，而如果同長度內的鏡頭數多（Flash 等時間短，音調長）即影片的氛氣便變成動的，活潑，勁力的」。〔註63〕文學語言和電影畫面具有一定的類比性，鏡頭、片段、場面、剪輯可相當於字、詞、句、句法和語法，這樣，語言文字在一定的篇幅內展示的形象越多，當然節奏也就越快。穆時英和劉吶鷗正是掌握了這種類比性，而聰明地將電影藝術技巧運用於自己的創作。短鏡頭組合、疊印、突切、化、交叉剪輯等都可以在穆時英、劉吶鷗小說文本的省略文體、不連續句法、物象紛呈中找出相對應的技巧。比如穆時英描寫舞場外停放著許多汽車等候著接送舞客的場面，把一句話的內容

〔註58〕嚴家炎：《中國小說流派史》（人民文學出版社，1989）第 144 頁。

〔註59〕劉吶鷗：《電影節奏論》，《現代電影》第 1 卷第 6 期，1933 年 12 月 1 日。

〔註60〕同上。

〔註61〕同上。

〔註62〕同上。

〔註63〕同上。

分解成系列物象的排列——「奧斯汀孩車，愛山克水，福特，別克跑車，別克小九八汽缸，六汽缸……」〔註64〕這就像拍攝同樣的場面，不用一個連續的長鏡頭的搖鏡來表現，而切割成一個個短鏡頭快速剪輯在一起一樣，具有快速的節奏感。就場面的交叉和動作動機的交叉來說，它涉及到小說本文的結構排列順序問題。如果事件按一條線索的時間順序來發展，甚至以倒敘追憶大段的往事，其節奏是平穩而緩慢的，但若打亂時間順序，把不同時間地點的事件交叉剪輯在一起就會產生跳躍的快節奏。穆時英的《街景》、《PIERROT》、《空閒少佐》等都採用了這樣的結構方法。被寫物和背景的移動在穆時英、劉吶鷗的作品中也比較多見，比如《上海的狐步舞》有一個片斷，劉顏蓉珠從老夫劉有德手裏要了錢後，拉著她法律上的兒子，實際上的情夫坐上車，接下來就突兀地描寫到：「上了白漆的街樹的腿，電杆木的腿，一切靜物的腿……revue（輕歌舞劇——筆者注）似地，把擦滿了粉的大腿交叉地伸出來的姑娘們……白漆腿的行列。」各種腿的羅列不僅適合坐在轎車裏看到窗外近處風景的下部的視野，也創造出背景移動的效果，並且以畫面的空間形式暗示了時間上的接續：前段寫這對亂倫母子坐上車，這段表現的是他們在車裏看到的飛逝而過的風景。但這種聯繫完全游離於敘述過程之外，只能靠讀者自己去領會。

通過以上分析可以看出，電影對新感覺派的影響是顯而易見的，也多是表面化的，但又是非常恰當的。作為中國都市文學的開創者之一，他們把自己在都市中的角色定位在「巡禮者」，這就決定了他們創作的觀光和遊覽性質。這既不同於茅盾以社會剖析者的身份取得對都市的俯視觀點，也不同於後來的張愛玲、蘇青、潘柳黛等作為都市的居住者，把都市作為生活的空間，有著身在其中的觀點。他們不上不下漫遊在路面上，視覺不得不為鱗次櫛比的建築群所切割的位置，只能使他們獲得關於都市的斷片的、有限的偏、重視覺的印象式的經驗，所以他們那些較多地類比電影的小說是具有電影性質的物象或說是圖像紛呈，而不像張愛玲的作品是綜合著情感、理性的意象紛呈。這種區別就在於物像是平面的，物象即物象，本身並不具有意義，意義的產生依靠和其他物象的關聯；而意像是有深度的，本身就蘊涵著意義和情感，所以新感覺派的創作性質正適合電影技巧的發揮和移植，而電影作為一種新的表述媒介也為生存於現代科技世界中的人所獲取的新的經驗感知能力和方式提供了新的手段。中國新感覺派正是通過借鑒電影藝術和其他現代文

〔註64〕穆時英：《上海的狐步舞》，《公墓》第 204 頁。

學藝術掌握了表述現代空間經驗（局部片斷）和時間經驗（快節奏）的技巧，
並非自覺地創造出空間小說的類型。但由於他們對現代性的認識多停留於視
覺經驗，就不可能在現代的形式及其根源和意識之間建立起深刻的聯繫，事
實上，形式的空間化，不僅是一種技巧的策略，更深層的意義是，它說明自
文藝復興以來，一直以決定論、進化論、社會的進步和發展等「理性」方式
組織起來的宇宙觀已經破裂，是現代性本身在文化中產生的一種渙散力的主
要徵象之一。

原載《中國現代文學研究叢刊》，1997 年，第 3 期

新感覺派小說的兩種色情的頹廢主題

　　中國新感覺派就其所可能具有的接受視野和創作特徵來看，更接近 19 世紀後期唯美頹廢派和第一次世界大戰後法國保爾‧穆杭以及日本的新感覺派橫光利一及日本唯美派的創作，而這兩方面表現出的相當不同的頹廢派的主題和風格，都同時並存於中國新感覺派的創作中。

　　文學上頹廢風格顯在的內容特徵是色情和肉感。被視爲英國唯美主義運動早期階段，或者說給以了很大影響的先拉斐爾派就曾被罵爲「肉感詩派」；〔註1〕米爾納司（Turquet Milnes）在論及波德萊爾的影響時，重要的一點就是「不斷地追求官能的滿足」，〔註2〕福樓拜更體味到《惡之花》中的惡中之美的矛盾和混合，也以同樣的方式說波德萊爾「是在不喜歡地讚美著肉感」；〔註3〕被西蒙斯譽爲「一部頹廢的聖書」，於斯曼的《逆流》中的主人公以色情的方式探詢異常領域中的美；費鑒照在《世紀末的英國藝術運動》一文中介紹「皮茲來的 Under the Hill 充滿著色情」；〔註4〕王爾德的《道連‧葛雷的畫像》一出版即被目爲「新色情」，「是一本應該由托利黨政府強迫禁止的邪惡的書」，其主人公「貝澤爾‧霍爾渥德過分地崇仰肉體的美」，「道連‧葛雷過著一種感官享樂的生活」，亨利‧沃登勳爵則是新享樂主義的代言人，這三位一體構成了頹廢派代表王爾德本人的三個方面，充分體現了頹

〔註1〕　見福克納著，付禮軍譯《現代主義》（昆侖出版社，1989）第 10 頁。

〔註2〕　見本間久雄著、沈端先譯：《歐洲近代文藝思潮論》，上海開明書店，1928 年，第 336 頁。

〔註3〕　本間久雄：《歐洲近代文藝思潮論》，第 299 頁。

〔註4〕　見 1933 年 11 月《文藝月刊》4 卷 5 期。

廢的風格和特徵。本間久雄認為「關於唯美派詩人的特色,《英國唯美主義運動》的著者哈米爾頓的批評,最為切適。」其內容特徵一言以蔽之即「情欲的,官能的」。〔註5〕傑克遜也總結說,「19世紀90年代的作家追求把藝術籠罩在感覺的和色情的氛圍之中,以獲得色彩和芳香。」〔註6〕而克羅齊對國際性的頹廢運動所持有的「優雅的色情」,「肉欲的官能享受」的否定態度,曾是持續到本世紀二十年代的具有權威性的言論。〔註7〕

　　但這種帶有舊道德色彩的指責並不為唯美頹廢派所忌諱,我們似乎也沒有必要否認,去為他們做辯護。尼采認為真正的頹廢是心理的而不是生理的,就頹廢來說,最重要的事情是要認同它,有意為之,一個人不是頹廢的也能夠有病或柔弱,但一個人只有當他想這樣的時候,他才成為頹廢的。〔註8〕頹廢派的色情和肉感也正是這樣,他們是有意為之,為色情而色情,為肉感而肉感。這首先因為他們否認自己承擔著道德代言人的職責,否認以倫理為指歸的文學的功利目的。戈蒂耶在他著名的《莫班小姐》序言中以相當大的篇幅批駁文學的道德和功利主義原則,他把道德比作「善良高貴的夫人」,相當幽默而調侃地說:「我們甚至承認這位夫人還正值當年,風韻猶存。——確實很令人傾倒,但畢竟已人老珠黃……。——在我看來,人們對一位水性揚花的女子比對她更感興趣也是挺正常的嘛,尤其是這位女子只有20來歲的話。」他決然地「以過去、現在以及將來所有教皇的名義發誓,小說和詩歌不可能、永遠不可能、絕對不可能有任何實際用途!」並認為「真正稱得上美的東西祇是毫無用處的東西」。〔註9〕王爾德則更為明確地斷言,「毫無瑕疵的美和它表達的完整形式,這才是真正的社會意識,是藝術快感的意義。」所以他告戒詩人「對於他只有一個時間,即藝術的時刻;只有一條法則,就是形式的法則;只有一塊土地,就是美的土地。」〔註10〕

　　唯美頹廢派在很大程度上是對啟蒙主義者的極端功利主義的反動,他們推崇的是文藝復興早期15世紀的義大利並上溯到中世紀,英國頹廢派的理論

〔註5〕　本間久雄:《歐洲近代文藝思潮論》,第341頁。
〔註6〕　*THE EIGHTEEN NINETIES*,第124頁。
〔註7〕　見 Matei Calinescu.*FIVE FACES OF MODERNITY*. p212.
〔註8〕　*FIVE FACES OF MODERNITY*,第183頁。
〔註9〕　見趙澧、徐京安主編:《唯美主義》(中國人民大學出版社,1988年),第18、41、44頁。
〔註10〕　王爾德:《英國的文藝復興》,見《唯美主義》,第91、90頁。

家佩特（W・Pater）在他著名的《文藝復興》序言中把這時期的特點概括爲
「關注物質美，崇拜形體，衝破中世紀宗教體系強加於心靈和想像力的種種
禁錮。」並把這看作是人類精神的一次突破。〔註 11〕中國的唯美派林微音、
朱維基等在他們所辦的刊物《綠》上曾大力翻譯介紹過佩特類似的文章觀點，
特別強調佩特所稱的文藝復興「一個最強的特性是它的廢棄道德律論」，認爲
「在他們的探索官能和想像底快樂中，在他們的對於美的追求中，在他們的
肉體的崇拜中，人們被逼迫得脫出基督教的理想底境界」。〔註 12〕王爾德繼承
了佩特衣缽，在《英國的文藝復興》中盛讚英國的文藝復興「同 15 世紀偉大
的義大利文藝復興一樣，它渴慕更爲美好，更爲通情達理的生活方式，追求
肉體的美麗，專注於形式，探求新的詩歌主題、新的藝術形式、新的智力和
想像的愉悅。」「是人的精神的一次新生」。〔註 13〕所以對於唯美頹廢派來說，
文藝復興、人的精神和美都不是具有超生命的抽象的價值和無生命的理論教
條，而是生命的有形的美的顯現，是人的從靈魂到肉體的全面展示，是藝術
的每一具體作品所造就的極深的美的魅力。他們要「盡可能具體地界說美」，
人的有形的肉體美就成爲他們美的形式和內容的重要載體，成爲他們追求得
有時不免有些矯枉過正了的色情和肉感的美。

波德萊爾在《惡之花》中盛讚「肉體之美是最爲卓越的天賦」。〔註 14〕王
爾德在《道連・葛雷的畫像》中，讓亨利勳爵面對葛雷一張驚人的漂亮面孔
對美也大發讚歎：「美是天才的一種形式，實際上還高於天才，因爲美不需要
解釋。美屬於世界上偉大的現象，如同陽光，如同春天……美有它神聖的統
治權。誰有了它，誰就是王子。……人們往往說美衹是表面的。也許如此。
但它至少不像思想那樣表面。對我來說，美是奇迹的奇迹。只有淺薄之輩才
不根據外貌作判斷。世界的眞正的奧秘是有形的，不是無形的……」〔註 15〕
如果說亨利勳爵對美的盛讚還帶有點玩世不恭的味道，那麼，戈蒂耶則把美
奉爲新的宗教，他在《莫班小姐》中通過人物之筆爲自己寫到：「既然沒有英
雄與神，只有在你的大理石的身體中還保存著，正如在一個希臘的廟中一樣，

〔註 11〕見《唯美主義》，第 73 頁。
〔註 12〕W・Pater 著，芳信譯：《兩篇早期的法蘭西故事》，載 1932 年《綠》2 卷 1～2 期。
〔註 13〕《唯美主義》，第 79 頁。
〔註 14〕波德萊爾著，錢春綺譯：《惡之花》（人民文學出版社，1986 年），第 299 頁。
〔註 15〕見奧・王爾德著，榮如德譯：《道連・葛雷的畫像》（外國文學出版社，1982
　　　　年），第 24 頁。

那被基督所咒逐的珍貴的形體，並顯示著地沒有妒忌天的理由；你高貴地表現著人世間最上的神聖，永存的最純潔的象徵——美。」〔註16〕在戈蒂耶看來，美是「那遮蓋破敗的靈魂的華麗的外套，那上帝擲在赤裸的世界上的神聖的幃帳」。〔註17〕他聲稱「我崇拜形式的美過於一切；美於我是看得見的神，摸得到的幸福，下降到地上的天。」〔註18〕

唯美頹廢派的美的觀念，至少顯示了兩種意義。其一，肉體的美、物質的美、有形的美和思想、天才等一切無形的精神現象具有同等的價值，從而肯定了身體的、物質的和形式的權力。在這方面戈蒂耶通過他的人物之口明確地宣稱：「我的叛逆的身體不肯承認靈魂的至尊，我的肉也不肯許可情欲的壓過。我認做地像天一般美麗，我也以為形式的完滿是道德。靈於我並不相投；我愛雕像勝於幽靈，正午勝於暮色。三件事物使我喜悅：黃金，雲石，紫色；燦爛，堅實，色澤。我的夢是由它們所組成，我的一切的幻想的宮殿也是由這些物質所築成的。」在唯美頹廢派對於美的盛讚中，表達的並不僅僅是對於美的崇拜，更是對於精神高於肉體的傳統價值秩序的顛覆；〔註19〕其二，美是唯美頹廢派在上帝死了之後，以人為本在人本身尋找到的一種新的價值，他們「寄望於把感覺造成以愛美的天性為主要特徵的新的精神生活的因素」，〔註20〕戈蒂耶自稱「用雕刻家的眼睛來看女人」，他的《莫班小姐》被史文朋稱為「美的黃金屋」，所以他們的色情和肉感決不淫穢和下流，正像王爾德在《道連·葛雷的畫像》自序中為自己做出辯護說的那樣，「在美的作品中發現醜惡含義的人是墮落的，而且墮落得一無可愛之處。這是一種罪過。」〔註21〕

唯美頹廢派為文學卸下了道德的與功利的使命，而為自己找到了「美的無憂的殿堂」決非偶然，這不僅是他們企圖「擺脫塵世的紛擾與恐怖，逃避世俗的選擇」，更是與他們享樂主義的人生觀聯繫在一起的。戈蒂耶宣稱：「在我看來享樂就是生活的目的，是世界上唯一有用處的東西。上帝的意願也是這樣。為此他才造出女人、香味、陽光、鮮花、美酒、駿馬、獵兔和安哥拉

〔註16〕戈替耶著，林微音譯：《馬斑小姐》（中華書局，1935年），第314頁。
〔註17〕《馬斑小姐》，第344頁。
〔註18〕《馬斑小姐》，第108頁。
〔註19〕《馬斑小姐》，第170頁。
〔註20〕《道連·葛雷的畫像》，第146頁。
〔註21〕《唯美主義》，第179頁。

貓。」〔註22〕費鑒照在評介世紀末的英國藝術運動時說，佩特在《文藝復興》結論中「開創了對於人的一個新的立場」，這個新的立場認為「五光十色的，富有劇意的人生只給我們有限心弦的震動。這個火焰能夠繼續的燃著，維持這種極樂，那麼，人生便成功了。在我們短促的人生中，我們很少有時間去製造理論。我們藉著經驗的光輝去看和去嘗那新的意見或新的印象。」〔註23〕「人生的意義就在於充實剎那間的美感享受」。

　　王爾德在《道連・葛雷的畫像》中把這種新的享樂主義〔註24〕進一步形象化，亨利公爵甚至認為「享樂是值得建立一套理論的唯一主題」，「它的創造者是天性，……享樂是天性測驗我們的試金石，是天性認可的表徵」。〔註25〕道連・葛雷作為新享樂主義的體現者和實踐者為了「不斷探索新的感覺」，「及時享用自己的青春」，「除了戀愛從來不做旁的事情」，因為每一次戀愛的體驗都是獨一無二的，「生命的秘密就在於使這種體驗盡可能多反覆幾次」。為了獲得新的感覺和體驗，他甚至「乾脆把作惡看成實現他的美感理想的一種方式」。以此來「再造生活」，完成新享樂主義的使命。戈蒂耶的莫班小姐為了完全瞭解男人，女扮男裝和他們廝混在一起，當她發現達貝爾識破了她性別的秘密，並發狂地愛上了她時，即刻以身相許，做了達貝爾「夢想的實體」，但一夜風流之後即飄然而去，用她自己的話來解釋說，「為我所給你的美，你報答我歡樂；我們是兩訖的。」她的離走是因為她不想達貝爾對她「過飽為止」，也不願自己持續下去，會向達貝爾「傾出無味的酒以至糟粕的」，達貝爾對於她來說是一個開了「新的感覺的世界的人」，她會永遠「不容易忘卻的」，也是她讓達貝爾永遠記住她的唯一辦法，這正是保持瞬間極樂的新享樂主義精神的體現。

　　所以唯美頹廢派往往不顧道德和常規進行「美的歷險」，用施尼茲勒的話來說，「頹廢的偉大功績在於以道德和倫理為代價換取感覺和性欲」。〔註26〕汪錫鵬在《頹廢派的兩面觀》中對此從消極與積極兩個方面做了解釋：從消極方面說這是耽溺和怪僻；〔註27〕從積極方面說，其耽溺是要「深入到人類

〔註22〕《唯美主義》，第 45 頁。
〔註23〕費鑒照：《世紀末的英國藝術運動》，載 1933 年 11 月《文藝月刊》4 卷 5 期。
〔註24〕《道連・葛雷的畫像》，參閱第 25、146 頁。
〔註25〕《道連・葛雷的畫像》，第 88 頁。
〔註26〕見 R・卡爾著，陳永國、傅景川譯：《現代與現代主義》（吉林教育出版社，1995 年），第 196 頁。
〔註27〕怪僻（perversity），是傑克遜對頹廢的主要特徵的總結，英文 perversity 這個詞，除了中文的性情古怪之外，還有固執地與正確、理性、可接受的事物相

普通不到的境界裏去」，其怪僻是要「擴大自己的經驗知識和能力的界限」，「拒絕和否認了人類從來所信依的感覺和經驗，而從怪僻及耽溺的精神中，擴大而深入到更新的感覺，經驗及精神的分野來去」，由此來不斷地擴大精神的領域。頹廢派的追求色情和肉感，消極地說「是欲望飽滿後的狀態，是鬆弛的墮落的姿勢」，積極地說「是欲望滿足後的要求新欲望的狀態。在一種不斷地滿足及要求中要求著人類所欲望的創造」。〔註28〕韓侍桁在《矛盾》月刊2卷4期上也曾發表過《勃蘭兌斯論戈蒂葉》一文，介紹了勃蘭兌斯對戈蒂耶的中肯評價，其中不僅突出了戈蒂耶享樂主義的人生觀和為藝術而藝術的藝術觀，而且道出了戈蒂耶及其唯美頹廢派「把享樂和怠墮的光榮化」和「雖然淫靡而優越」的本質特徵和意義。

總之，19世紀晚期的唯美頹廢派無論是美的觀念還是人生觀，都是在肉體上追求著精神，在精神裏應和著肉體，在惡中耽溺美，在美中探險惡，在不神聖的逸樂裏品嘗不潔與辛辣的苦甜，幻想靈魂的快樂與安寧。正像傑克遜概括19世紀90年代時所說，「這個時代過度地追求肉欲都和精神的願望手拉手地並行不悖，靈魂彷彿懷著災難降臨的絕望在試探肉體之路」。〔註29〕這多重共在的矛盾即亨利勳爵所說的「通過感官治療靈魂的創痛，通過靈魂解除感官的饑渴」，既有消極的一面，也有積極的一面；既可以從道德的角度橫加指責，也可以從文學史的角度把它看作是一種美學的風格，一種審美的變異；還可以像尼采那樣，超越「頹廢問題」，樹立起生命本身的價值，凡是肯定生命的發展和實現的就是積極的頹廢，凡是否定的就是消極的墮落，〔註30〕而唯美頹廢派的一個最重要的意義就是造成了對生命本身的一種審美的理解。

但頹廢的概念發展到20世紀，馬克思主義的頹廢觀產生了越來越廣泛的影響，雖然馬克思和恩格斯都未曾談過藝術的頹廢問題，甚至沒有使用過這一術語，但普列漢諾夫運用馬克思主義的唯物主義歷史觀第一次從理論上充分地闡述了這個問題。他在著名的《藝術與社會生活》中，認為頹廢主義是

對抗的意思。這是中文「怪僻」所沒有的，所以很可能是本間久雄在日文《歐洲近代文藝思潮論》中，根據頹廢派的特徵，把perversity翻譯成日文乖僻和耽溺，再由沈端先轉譯成中文，費鑒照在《世紀末的英國藝術運動》中，把perversity僅翻譯成乖戾。

〔註28〕 載1934年1月《矛盾》2卷5期。

〔註29〕 *EIGHTEEN NINETIES*，第118頁。

〔註30〕 可參閱尼采：《瓦格納事件》。

由於資產階級的衰落而產生的，「是隨著目前在西歐占統治地位的階級的衰落而來的『萎黃病』的產物」。並把這種聯繫看作是必然的，直接的，「如果說蘋果樹應該結蘋果，梨樹應該結梨子，那麼……衰落時期的藝術『應該』是衰落的（頹廢的）。這是不可避免的。」〔註31〕是垂死的社會產生的垂死的文化。馬克思主義的這一頹廢觀從1930～1960年代，不僅在前蘇聯，而且在整個西方世界正統的馬克思主義者中得到普遍的認同，直到60年代中期以後阿多諾（Adorno）把頹廢主義理解為一種否定性的文化，開始接近某些對於現代主義或先鋒派的定義，表明馬克思主義意識形態理論具有了重新評價審美頹廢主義概念的可能性。頹廢不再被看作是資產階級意識形態的反映，而是相反，是對資產階級意識形態的反動，是一種深刻的危機意識。〔註32〕馬太‧克利內斯庫在《現代性的五副面孔》中，更把馬克思主義所允諾的未來世界以及形形色色的革命的烏托邦學說看作是宗教黃金世界的世俗化的臆想，因而認為馬克思主義把共產主義作為人類異化的終結，把現代資本主義看作是滅亡前的墮落和垂死掙扎時期，不是偶然的，帶有著末日學視象的痕迹。

在中國30年代文壇19世紀晚期的頹廢觀和馬克思主義頹廢觀都產生了相當大的影響，也都為中國的新感覺派團體所熟悉。就前者來說，在20年代末30年代初非常集中地出版了一批有關歐洲近代文藝思潮和文學史的論著，近二十種之多，大部分是翻譯日本學者的研究著作。其中最著名的是本間久雄著、沈端先（夏衍）譯的《歐洲近代文藝思潮概論》，1928年8月上海開明書店初版，至1930年5月已達5版。還有廚川白村著羅迪先譯述的《近代文學十講》。這些思潮史和文學史專著大部分寫到19世紀末20世紀初，對這一時期評述所據觀點又基本上是傑克遜的《19世紀90年代》。另外英法文學的國別史，如蕭石君編《世紀末英國文藝運動》、滕固的《唯美派的文學》更對這一時期做了集中的介紹。而且前面引文所提到的一些重要的理論介紹文章也都說明當時文壇對這個時期文學的關注。

馬克思主義頹廢觀更為中國新感覺派所熟悉，他們經營的第二個書店水沫書店出版的最重要的一套叢書，就是魯迅主編的《科學的藝術論叢書》，是

〔註31〕 見曹葆華譯：《普列漢諾夫美學論文集》（人民出版社，1983年），第868、885頁。

〔註32〕 參閱 Matei Calinescu. *FIVE FACES OF MODERNITY* 中「The Concept of Decadencein Marxist Criticism」一節。

中國文壇介紹馬列主義文藝理論的第一次大規模行動，其中就有他們的好友馮雪峰譯的普列漢諾夫的《藝術與社會生活》，系統地闡述了馬克思主義的頹廢觀，集中說明了頹廢派的藝術與資本主義社會整個體系衰落的關係，並通過考察資產階級藝術衰落的若干最明顯的標誌，批判了為藝術而藝術的唯美頹廢派的總綱領。從左翼理論家的大批評論中可以看出，普列漢諾夫的頹廢觀已成為他們批判資產階級藝術的不證自明的真理。而且他們也正是從這一角度去理解現代主義的。1931 年第 36～37 號《文藝新聞》曾連載過一篇大宅壯一著，凌堅譯的文章《現代美的動向》，即明確指出「從布爾喬亞文化到達到爛熟期，又漸次帶著破調的傾向，這便是現代主義。」「現代主義，是滅落的文化中所產生的頹廢的情熱」。這也再一次證明，在三十年代人們還是從頹廢的主題去理解現代主義的。左翼文壇之否定中國的新感覺派也正是從這一邏輯出發的。錢杏村在《一九三一年中國文壇的回顧》這篇長文中，關於這部分的內容占了很大的篇幅，他認為「施蟄存所代表的這一種新感覺主義的傾向，一面是在表示著資本主義社會崩潰的時期已經走到了爛熟的時代，一面是在敲著金融資本主義底下吃利生活者的喪鐘。」「這樣的作品的產生，一方面是顯示了中國創作中的一種新的方向，新感覺主義；一面卻是證明了曾經向新的方向開拓的作者的『沒落』。」〔註 33〕

實際上劉吶鷗是在 19 世紀晚期的唯美頹廢觀和馬克思主義的頹廢觀之間搖擺不定，他在《色情文化・譯者題記》中評價日本的新感覺派時說，「他們都是描寫著現代日本的資本主義社會的腐爛期的不健全的生活，而在作品中露著這些對於明日的社會，將來的新途徑的暗示。」可見劉吶鷗接受了馬克思主義者關於資本主義社會正處於腐朽沒落時期的斷言。他翻譯的《保爾・穆杭論》〔註 34〕也一再加深著他的這種印象，文章說穆杭作品的故事底下有的是「現代文明的臨死的苦悶」，「對於人類的末路的潛伏的寓意」。而他在 1926 年 11 月 10 日致戴望舒函中所說，「在我們現代人，Romance 究未免緣稍遠了。……繆賽們，拿著斷弦的琴，不知道飛到哪兒去了。那麼現代的生活裏沒有美的嗎？哪裡，有的，不過形式換了罷，我們沒有 Romance，沒有古城裏吹著號角的聲音，可是我們卻有 thrill，carnalintoxication，這就是我說的近

〔註 33〕 載 1932 年 1 月《北斗》第 2 卷，第 1 期。
〔註 34〕 最初載 1928 年 10 月《無軌列車》第 4 期，後收入保爾穆杭著，戴望舒譯：《天女玉麗》，上海尚志書屋，1929 年 1 月初版。

代主義，至於 thrill 和 carnal intoxication，就是戰慄和肉的沉醉。」〔註35〕這顯然是 19 世紀晚期色情的頹廢觀，在「戰慄和肉的沉醉」中尋找美。施蟄存也曾說，「劉吶鷗極推崇弗里采的《藝術社會學》，但他最喜愛的卻是描寫大都會中色情生活的作品」，「他高興談歷史唯物主義文藝理論，也高興談佛洛伊德的性心理文藝分析」，「在他，並不覺得這裡有什麼矛盾，因爲，用日本文化界的話說，都是『新興』，都是『尖端』」。〔註36〕

馬克思主義關於資本主義社會處於腐朽沒落階段的頹廢觀和第一次世界大戰以後普遍存在的關於人類前途命運的一種悲觀絕望的認識，決定了普遍存在於 20 世紀初期文學作品中的色情、淫逸和肉欲，較少美的內涵，而是作爲了資產階級或者說是人類腐敗墮落，資本主義或者說是人類社會走向末日的徵象。因而和 19 世紀晚期的色情與肉感截然不同。從中國新感覺派作品中存在的色情和肉感的特徵看來，他們似乎既想表現現代社會的道德的淪喪，世風日下，又受著「戰慄和肉的沉醉」現代美的誘惑，而不禁採取了「以美的照觀的態度」，以「更爲通情達理的生活方式」的暗示描寫著色情和肉感的方式，這兩種色情的頹廢觀經常交錯出現在他們的作品中，有時不由造成了他們在價值判斷上的懸擱和矛盾。

劉吶鷗的小說《風景》，描寫了一對在火車上邂逅相遇，又隨欲而行，盡興而歸的男女。一路上他們互爲風景，飽餐著對方的美色。作者通過男主人公的眼睛時斷時續地欣賞著，也讓讀者和他一起欣賞著這個都會的女人「經過教養的優美的舉動」，和紅紅的弔襪帶、極薄的紗肉衣、高價的絲襪高跟鞋一起相映生輝的「雪白的大腿」、「素絹一樣光滑的肌膚」、「像鴿子一樣地可愛的」「奢華的小足」，總之是「都會的女人特有的對於異性的強烈的，末梢的刺激美感」。最終他們「學著野蠻人赤裸裸地把眞實的感情流露出來」，「自由自在，無拘無束」地得到了「眞實的快樂」。——作者特別描寫到「傍路開著一朵向日葵。秋初的陽光是帶黃的。」〔註37〕向日葵正是唯美頹廢派最熱愛的最完美的圖案，它象徵著絢麗的生命力。〔註38〕男女主人公逾越常規，

〔註35〕見孔另境編：《現代作家書簡》（花城出版社，1982 年），第 185 頁。
〔註36〕施蟄存：《最後一個老朋友——馮雪峰》、《我們經營過三個書店》，見《沙上的腳迹》，第 127、13 頁。
〔註37〕劉吶鷗：《都市風景線》（上海書店，1988 年，下同），第 30 頁。
〔註38〕王爾德在《英國的文藝復興》一文中寫到：「我就告訴你們我們熱愛百合花和向日葵的原因，……它們是不適合於作任何種類的蔬菜的。這是因爲這兩種可愛

打破道德的樊籬，追求一時的享樂與美並把這種自由自在，無拘無束與人「住在機械的中央」的生存狀態相對立，以及「美麗的東西是應該得到人們的欣賞才不失它的存在的目的」的觀念，都非常接近唯美頹廢派，但男女主人公的略帶點調情的味道又使這一特徵大打折扣；而反過來，對於這對男女的快樂與美的描寫以及對於這種價值的欣賞也很難完全看作是一種旨在揭露的「諷示」。處於既有批判又有欣賞的不確定之中。

劉的《赤道下》，〔註39〕似乎是自食了「學著野蠻人赤裸裸地把真實的感情流露出來」的惡果。男女主人公真的來到了野蠻人居住的蠻荒之地，一個坐落在赤道線上的小島，共同實驗了熱度所給予他們的「脈搏」，「回歸線下生命感」，重新做了「初戀的情人」。當男主人公為「風光的主人」所「贈賞」他們的第二次蜜月，「確實是一個人佔有著她」，「自由地領略她的一切」而滿懷感動的時候，女主人公卻真正做了一回野蠻人，身著土著人半裸的服飾，實行了野蠻人的戀愛方式（「不過是性欲而已」），並且和野蠻人合而為一。在這個「極樂土」上，又出現了向日葵的意象，男主人公「夢見了一輪大葵花在陽光下流著汗喘息著」，他看見「金色的光線吃著她的滿身造成一個眩惑的維納斯」。當男主人公帶著快樂與痛苦，傷痕與安慰告別椰林、海砂、日光、真珠港的時候，他還是止不住地在心底裏呼喊，「我們雖然痛恨你們，但也很愛著了你們！」這也可以算是兩種色情的頹廢觀的矛盾顯現吧。

劉吶鷗的《禮儀和衛生》也交錯著對於頹廢現象的既欣賞又旨在揭露的兩種價值傾向。這篇小說以律師姚啟明為視角，以他的經歷和感想結構起發生在他和妻子可瓊、他和可瓊的妹妹白然、他和妓女綠弟、可瓊和她的妹夫姓秦的畫家、可瓊和她的崇拜者法國先生普呂業之間的多邊關係，不過在這複雜的交換情人的糾葛之間並沒有發生動人心魄的戀愛，或是劍拔弩張的妒忌，一切似乎祇是出於是否衛生的考慮，和有禮儀的商談。可瓊和妹夫離家出走時，她留給丈夫一封信，告訴他她還會回來，對於他的愛也是不變的，那位秦先生不過是她的 Pekinese（小獅子狗）罷了，她還為丈夫考慮周詳地寫到：「至於我不在中你的寂寞我早已料到了，這小小的事體在你當然是很容易解決的，可是當心，容易的往往是非衛生的。所以我已經說好了然（白然）

的花在英國是兩種最完美的圖案模型，最自然地為裝飾藝術所採納，一種是絢麗雄壯的美，另一種是優雅可愛的美，都給藝術家以最充分最完美的愉快。」
〔註39〕載 1932 年 11 月《現代》第 2 卷，第 1 期。

來陪你了。」〔註 40〕姚啓明早已從妻子那兒瞭解到白然以前的「近似頹唐的生活」，「仔細鑑賞」過爲畫家的丈夫做模特的白然的裸體，也「透過了這骨肉的構成體」，想像過「這有性命的肉體的主人的內容美」，早就「像被無上的歡喜支配了一般地興奮著」，妻子的這一安排不能不說是正中下懷。從道德的角度，這種亂倫的關係無疑是大逆不道，但僅從雙方個體來說，正是兩全其美，互不相傷的嘗試，而且這種行爲方式又正是唯美頹廢派所謂「藝術家一類的人們」，「極自由的不羈的波西米安」式的，或者說是波西米安的中國化。作者態度的曖昧，似乎既可看作是一種不動聲色的諷刺，也可看作是對於一種新的生活方式的暗示。小說題目所說的「禮儀」，表現在那位對可瓊一見鍾情的法國先生普呂業開誠布公地和可瓊的丈夫姚啓明談判，想把他「古董店裏所有一切的東西拿來借得幾年的豔福」，雖然姚啓明認爲這種思想「是應該用正當的法律來罰他的」，然而他又退一步想，「這先生的話如果是出於衷心的，倒很有容他的餘地。『在戀愛之前什麼都沒有了』嗎？但這不通用，至少在現代。或許這便是流行在社會底下的新儀式。」〔註 41〕用劉吶鷗評價日本新感覺派的話來說，這是「腐爛期的不健全的生活」，還是「將來的新生活的暗示」？或是兩者兼而有之？恐怕作者也是都有容它們的餘地。

劉吶鷗的《流》是他最具普羅意識，帶有較多批判性的作品。小說通過鏡秋，這個被資本家「收用做密藏人員」，預備做女兒丈夫的候補的特殊身份，借用這個知情人的眼光，對比了資本家的奢華浪費，揮金如土和「不時都像牛馬似的被人驅使」的另一方。揭露了資本家寧肯讓錢由著幾房太太豢養情人，也不肯爲工人每天增加二十個銅子兒的頑迷和殘酷。在這兩種生活流的對比中，鏡秋「覺得好像看完了一部資本主義掠奪史一樣」。他看到那些「雖裏著柔軟的呢絨，高價的毛皮，誰知他們的體內不是腐朽了的呢。他們多半不是歇斯底里的女人，不是性的不能的老頭兒嗎？他們能有多少力量再擔起以後的社會？」〔註 42〕而正是那些「做著苦馬的棕色的人們」，「使這都市有壽命，有活力」。他們是驅動這都市的血液之「流」。最終和工人站到了一起。在這篇小說中，劉吶鷗把腐朽和資產階級聯繫在了一起，而把生命的活力賦予給無產階級，這正是當時典型的左翼的階級理論觀點。

〔註 40〕《都市風景線》，第 140 頁。
〔註 41〕《都市風景線》，第 139 頁。
〔註 42〕《都市風景線》，第 45 頁。

　　《遊戲》也具有較多的揭露性，那位把愛當成一種「遊戲」，把婚姻作爲生存手段的「鰻魚式的女子」，雖然也像戈蒂耶的莫班小姐似的一夜風流之後就飄然而去，但她的世俗目的使她的美與愛受到玷污。對於這種美與惡集於一體，富於誘惑性的女子和富於誘惑性的享樂瞬間，作者以景寓意地描寫到，「微風，和濕潤的土味吹送來了一陣的甜蜜的清香。這大概是從過於成熟，腐敗在樹間的果實來的吧！黃昏漸漸爬近身邊來，可是人們卻一個也不想走，好像要把這可愛的殘光多挽留片刻一樣。」〔註 43〕對自然景物的這種描繪正象徵了「萎謝前的成熟」和「衰老的腐敗」的「過於成熟」的文明的徵象。這一意象反覆出現在劉吶鷗的筆下，更加重了它的象徵意味。《風景》中女主人公在男主人公眼中「最有特長的卻是那像一顆小小的，過於成熟而破開了的石榴一樣的神經質的嘴唇。」〔註 44〕《熱情之骨》的比也爾在午後的街頭聞到了「爛熟的栗子的甜的芳香」。〔註 45〕穆時英也喜歡使用這一意象，「爛熟的蘋果香」在《五月》這篇小說裏，先後至少使用了 6 次之多，成爲一種縈繞始終的濃鬱氛圍，小東西蔡佩佩正是在這「爛熟的蘋果香」中，成長爲「一朵已經在開的玫瑰」，一位「有著一切男人喜歡的女德的，潑辣，嫵媚，糊塗」的熱女郎（hot baby）。可以說，與「過於成熟」，「爛熟的」聯繫在一起的「腐敗」墮落以及沉溺的意象蘊涵著中國的新感覺派對於當時的上海社會的一種總體印象，表示著他們對於「資本主義社會崩潰的時期已經走到了爛熟的時代」〔註 46〕的認識。

　　比較而言，穆時英比劉吶鷗在兩個方面都走得更遠，他的《南北極》裏的大部分作品，和《夜總會裏的五個人》、《上海的狐步舞》、《本埠新聞欄編輯室裏一箚廢稿上的故事》、《街景》等都具有更強的暴露性（並不都涉及到頹廢的主題），不過即使如此，穆的作品仍被看作是「並非純正的暴露」。〔註 47〕而他的《被當作消遣品的男子》、《Craven「A」》、《公墓》、《夜》、《黑牡丹》、《白金的女體塑像》、《PIERROT》、《聖處女的感情》、《玲子》、《墨綠衫的小姐》、《駱駝·尼采主義者與女人》、《五月》、《紅色的女獵神》等無論從風格還是主題都

〔註 43〕《都市風景線》，第 11～12 頁。

〔註 44〕《都市風景線》，第 23 頁。

〔註 45〕《都市風景線》，第 69 頁。

〔註 46〕錢杏邨：《一九三一年中國文壇的回顧》，載 1932 年 1 月《北斗》第 2 卷，第 1 期。

〔註 47〕江沖：《白金的女體塑像》，載 1934 年 11 月《當代文學》第 1 卷，第 5 期。

更接近 19 世紀晚期唯美的頹廢觀，事實上穆時英的小說很多部分都是對劉吶鷗的一個意象，一小段情景或是情節的渲染和發揮，也就更爲講究和精緻。蘇雪林曾經說，「穆時英的文筆大家公認爲『明快而且魅人』，在一群青年作家中才華最爲卓絕。妒忌者歸之於『海派』之列，又有人因他所寫多爲都市奢華墮落的生活，呼之爲『頹廢作家』。」〔註48〕無論穆時英的小說被說成是「一個屍體被華美的外衣包攏著」，〔註49〕還是穆時英被看作是「垃圾糞土裏孤生的一株妖豔的花」，〔註50〕恐怕都是針對這部分作品而言，這些作品才名副其實地可稱爲新感覺主義的。

新感覺派所塑造的這些美麗而放蕩的都市摩登女郎，隨著馬克思主義頹廢觀資本主義社會已經走到了「爛熟」的垂死時期的預言爲人們所普遍接受，越來越發展成爲一種帶有象徵性的類型形象，她們美麗得妖冶的外表和爛熟到墮落腐朽的性質，寄寓著大都市上海，或者說是都市文明的淫亂和已走到崩潰的邊緣命運。如崔萬秋的長篇小說《新路》中專設了「爛熟的妖星」一節，集中描寫都市文明所培養起來的長得像美國女明星葛萊泰‧嘉寶，生活奢侈墮落的女性梅如玉。黃震遐的長篇小說《大上海的毀滅》中也貫穿著一個妖豔侈麗的少婦露露，作爲「資本制度下都市的產物」，一個「屬於這大上海」，「一向以這金城鐵壁爲根據地的人物」，作者預言當大上海毀滅之暨，她「定必也影子似的，浪花似的，隨著那慘澹的時代而隱去」。

原載《藝術廣角》，1998 年，第 6 期

〔註48〕蘇雪林：《中國二三十年代作家》。

〔註49〕江沖：《白金的女體塑像》，1934 年 11 月《當代文學》第 1 卷，第 5 期。

〔註50〕見司馬長風：《中國新文學史》（香港，昭明出版社，1978 年，12 月），第 86 頁。